本书为教育部人文社科青年项目"全球史维度下的近代毛皮贸易研究"(项目编号:15YJC770017)成果

Fur and Empire

# 皮毛与帝国

## 俄美公司在北太平洋地区殖民活动研究（1799—1825）

梁立佳　著

中国社会科学出版社

图书在版编目（CIP）数据

皮毛与帝国：俄美公司在北太平洋地区殖民活动研究：1799－1825 ／梁立佳著.
—北京：中国社会科学出版社，2020.12
ISBN 978－7－5203－7278－7

Ⅰ.①皮… Ⅱ.①梁… Ⅲ.①俄国—殖民统治—北太平洋—研究—
1799－1825 Ⅳ.①K512.4

中国版本图书馆 CIP 数据核字（2020）第 180237 号


出 版 人　赵剑英
责任编辑　安　芳
责任校对　张爱华
责任印制　李寡寡

出　　版　中国社会科学出版社
社　　址　北京鼓楼西大街甲 158 号
邮　　编　100720
网　　址　http：//www. csspw. cn
发 行 部　010－84083685
门 市 部　010－84029450
经　　销　新华书店及其他书店

印　　刷　北京明恒达印务有限公司
装　　订　廊坊市广阳区广增装订厂
版　　次　2020 年 12 月第 1 版
印　　次　2020 年 12 月第 1 次印刷

开　　本　710×1000　1/16
印　　张　13.5
字　　数　218 千字
定　　价　78.00 元

# 目　　录

# 绪　论

## 第一节　国内外学界有关俄美公司问题的研究述评

对外领土扩张不仅在俄国历史进程中占有重要地位，而且在不同的区域阶段呈现出多样化的特征。近代俄国在征服西伯利亚的过程中逐渐形成一种商业团体与国家权力相结合的扩张模式。这种哥萨克、毛皮猎人与毛皮商人征服在先，沙皇代理人和政府机构治理在后的模式，在俄国征服西伯利亚的进程中发挥出巨大的效力。[①] 正如 1952 年版苏联《大百科全书》所说，俄国"在东进中，不仅渔猎人员和军役人员具有积极性，而且对巩固和扩大国家疆土、取得新土地以及对未交纳贡税的居民发生兴趣的中央政府也有积极性"[②]。17 世纪中叶，俄国已经将领土扩张至鄂霍茨克海的太平洋沿岸。而 17 世纪末 18 世纪初，俄国在黑龙江流域和蒙古高原扩张的受阻，以及哥萨克对堪察加半岛的征服，共同推动俄国向美洲太平洋地区的探险与殖民。[③] 截至 18 世纪 40 年代，俄国商业势力已扩张至美洲太平洋区域。

然而，面临俄商内部的争夺，英美商人的竞争，以及印第安人的反抗，沙俄政府迫切需要重组该区域内本国的商业和政治殖民力量。正如加拿大历史地理学家詹姆斯·R. 吉布森（James R. Gibson）在比较俄国征服西伯利亚和阿拉斯加的历史时所指出的，两者在狩猎形式、经济结构、战

---

① ［苏］米·约·斯拉德科夫斯基：《俄国各民族与中国贸易经济关系史（1917 年以前）》，宿丰林译，徐昌瀚审校，社会科学文献出版社 2008 年版，第 44 页。

② 参见徐景学《俄国征服西伯利亚纪略》，黑龙江人民出版社 1984 年版，第 275—276 页。

③ 事实上，沙俄政府与毛皮商人在此期间曾先后主导俄国的美洲太平洋探险活动，参见 Andrei V. Grinev, "The Plans for Russian Expansion in the New World and the North Pacific in the Eighteenth and Nineteenth Centuries," *European Journal of American Studies*, 5 - 2, 2010, pp. 1 - 26.

略影响、国际环境等多个方面存在明显差异。① 正是在这样的历史背景下，1799 年，沙皇保罗一世授权组建俄罗斯美洲公司（以下简称俄美公司），公司凭特许状享有"在从 55°N 至白令海峡的美洲东北海岸②、海峡以北区域、阿留申群岛、千岛群岛和其他位于东北大洋的岛屿中"的毛皮狩猎、对外贸易、移民拓殖、宗教传播等权利与义务。③ 事实上，俄美公司的这些活动基本构成 19 世纪 60 年代以前沙俄在远东太平洋区域活动的主要内容。苏联历史学者格列科夫直言："如同英国政府为了控制印度，在东印度公司名义的掩护下，进行了二百年的战争一样，沙皇俄国在俄美公司名义的掩护下，对太平洋沿岸进行了几乎一百年的激烈争夺。"④ 从这个意义上，俄美公司的相关研究对于理解近代沙俄在美洲—太平洋区域的殖民探险、经济开发、国际竞争等问题都具有十分重要的价值，这里尝试对国内外学界有关俄美公司历史的研究进行述评。

## 一　北美学术界对俄美公司的研究

俄美公司是克里米亚战争结束前沙俄在北太平洋区域殖民扩张的主要力量，其活动范围遍布从阿留申群岛、阿拉斯加、美洲西北海岸、夏威夷群岛，直至加利福尼亚的美洲太平洋区域的大部分地区，并对当地的种族结构、政治经济、宗教文化、生态环境、国际格局等多个层面产生深远的影响。历经 19 世纪上半期北美政治格局的剧烈变动与美国、加拿大等国向美洲西海岸的领土扩展，美洲太平洋沿岸最终成为美国和加拿大的领土。而俄美公司与沙俄政府在上述区域的殖民与经营同样成为塑造北美政治格局与文明交流的重要内容，故而成为美国和加拿大学界，尤其是美洲太平洋区域史学者们一直关注的历史课题。北美西海岸的加利福尼亚州立

---

① James R. Gibson, "Russian Expansion in Siberia and America," *Geographical Review*, Vol. 70, No. 2（April., 1980）, pp. 127 – 136.

② 由于北太平洋和北美大陆都位于俄国领土的东北方向，所以 18、19 世纪的俄国人习惯将美洲西北海岸和北太平洋称为美洲东北海岸与东北大洋。

③ 有关 1799 年沙皇敕令的内容，参见 Bering Sea Tribunal of Arbitration, *Proceedings of the Tribunal of Arbitration*, Volume VIII, Government Printing Office, 1895, pp. 13 – 14.

④ 参见 ［苏］谢·宾·奥孔《俄美公司》，俞启骧等译，郝建恒校，商务印书馆 1982 年版，第 1 页。

大学、华盛顿州立大学、阿拉斯加州立大学、不列颠哥伦比亚大学等高校一直是北美学术界有关俄美公司与俄属美洲问题研究的主要学术阵地。其中，阿拉斯加州立大学费尔班克斯分校地处俄美公司运营的主要基地，凭借地理位置与历史文化等方面的优势，通过系统及时地译介俄语研究成果、编译俄文史料文献、汇编人类学档案、整理考古发掘报告、发表学术学位论文等方式，有力推动了北美学界对相关课题的研究。比较有代表性的成果，如理查德·A. 皮尔斯（Richard A. Pierce）编译的《俄美公司行政长官对外信件：1818》①、雷蒙德·H. 费希尔（Raymond H. Fisher）编译的《俄美公司档案：1802，1817 – 1867》② 等。另外，加利福尼亚州立大学伯克利分校同样在俄美公司和俄属美洲研究领域享有盛誉，该校的班克罗夫特图书馆收藏有丰富的俄美公司和俄属美洲的历史档案。作为美国西海岸区域史研究的创始之地，加州大学伯克利分校培养出一大批致力于美洲西海岸历史和俄美公司问题的研究学者。同时，以《太平洋历史评论》《西北太平洋季刊》等为代表的美国西部和太平洋区域研究刊物，陆续刊载了大量关于俄美公司历史的学术论文。

　　美国社会对俄美公司的认知溯源于 18 世纪末太平洋毛皮贸易的兴起与繁荣。俄美公司最早是作为太平洋毛皮贸易的竞争对手而流传于新英格兰商人团体。19 世纪 20 年代初，美国政界普遍认为沙俄政府利用俄美公司的商业活动，不断在美洲西海岸扩张势力，并且严重威胁到美国在西北海岸的政治地位和商业利益。以阿斯特（Astor）为代表的毛皮商人开始与约翰·弗洛伊德（John Floyd）、托马斯·阿特·本顿（Thomas Hart Benton）等国会议员相联合，向美国国会施压"占领哥伦比亚河流域"，"在河口修建港口"，并制定"与国内通行的财政制度"。③ 1821 年 1 月 26 日，

---

① Richard A. Pierce ed., *The Russian-American Company Correspondence of the Governors Communications Sent*：1818, Kingston：The Limestone Press, 1984.

② Raymond H. Fisher ed., *Records of the Russian-American Company*, 1802, 1817 – 1867, Washington：The National Archives, 1971.

③ "A Bill to Authorize the Occupation of the Columbia River, and to Regulate the Intercourse with the Indian Tribes Within the United States and Territories Thereof," 16th Congress, 2nd Session, *A Century of Lawmaking for a New Nation*：*U. S. Congressional Documents and Debates*, 1774 – 1875, The Library of Congress, https：//memory. loc. gov/2019/09/04.

《国家情报员》（*National Intelligencer*）上刊发了威廉姆·大卫·鲁滨逊（William David Robinson）写给国会的信件，呼吁"美国政府在北太平洋沿岸建立一个移民区，以阻止俄国人的扩张"。① 由此可见，19 世纪初，伴随美国政府的大陆扩张构想与美—俄商业团体围绕美洲太平洋区域毛皮商业的争夺，俄美公司开始在美国社会获得更高的认知度，但还是集中于少数政治精英和商业代表之中。

美国社会对俄美公司的广泛了解发端于 1867 年阿拉斯加购买事件后美国报纸媒体对阿拉斯加历史文化的相关报道。如乔治·E. 庞德（George E. Pond）在《俄属美洲》②中对阿拉斯加的地理环境、物产资源、俄国殖民等内容进行论述。斯诺·W. 帕克（Snow W. Parker）的《俄属美洲的物理特征和土著部落》③一文同属此类。另外，《纽约时报》等美国媒体亦对阿拉斯加的地理、人文、历史等方面进行了大量的报道，先后发表《俄国人在美洲》④《俄属美洲：它的气候，土壤，资源和居民》⑤《俄属美洲：贸易商栈的描述》⑥等文章。报刊媒体对阿拉斯加自然与人文的介绍无疑有利于美国民众对俄属美洲和俄美公司的了解，但严格意义上绝对算不上学术研究。

美国学术界对俄美公司的研究源于对阿拉斯加历史的考察。赫伯特·豪·班克罗夫特（Hubert Howe Bancroft）是第一位系统研究阿拉斯加历史的美国学者，也是美国西部史学的重要开拓者和奠基人之一。《美洲西北海岸历史》《加利福尼亚历史》和《阿拉斯加历史》是班克罗夫特史学研究的主要成就。其中，《阿拉斯加历史》⑦可谓是美国学者研究俄美公司历史的开山之作。在这部近 800 页的专著中，作者从近代俄国自西伯利亚到阿拉斯加扩张的整体脉络入手，考察 1867 年以前俄国殖民和开发阿拉斯

---

① Howard I. Kusher, *Conflict on the Northwest Coast*：*American-Russian Rivalry in the Pacific Northwest*，1790 – 1867，Praeger，1975，pp. 26 – 30.

② George E. Pond，*Russian America*，New York：Church，1867.

③ Snow W. Parker，"Russian America its Physical Characteristics and Native Tribes，" *Russian America*，1867.

④ "Russian in America，" *New York Times*，Oct 28，1852.

⑤ "Russian America：Its Climate，Soil，Resources and Inhabitants，" *New York Times*，Apr 9，1867.

⑥ "Russian America：Description of the Trading Posts，" *New York Times*，Oct 17，1867.

⑦ Hubert Howe Bancroft，*History of Alaska*，A. L. Bancroft & Company，Publishers，1886.

加的历史。作为 19 世纪上半叶俄国殖民阿拉斯加的具体执行者，俄美公司自然成为班克罗夫特重点论述的内容。整部著作注重各类原始文献的使用，结合俄属美洲时代见证人的口述史料，对毛皮贸易、俄美公司与沙俄政府的互动关系进行了较为系统、详尽的论述。整体来看，这是一部材料与思想并重的史学著作。尽管《阿拉斯加历史》在史料甄别和论述观点等方面存在一些有待商榷之处，但是这部著作涵盖的极其丰富的内容，不仅有助于人们从更全面的角度解读阿拉斯加的历史，而且有力推动了相关领域的后续研究。诸如俄国征服西伯利亚与阿拉斯加的先后关联；毛皮贸易与私人团体、俄美公司、沙俄政府在美洲太平洋区域活动的内在联系；俄国人与原住民在政治、经济、宗教、文化等方面的互动交流；俄美公司与美洲太平洋国际关系的相互影响等问题都是学术界研究俄美公司的热点问题。

珍贵毛皮作为驱使近代俄国人向西伯利亚和阿拉斯加扩张的"金羊毛"，首先，征服西伯利亚和拓殖阿拉斯加两者间既存在连续性又具有差异性。使二者在原因、手段和结果等方面都具有惊人的相似性。正如美国学者弗·阿·戈尔德（Frank Alfred Golder）所说："阿拉斯加的历史同西伯利亚的历史关系非常密切，因此，要了解其中的一个，就非弄清楚另一个不可。"[①] 从这个意义上，西伯利亚征服不仅是阿拉斯加拓殖的前奏和背景，而且通过二者的比较还可以深入解读俄美公司建立的动机及其性质。玛丽·伊丽莎白·惠勒（Mary Elizabeth Wheeler）的《俄美公司的起源与形成》[②] 一文即尝试从 16 世纪末以来俄国人追求毛皮与领土的历史进程中探寻俄美公司的起源。作者强调商业垄断公司性质的俄美公司在俄国商业史中的重要地位，认为舍利霍夫等远东毛皮商人的积极争取是公司得以建立的主要因素。惠勒的论文承接了班克罗夫特、戈尔德等人所强调的近代俄国领土东扩的连续性，揭示出俄美公司与美国商人冲突与合作的复杂关

---

① ［美］弗·阿·戈尔德：《俄国在太平洋的扩张，1641—1850 年》，陈铭康、严四光译，商务印书馆1981 年版，第 3 页。记述俄国人早期和后期在亚洲和北美洲太平洋沿岸的远征，包括至北极地区的某些有关远征。

② Mary Elizabeth Wheeler, The Origins and Formation of the Russian-American Company, Ph. D. dissertation, University of North Carolina, 1965.

系，有助于人们从俄国对外扩张的整体脉络中认识俄美公司的起源及其影响。然而，作者过于强调舍利霍夫、列扎诺夫等商业巨贾和政治精英的个人功绩，而忽视国家战略与国际形势等因素的影响，难以突破西方传统精英史学的窠臼。

加拿大历史地理学教授詹姆斯·R. 吉布森同样擅于从宏观角度把握历史，注意比较西伯利亚和阿拉斯加殖民过程中的差异性。在《供养俄国毛皮贸易：鄂霍次克海岸和堪察加半岛的补给（1639—1856）》① 和《帝俄的美洲边疆：俄属美洲补给的变化地理（1784—1867）》② 两部著作中，吉布森通过对西伯利亚、阿拉斯加和加拿大西部毛皮贸易的比较，认为美洲太平洋区域更为复杂的政治形势，要求沙俄政府采取不同于西伯利亚和阿留申群岛的全新扩张策略，而商业垄断公司正是俄国政府所选择的战略工具。另外，作者还以粮食补给问题为切入点，强调伴随海外殖民地而来的物资运输难题，促使探寻解决补给问题的活动贯穿于俄美公司历史的始终，成为列扎诺夫、巴拉诺夫等公司早期领导人组织对外扩张的重要目标。吉布森有关找寻粮食补给途经是俄国在美洲太平洋区域扩张主要动力的论述，为人们理解俄美公司的海外扩张，提供了一种全新的视角。稍显遗憾的是，作者并未深挖隐藏在这一过程中的商业利益与政治权益的复杂关系，难以从更深层次解读这段历史。斯蒂芬·海科克斯（Stephen Haycox）同样认为阿拉斯加与西伯利亚在地理环境与国际形势等方面的差异性，成为决定俄国殖民方式多样性的重要因素。作者还尝试对俄美公司与哈德逊湾公司进行比较，认为帝俄政府对俄美公司的商业贸易公司的定位在很大程度上决定了俄属美洲的发展方向及最终归宿。③ 美国学者阿纳托尔·梅佐（Anatole G. Mazour）则通过对俄美公司与西欧国家贸易垄断公司的比较，强调在缺乏强大中产阶级的封建专制的俄国，沙皇专制的氛围和商人群体在国际竞争中的无力，都促成俄美公司由私人贸易公司向政府

---

① James R. Gibson, *Feeding Russian Fur Trade: Provisionment of the Okhotsk Seaboard and the Kamchatka Peninsula*, 1639–1856, Madison: The University of Wisconsin Press, 1969.

② James R. Gibson, *Imperial Russia in Frontier America: The Changing Geography of Supply of Russian America*, 1784–1867, Oxford: Oxford University Press, 1976.

③ Stephen Haycox, *Alaska: An American Colony*, Seattle: University of Washington Press, 2002.

代理机构的转变。① 从上所述，俄美公司是毛皮贸易、对外战略与国际形势综合作用的产物，同时，俄美公司的经营活动又必然反作用于太平洋毛皮贸易、沙俄北太平洋扩张，以及美洲太平洋国际关系。事实上，这些课题正是日后北美学者对俄美公司相关研究的热点问题。

　　太平洋毛皮贸易，也称为"海上毛皮贸易"（Maritime fur trade），用以区分北美大陆毛皮贸易。美国新英格兰商人则称其为"西—北海岸贸易"（North West Coast trade）。② 太平洋毛皮贸易与北美大陆毛皮贸易的区别主要集中在贸易商品和海外市场两个方面。前者以中国为主要市场，海獭皮毛为贸易商品（也包括海豹皮毛）；后者则以西欧和北美为主要市场，河狸皮毛为贸易商品。海獭皮毛的交易虽然古已有之，但全球性的海獭皮毛贸易网络则是在近代以后开始形成，并逐渐繁荣的。世界经济体系需要在全球范围内"合理"配置资源的机制，与资本主义不断追逐商业利润的性质，共同促成太平洋海獭毛皮贸易从原发性、区域性，向商品性、全球性的过渡。在这一过程中，中国逐渐成为太平洋毛皮贸易的主要市场。而俄国凭借恰克图口岸的地理优势，积极开拓阿留申群岛至阿拉斯加区域的海獭资源，长期成为中国市场海獭毛皮的主要供应者。俄美公司在恰克图贸易中发挥着重要影响，一方面，它是恰克图市场珍贵毛皮的主要提供者；另一方面，它还是在北美大陆行销中国商品的先驱，③ 自然受到太平洋毛皮贸易研究学者的关注。加拿大学者弗雷德里克·威廉·豪威（Frederic William Howay）通过梳理美洲西北海岸的相关航海日志、笔记和书信，考察其中的代表人物、贸易航行，以及毛皮贸易对西北海岸政治、经济的影响。④ 豪威对美洲西海岸早期航行探险日志的整理，商业贸易资料的汇编，以及有关西北海岸毛皮贸易历史价值

----

① Anatole G. Mazour, "The Russian-American Company: Private or Government Enterprise," *Pacific Historical Review*, Vol. 13, No. 2 (June 1944), pp. 168–170.

② Richard Somerset Mackie, *Trading beyond the Mountains: The British Fur Trade on the Pacific 1793–1843*, Vancouver: UBC Press, 1997, p. 123.

③ ［苏］米·约·斯拉科德夫斯基：《俄国各民族与中国贸易经济关系史（1917 年以前）》，宿丰林译，徐昌瀚校，社会科学文献出版社 2008 年版，第 186 页。

④ F. W. Howay, "John Kendrick and His Sons," *The Quarterly of the Oregon Historical Society*, Volume XXIII, December, 1922, Number 4, pp. 277–302；"The Loss of the Tonquin," *The Washington Historical Quarterly*, Vol. XIII, No. 2, April, 1922, pp. 83–92；"The Voyage of the Hope: 1790–1792," *The Washington Historical Quarterly*, Vol. XI, No. 1, January, 1920, pp. 3–28.

的发掘，都有力地推动了北美学术界关于太平洋毛皮贸易的研究。然而，受 19 世纪民族主义思潮的影响，豪威都是从不列颠哥伦比亚人的视角来观察美洲太平洋毛皮贸易及其历史影响。在他的笔下，英美毛皮商人主导着美洲西海岸的毛皮贸易，这种商业开发与移民探险最终成为美洲西海岸文明化的开端。显然，豪威不仅忽视了土著人在毛皮贸易和美洲西海岸政治社会变迁中的地位，而且俄美公司等非英美国家和机构都沦为"进步史观"的衬托。

另外，在加拿大学者詹姆斯·R. 吉布森有关波士顿商船参与太平洋毛皮贸易的研究①与美国学者阿黛尔·奥格登（Adele Ogden）对加利福尼亚海獭皮毛贸易的考察中②，俄美公司的经营活动都同样占有相当篇幅。俄美公司作为俄国太平洋贸易的主要力量，与英美等国商业团体之间形成一种竞争与合作并存的复杂关系。约翰·邓肯（John Duncan）从俄美公司的粮食补给困境入手，考察公司与外国商人在阿拉斯加的贸易活动，强调外国商人一直是俄美公司获取补给物资的主要渠道。而 1839 年俄美公司与哈德逊湾公司达成的租让协议，致使俄美公司独立财政的彻底丧失。③ 玛丽·伊丽莎白·惠勒则具体分析俄美公司与波士顿商人在航运、物资、狩猎等方面的互补性，强调这一合作对太平洋毛皮贸易的重要性。④ 这些成果显示出不同国别的贸易商人间的合作对太平洋毛皮贸易的促进，而不同国别的商业公司间还存在激烈的商业竞争，并通过影响母国的外交政策而对美洲太平洋区域的国际关系产生深远的影响。霍华德·库什纳（Howard Kushner）的《西北海岸冲突：美—俄两国在太平洋西北海岸的竞争，1790—1867》⑤ 一书，系统考察了 18 世纪末至 19 世纪 60 年代期间，俄美公司与美国商人在美洲西北海岸的利益摩擦和对抗。作者认为美国商业与政治势力在该地区的扩张，成

---

① James R. Gibson, *Otter Skins, Boston Ships, and China Goods: The Maritime Fur Trade of the Northwest Coast*, 1785 – 1841, Montreal: McGill-Queen's University Press, 1992.

② Adele Ogden, *The California Sea Otter Trade 1784 – 1848*, University of California Press, 1941.

③ John Duncan, The Russian American Company and its Trading Relations with Foreigners in Alaska until 1839, Mater Degree Thesis, The University of British Columbia, 1969.

④ Mary Elizabeth Wheeler, "Empires in Conflict and Cooperation: The Bostonians and the Russian-American Company," *Pacific Historical Review*, Vol. 40, No. 4, Nov., 1971, pp. 419 – 441.

⑤ Howard Kushner, *Conflict on the Northwest Coast: American-Russian Rivalry in the Pacific Northwest*, 1790 – 1867, Praeger, 1975.

绪　　论

为压制俄国美洲殖民的主要力量，最终促成阿拉斯加的转让。应该说，库什科夫对近代美—俄两国关系从毛皮贸易摩擦到战略利益冲突的全局概览，有利于对美国实力增长与美洲西海岸国际格局之间关联性的解读，增加了美俄关系研究中的历史感。遗憾的是，作者忽视了俄国、英国、西班牙等相关因素及其互动的影响，难以更为全面地解读这段历史。

　　伴随 19 世纪以来俄美公司与美国商人之间贸易冲突的激化，美洲太平洋区域的国际关系呈现出不断动荡的局面。其中尤以沙俄政府的 1821 年敕令及其国际交涉最为重要。在《大不列颠与 1821 年 9 月 16 日沙俄敕令》① 一文中，理查德·艾伦·沃德（Richard Allen Ward）认为 1821 年敕令是沙皇政府调节俄美移民区走私问题的举措，并不表明俄国政府外交政策的实质性变化。沙俄敕令的最终目标是美国商人，而非英国的商业活动和殖民力量。哈罗德·E. 伯奎斯特（Harold E. Bergquist）② 认为同时期美俄两国关系的主流是和平友好。沙皇亦曾严禁国内政府和报刊发表有关门罗宣言反俄倾向的报道。而英国则竭力宣传美洲非殖民原则的对俄性质。维克多·J. 法勒（Victor J. Farrar）强调 1821 年敕令是俄美公司不断向帝俄政府施压的结果。③ 克拉伦斯·海因斯（Clarence Hines）则注意到沙俄敕令与美洲非殖民原则的密切关联。④ 尽管学者们对 1821 年敕令的初衷和性质的认识莫衷一是，但是俄美公司与外国商人的商业争端，逐渐上升到国际政治层面却是一个不争的事实。

　　那么，俄美公司与沙俄政府之间到底是何种关系？俄美公司的经营又对沙俄政府的远东太平洋扩张有何影响？北美学术界围绕这些问题也进行了一些探讨。美国学者斯图尔特·拉姆塞·汤普金斯（Stuart Ram-

---

　　① Richard Allen Ward, Great Britain and the Russian Ukase of September 16, 1821, Master Degree Thesis, North Texas State University, 1970.

　　② Harold E. Bergquist, "The Russian Ukase of September 16, 1821, the Noncolonization Principle, and the Russo-American Convention of 1824," *Canadian Journal of History*, 1975, Volume 10 Issue 2, Summer, pp. 165 – 184.

　　③ Victor J. Farrar, "The Russian Ukase and the Monroe Doctrine: A Re-Evaluation," *Pacific Historical Review*, Vol. 36, No. 1 (Feb., 1967), pp. 13 – 26.

　　④ Clarence Hines, "Adams, Russia and Northwest Trade, 1824," *Oregon Historical Quarterly*, Vol. 36, No. 4 (Dec., 1935), pp. 348 – 358.

say Tompkin）认为俄国毛皮商人在阿拉斯加发现与开发的过程中发挥了巨大的作用，通过毛皮交换、雇佣劳动、传教感化等活动，俄美公司有力地促进了阿拉斯加原住民社会的"开化"历程。① 玛蒂娜·温克勒（Martina Winkler）从阿拉斯加的海外殖民地属性出发，强调欧美殖民国家间的殖民竞争直接导致俄国人的帝国所有权观念发生从统治人民到占有土地的转变。② 尽管作者否认俄属美洲殖民地的独特性，但在美洲—太平洋殖民扩张中俄国殖民者关于帝国认识的变化，却恰恰凸显出俄属美洲殖民地的特殊性。约翰·L. 埃文斯（John L. Evans）的《1848—1860 年间俄国人在阿穆尔河的扩张：向太平洋推进》③ 一书，主要围绕俄国海军军官与俄美公司在沙俄向阿穆尔河流域与库页岛扩张中的合作关系展开论述，以远东地区为个案考察商业资本与政治利益在近代俄国的融合及影响。乔治·亚历山大·伦森（George Alexander Lensen）④ 则聚焦于俄美公司在近代俄国向日本的商业和政治扩张中的角色扮演及其历史影响。威廉·麦科米（William McOmie）则从幕府政府与日本民众对待俄美公司访日活动的不同态度出发，透过列扎诺夫访日事件在日本统治阶层和社会中下层引发的激烈辩论，揭示日本社会中渴求对外贸易的进步势力与守旧势力之间的矛盾。⑤ 另外，彼得·R. 米尔斯（Peter R. Mills）将视线转向太平洋中央地带的夏威夷群岛，通过对 19 世纪初俄美公司殖民夏威夷群岛的缘起、过程和结果的系统论述，揭示俄国人、美国人和夏威夷人在这一过程中的文化互动。⑥ 由此可见，19 世纪早期

---

① Stuart Ramsay Tompkin, *Alaska：Promyshlennik and Sourdough*, Norman, 1945.

② Martina Winkler, "From Ruling People to Owning Land：Russian Concepts of Imperial Possession in the North Pacific, 18th and Early 19th Centuries," *Jahrbücher Für Geschichte Osteuropas*, Neue Folge, Bd. 59, H. 3 (2011), pp. 321 –353.

③ John L. Evans, *Russian Expansion on the Amur 1848 –1860：The Push to the Pacifc*, Lewiston：The Edwin Mellen Press 1999.

④ George Alexander Lensen, *The Russian Push Toward Japan：Russo-Japanese Relations*, 1697 –1875, London：Octagon Books, 1971.

⑤ William McOmie, "From Russia with All Due Respect：Revisiting the Rezanov Embassy to Japan," Issue Date：31 –Dec –2007. *Sociology*, 2007.

⑥ Peter R. Mills, *Hawaii's Russian Adventure：A New Look at Old History*, Honolulu：University of Hawaii Press, 2002.

俄美公司在美洲太平洋区域的商业活动与沙俄政府的领土扩张相契合，正如苏联历史学者奥孔所说，"十九世纪前半叶沙皇俄国以公司作掩护，在太平洋北部流域进行扩张活动"①。

　　此外，俄美公司的殖民功用还体现在对土著人的经济生活和宗教信仰的影响方面。温斯顿·李·萨拉菲安（Winston Lee Sarafian）认为俄美公司开发殖民地对劳动力需求的增长与沙俄国内农奴制的限制，促使俄美公司更加依赖于克里奥尔人和土著人劳动力。② 肯特·G. 莱特富特（Kent G. Lightfoot）通过对俄国美洲移民区的人员构成与人事关系的考察，强调俄国自由劳动力匮乏的状况，不仅导致俄美公司加大对土著人劳动力的依赖程度，而且严重限制了俄属美洲殖民地的发展。③ 莉迪亚·布莱克（Lydia Black）④ 则注意到俄国政府要求俄美公司向雇佣土著提供教育、医疗、老年护理等帮助，推行社会立法改革，突出阿拉斯加作为沙俄社会改革"试验场"的独特性质。苏珊·史密斯 - 彼得（Susan Smith-Peter）通过对 19 世纪 20 年代后俄属美洲移民区克里奥尔人的考察，揭示移民区劳动力短缺与社会结构变迁的紧密联系。⑤ 埃里克·T. 赫希曼（Erik T. Hirschmann）考察俄美公司对阿拉斯加原住民认识的演进，及其对公司殖民政策的实际影响，肯定了原住民活动的历史价值。由俄国人的经济掠夺和政治奴役而来，俄美公司与原住民部落的种族矛盾和武装冲突贯穿于俄美公司活动的始终。⑥ 马克斯·多恩豪尔（Marks Dauenhauer）、理查德·多恩豪尔（Richard Dauenhauer）和莉迪亚·T. 布莱克（Lydia T. Black）共同编辑的《特林吉特人美洲的俄国人：锡特

---

① ［苏］谢·宾·奥孔：《俄美公司》，俞启骧译，商务印书馆 1982 年版，第 6 页。

② Winston Lee Sarafian, Russian-American Company Employee Policies and Practices, 1799 – 1867, Ph. D. dissertation, University of California, 1970.

③ Kent G. Lightfoot, "Russian Colonization：The Implications of Merchantile Colonial Practices in the North Pacific," *Historical Archaeology*, Vol. 37, No. 4（2003）, pp. 14 – 28.

④ Lydia Black, *Russians in Alaska*, 1732 – 1867, Fairbanks：University of Alaska Press, 2004.

⑤ Susan Smith-Peter, "Creating a Creole Estate in Early Nineteenth-century Russian America," Cahiers du Monde russe, Vol. 51, No. 2/3, 1917（April-September 2010）, pp. 441 – 459.

⑥ Erik T. Hirschmann, *Empires in the Land of the Trickster：Russians, Tlingit, Pomo, and Americans on the Pacific Rim, Eighteenth Century to 1910s*, Ph. D., Dissertation, The University of New Mexico, 1999.

卡战争，1802—1804》①是一本有关俄国早期殖民特林吉特人领地历史的资料集，收录有涉及俄国人与特林吉特人的相遇、战争、拓殖，尤其是 1802 年特林吉特人进攻俄国移民区，以及 1804 年巴拉诺夫重新夺回移民区的战争等内容。其中包括移民区战争幸存者的日记、回忆录，以及特林吉特人的口述史料。这部资料集具有重要的史料价值。

尽管东正教在对外扩张中的功用难以企及天主教，但是东正教在教化和安抚美洲原住民方面仍然发挥出极大的效力。叶卡捷琳娜二世以来的历届俄国政府都鼓励美洲太平洋地区的传教活动。同时，传播东正教还是俄国毛皮商人争取沙皇政治和商业支持的主要手段。早在 1787 年，舍利霍夫完成美洲探险后，立即向沙皇申请东正教牧师随同前往美洲，希冀换取沙俄政府的商业特惠。安德烈·A. 赞埃姆斯基（Andrei A. Znamenski）以传教笔记为基础，比较西伯利亚和阿拉斯加原住民在接受东正教的过程与结果方面的差异，揭示文化交流、社会变化与原住民信仰变迁的相互关联。②戴维·诺兰（David Nordlander）注意到 19 世纪 40 年代维尼亚米诺夫在阿拉斯加的传教活动对原住民的日常生活与精神信仰都产生深远的影响。③

从上所述，俄美公司作为近代沙俄第一家贸易垄断公司，在某种程度上显示出沙俄政府与毛皮商人的共同利益。然而，商业公司与帝国政府在战略目标、主要利益、殖民策略等多方面存在的差异，成为限制沙俄美洲太平洋扩张的重要因素。加拿大海军史教授格林·巴勒特（Glynn Barratt）将俄国太平洋海军建设放入近代美洲太平洋国际环境内，注意到俄国太平洋海军对俄美公司商业经营和俄美移民区政治稳定的重要影响。其中，作者尤为强调俄国海军部门在促成俄美公司的职能从商业公司向殖民机构转变中的影响力。在论及 1821 年沙俄敕令问题时，巴勒特主张英国参与俄

① Marks Dauenhauer, Richard Dauenhauer, Lydia T. Black edite, *Anooshi Lingit Aani Ka Russians in Tlingit America*：*The Battles of Sitka*，*1802 and 1804*，Seattle：University of Washington Press, 2008.

② Andrei A. Znamenski, *Shamanism and Christianity*：*Native Encounters with Russian Orthodox Missions in Siberia and Alaska*，1820‐1917，Santa Barbara：Greenwood Press 1999.

③ David Nordlander, "Innokentii Veniaminov and the Expansion of Orthodoxy in Russian America," *Pacific Historical Review*，Vol. 64，No. 1（Feb.，1995），pp. 19‐36.

美英外交谈判的政策出发点在于拉拢俄国，以阻挡美国向太平洋沿岸的扩张。遗憾的是，作者对俄国海军历史价值的判断存在一些夸大的倾向。①

21世纪以来，伴随跨学科研究的兴起、史料发掘的深入、史学范式的发展，北美学术界对俄美公司问题的研究呈现出一系列的新趋势和新成果。首先，丰富的史料为人物传记史学的发展创造了重要条件。欧文·马修斯（Owen Matthews）的《光荣的失败探险：尼古拉·列扎诺夫与一个俄属美洲梦想》② 一书尝试将列扎诺夫这样一位雄心勃勃又投机钻营、爱国热情又傲慢固执的人物，融入近代沙俄对外扩张的谱系之内，为人们理解俄美公司的历史变迁，提供一种全新的视角。稍显不足的是，作者在一定程度上夸大列扎诺夫的历史作用，而相对忽视俄美公司扩张中的政治抱负与经济诉求的辩证关系。亚历山大·巴拉诺夫（Aleksandr Baranov）是俄美公司早期阶段的另一位重要人物。肯尼思·N. 欧文斯（Kenneth N. Owens）围绕阿拉斯加第一座东正教教堂的修建和俄美公司与特林吉特人、奥鲁提人的关系演变问题，论述巴拉诺夫在美洲西北海岸和北部加利福尼亚从事贸易、修建新移民区和处理对外关系等殖民活动，力图从阿拉斯加边疆地区多种族互动的角度，考察俄属美洲的殖民历史。③ 另外，舍利霍夫的妻子舍利霍娃在为公司争取专营权的过程中同样发挥了重要作用。道恩·利·布莱克（Dawn Lea Black）紧紧围绕舍利霍娃追随丈夫开创美洲毛皮帝国的主题展开，运用翔实的史料再现舍利霍娃在避免公司分裂、拓展经营业务、寻求贸易垄断等活动中的重要作用，为相关学者了解俄美公司成立及早期活动的历史提供了一种当事人的视角。④ 应该说，俄美公司的建立与运营无不体现出商人精英的利益、理念与构想，从这个意义上，丰富的传记成果不仅有助于拓宽俄美公司研究的视野，而且有利于人们在私人商业与公共权

---

① Glynn Barratt, *Russia in Pacific Water*, 1715 – 1825：*A Survey of the Origins of Russia's Naval Presence in the North and South Pacific*, Vancouver：University of British Columbia Press, 1981.

② Owen Matthews, *Glorious Misadventures*：*Nikolai Rezanov and the Dream of a Russian America*, New York：Bloomsbury, 2011.

③ Kenneth N. Owens, *Aleksandr Baranov and Russian Colonial Expansion into Alaska and Northern California*, Seattle and London：University of Washington Press, 2015.

④ Dawn Lea Black, Alexander Yu. Petrov Edite and Translate, *Natalia Shelikhova*, *Russian Oligarch of Alaska Commerce*, Fairbanks：Alaska University Press, 2010.

力互动的宏大脉络中解读俄美公司的历史。此外，肯尼思·N. 欧文斯的《沙皇的边民：提莫菲·塔拉卡诺夫和俄属美洲的扩张》[1] 一文则是美国学术界对俄美公司中下层员工考察的代表作。塔拉卡诺夫是一名俄美公司职员，参与了俄美公司美洲事务官巴拉诺夫与美国商人合作的加利福尼亚狩猎探险。可以说，正是无数像塔拉卡诺夫这样卑微而又不可或缺的公司员工，在实际执行沙俄政府和俄美公司上层官员的殖民扩张梦想。事实上，通过对 2000 年以后北美学界出版的有关俄美公司成果的梳理可以发现，受到新文化史和新社会史思潮的影响，以往受到忽视的俄美公司下层员工、土著居民的社会文化、殖民意识与概念变迁等问题开始重新获得学界的重视，并取得了一定的研究成果。

除此以外，北美学术界关于俄美公司的研究还呈现出历史学、人类学、考古学和生态学的跨学科研究趋势。阿伦·L. 科罗威尔（Aron L. Crowell）利用考古发掘与历史文献相结合的方法，考察科迪亚克岛殖民地的经济开发、社会交往和日常生活等问题，尝试将"沃勒斯坦提出的世界体系视角与俄属美洲的考古发现相结合"，[2] 更为全面地揭示俄属美洲移民区原住民和俄美公司下层工人的日常生活和经济状况。詹姆斯·麦吉·阿伦（James McGhie Allan）则利用罗斯堡考古发掘数据，分析俄美公司殖民加利福尼亚的主要路径与活动。[3] 瑞恩·塔克·琼斯（Ryan Tucker Jones）的《灭绝的帝国：俄国人与北太平洋的奇怪海洋生物，1741—1867》[4] 一书，从环境史的角度研究俄国人在北太平洋捕猎海洋毛皮动物的活动及其对生态环境的破坏。作者认为 19 世纪的国际环境专家们正是从北太平洋海洋毛皮动物灭绝的惨境中，意识到自然世界正在遭受的严重威胁，而这

---

[1] Kenneth N. Owens, "Frontiersman for the Tsar: Timofei Tarakanov and the Expansion of Russian America," *The Magazine of Western History*, Vol. 56, No. 3 (Autumn, 2006), pp. 3 – 21, 93 – 94.

[2] Aron L. Crowell, *Archaeology and the Capitalist World System: A Study from Russian America*, Plenum Press, 1997, v, vi.

[3] James McGhie Allan, *Forge and Falseworks: An Archarological Investigation of Russian American Company's Industrial Complex at Colony Ross*, Ph. D. dissertation, the University of California, Berkeley, 2001.

[4] Ryan Tucker Jones, *Empire of Extinction: Russians and the North Pacific's Strange Beasts of the Sea*, 1741 – 1867, Oxford: Oxford University Press, 2014.

些环境学者的观点通过欧洲知识界反馈给沙俄统治者，成为促使俄国人制定更为长久、持续的捕猎规划的重要推动力。还有部分学者围绕现代早期科学考察与商业利益的关系，分析太平洋毛皮贸易中商业公司对生态研究的赞助，以及科学研究对商业活动的反作用。赖安·琼斯（Ryan Jones）指出，现代早期的欧洲国家通常借助自然史学者对殖民地自然地理与人文环境的研究，服务于本国的对外殖民扩张活动。18 世纪的叶卡捷琳娜二世政府同样资助自然史学者前往千岛群岛和阿留申群岛进行考察，然而，自然史学者对俄国毛皮商人破坏北太平洋生态环境的论述，成为国际社会攻击沙俄殖民主义的重要论证。同时，自然史学者的这些论述也成为俄美公司管理层制订海洋资源开发计划，合理利用自然资源的理论基础。① 大卫·伊格勒（David Igler）则从疾病传播的视角，考察俄美公司的毛皮贸易与北部加利福尼亚印第安人部落中疾病传播的联系性。作者认为，世界贸易的发展促进了疾病的传播。伴随太平洋上贸易船只的增加、航行时间的缩短，以及多种族合作的经营模式，都在加快病菌在太平洋东海岸的传播速度，进而对当地的人口和社会产生深远的影响。② 由此可见，跨学科方法的运用推动了 21 世纪以来北美学界俄美公司研究的发展。正如美国学者凯瑟琳·L. 阿恩特所说，考古学资料和原住民口述史料的广泛运用，使北美学界俄美公司问题研究呈现研究范围的拓宽与研究方法的多样化。③

　　北美学术界还注重对俄美公司成果的梳理与总结。如斯蒂芬·海考克斯的《俄属美洲：英语学界的研究》④ 一文，系统梳理了 20 世纪 90 年代以前国际学界有关俄属美洲历史的研究。作者认为美洲西部首先是作为外交和商业竞争的地区，然后才是定居目的地而存在。作者呼吁近代美洲太平洋国际关系问题值得学界广泛关注，而俄国通过探险、贸易、殖民等活

　　① Ryan Jones, *Empire of Extinction*: *Nature and Natural History in the Russian North Pacific*, 1739 – 1799, Ph. D. dissertation, The Columbia University, 2008.

　　② David Igler, "Diseased Goods: Global Exchanges in the Eastern Pacific Basin, 1770 – 1850," *The American Historical Review*, Vol. 109, No. 3（June 2004）, pp. 693 – 719.

　　③ Katherine L. Arndt, "The Russian-American Company and the Northwest Fur Trade: North American Scholarship, 1990 – 2000," "Meeting of Frontiers" Conference, May 2001.

　　④ Stephen Haycox, "Russian America: Studies in the English language," *Pacific Historical Review*, Vol. 59, No. 2（May, 1990）, pp. 231 – 252.

动取得了与英国、美国、西班牙等国同样重要的作用。这类综述成果在提供研究动态的同时，也提供了一定的问题意识和思想方法。

## 二 俄国学术界对俄美公司的研究

俄美公司在近代俄国历史中占据十分重要的地位。一方面，俄美公司有力推动了中俄恰克图贸易和东西伯利亚经济社会的发展；另一方面，俄美公司作为沙俄第一家股份垄断公司，不仅成为近代俄国商业发展的典型代表，而且充当起沙俄在美洲太平洋区域殖民扩张的先锋角色。正如俄国学者尼古拉耶夫所说，作为私人利益与公共权力结合的新模式，俄美公司经营着俄国唯一的海外殖民地。这些独特性使其无论对考察近代俄国向美洲太平洋扩张的历史，还是对当代俄罗斯联邦西伯利亚地区的开发，都具有重要的参考价值。[①] 显然，俄美公司作为俄国第一家贸易垄断公司的特殊身份，为其赢得了俄国学者的持续关注。

事实上，早在俄美公司成立伊始，俄国社会已掀起对"商业垄断公司"这一新鲜事物的评价热潮。18 世纪末 19 世纪初的俄国仍然是一个等级制度森严的封建社会。沙皇、贵族和官僚享有各种各样的特权，而商人、平民与农奴都处于被压榨和被剥削的地位。然而，西伯利亚毛皮贸易的兴起与繁荣却不断冲击着传统的社会秩序，不仅孕育出一大批通过商业冒险迅速发家的商人阶层，而且提升了俄国在美洲太平洋区域的政治影响力。在这样的历史条件下，沙俄政治精英们对待俄美公司的态度自然呈现出一种诋毁与赞誉并存的复杂性。首先，俄国海军军官阶层不断对俄美公司治理美洲移民区的能力表示质疑。由俄国美洲殖民地的海外特性而来，俄国海军承担起俄美公司的物资运输与政府监察等职责，于是海军军官成为向俄国国内提供有关海外殖民地信息的主要来源。而海军军官的贵族身份及其传统观念必然对俄美公司的评价产生影响。如曾负责指挥 1803—1806 年间俄国第一次环球航行的海军军官克鲁申施特恩，即严厉指责俄美公司的经营混乱。克鲁申施特恩认为俄美公司美洲事务官巴拉诺夫将移民

---

① Ермолаев Алексей Николаевич. *Российско-американская Компания в Сибири и на Дальнем Востоке* （1799 – 1871 *гг.*）. Кемерово. 2013. С. 4.

区变成一个内部管理混乱、外国商船横行的"醉酒殖民地"。同行的俄美公司监督列扎诺夫则对移民区物资匮乏、走私猖獗、资源枯竭、设施简陋等情况做了详尽的记录，并向沙皇提供解决上述问题的方案。[①] 显然，俄国海军军官受到俄国社会政治氛围的影响，大多蔑视商人阶层，不断指责商人阶层经营下的俄国美洲移民区。然而，一部分富有远见的海军军官还是能够相对客观地评价俄美公司的管理人员及其历史价值。P. N. 戈洛夫宁在谈及舍利霍夫、列扎诺夫等人的美洲太平洋扩张构想时强调，"这一计划大胆而可行，只是伴随列扎诺夫的去世和巴拉诺夫的离职而被迫终结"。另外，19 世纪中叶活跃于俄国社交界的 D. I. 扎瓦利申同样关注俄美公司的海外活动。扎瓦利申更是俄国太平洋帝国计划的积极支持者，鼓吹列扎诺夫、巴拉诺夫等人的北太平洋殖民计划，呼吁 1824—1825 年俄国军舰进入北太平洋之时，正是俄美公司获取加利福尼亚的最佳时机。[②] 戈洛夫宁与扎瓦利申对俄美公司的评价正是沙俄政府内部支持远东毛皮商人集团的利益主张，但也在一定程度上反映出远东毛皮商业与沙俄政府战略的关联性。整体来看，在 19 世纪初期俄美公司对外贸易与殖民活动的高峰阶段，沙俄的海军军官和政府官僚对俄美公司的态度与评价一直摇摆于诋毁与赞誉之间。

19 世纪中叶，俄美公司的经营陷入困境，加之俄国全球战略重心的转移，阿拉斯加已不再具有以往的经济和政治价值。俄美公司为继续获得沙俄政府的特许状而指派公司职员季赫麦涅夫（Tikhmenev）根据公司档案编撰俄美公司历史，以凸显公司以往取得的辉煌"功业"。季赫麦涅夫依据这些原始档案创作出《俄美公司历史》[③] 一书并于 1861 年在圣彼得堡出版。然而这部著作并未挽救俄美公司衰败的命运。伴随 1867 年美俄两国

---

　　① "A report from Imperial Chamberlain Rezanov to Minister of Commerce Rumyantsev about a voyage to Alta California in the ship Yunona and the situation in the Russian Colonies. New Archangel. 14 November 1806," James R. Gibson and Alexei A. Istomin compile and edit, *Russian California*, 1806 – 1860: *A History in Documents*, Volume I, London: Published by Ashgate for the Hakluty Society, 2014, pp. 190 – 191.

　　② Andrei V. Grinev, "The Plans for Russian Expansion in the New World and the North Pacific in the Eighteenth and Nineteenth Centuries," *European Journal of American Studies*, Vol. 5, No. 2, 2010, document 2, pp. 1 – 2.

　　③ P. A. Tikhmenev, *A History of the Russian-American Company*, trans. and edite. Richard A. Pierce and Alton S. Donnelly, Seattle: University of Washington Press, 1978.

关于割让阿拉斯加的协议规定，俄美公司的档案文献也一并交付美国政府，成为今天北美学者研究俄美公司相关问题的重要资源。20世纪70年代美国的俄国史专家雷蒙德·H.费希特组织专家翻译了美国国家档案馆所藏的部分俄美公司档案，并以《俄美公司移民区长官1818年通信录》《俄美公司记录，1802，1817—1867》等资料集的形式出版。遗憾的是，有关俄美公司首任美洲移民区长官巴拉诺夫时期（1799—1818）的档案，大部分随巴拉诺夫一并转移至圣彼得堡，其后历经沙俄政治和社会的动荡而难以存留。是故，季赫麦涅夫的这部著作就成为学界认识和研究俄美公司早期历史的重要参考资料。同时，通观整部著作，季氏还是能够相对公允地记录俄美公司的发展历程，较少对相关事件做出评价。但考虑到作者创作的初衷，维护公司利益，美化公司形象的论述自然不可避免。书中对公司早期领导人舍利霍夫、舍利霍娃、列扎诺夫和巴拉诺夫等多加赞美之辞，但整体来看，这部著作还是基本客观地评述了俄美公司的运营活动。遗憾的是，作者很少对俄美公司的重要举措或历史事件做出评价。伴随太平洋毛皮贸易的衰落与美洲西海岸国际形势的变迁，俄美公司早已失去开拓美洲的经济和政治价值，同时期，俄美公司为商业目标而投入东北亚区域的地理和商业开拓，继续充当19世纪后半期沙俄殖民扩张的帮凶。《俄国海军军官在俄国远东的功勋》[①] 一书记述了海军军官涅维尔斯科伊与俄美公司合作探查黑龙江入海口及库页岛的历史。作者在书中肆意夸大个人功绩，鼓吹沙俄海军在远东—太平洋扩张中的重要作用，尽管这些叙述是为沙俄殖民扩张歌功颂德，但也从一个角度展现出商业力量与海军势力在俄国远东太平洋扩张中的合作关系。总的来看，帝俄时代的学者深受沙皇专制社会氛围的影响，而更为注重政治高层和商业精英的历史作用。

十月革命后，马克思主义史学开始成为苏俄（苏联）史学思想的主流。其中，反思和批判近代沙俄对外侵略历史成为苏联史学工作者的重要任务。苏联领导人斯大林即对俄国殖民美洲的历史充满浓厚兴趣。1927年，斯大林在接见即将赴美的冶金部门负责人A.P.斯列巴洛夫斯基时，指示他注意收集有关俄国殖民阿拉斯加、加利福尼亚等地时期的资料，以

---

① ［俄］根·伊·涅维尔斯科伊：《俄国海军军官在俄国远东的功勋》，郝建恒、高文风译，商务印书馆1978年版。

便日后编撰这段沙俄扩张的历史。遗憾的是，斯列巴洛夫斯基未能完成斯大林交代的这项任务。

20 世纪 30 年代，苏联学者谢·宾·奥孔完成的《俄美公司》① 一书成为苏联时期学术界对俄美公司研究的代表性成果。奥孔认为，沙俄政府是 19 世纪太平洋扩张的主力，强调俄美公司附属于帝俄扩张战略的工具性。需要说明的是，奥孔作为一名苏联马克思主义史学家，基本是带着批判近代沙俄对外殖民侵略的政治立场来考察俄美公司的历史，从某种程度上来说能够较为客观地评价这段历史。但作者在注意到俄美公司的沙俄扩张帮凶角色的基础上，过分强调沙俄政府在俄美公司形成与活动方面的重要性，难以更为真实全面地还原这段历史。书中首次使用大量未公开的俄文档案与文件，具有重要的学术参考价值。稍显不足的是，该书较少利用外国收藏文献（1867 年俄美公司的档案文献也一并转移给美国政府），这些材料对分析俄美公司的日常运营，以及阿拉斯加割让等问题无疑十分重要。同时，书中对俄美公司与中国的联系方面分析得也不够深入。

应该说，奥孔的观点深刻影响了苏联时代成长起来的俄国史学者。波霍夫第诺夫（Bolkhovitinov）通过将俄属美洲的历史，尤其是俄美两国在美洲太平洋沿岸商业冲突及政府交涉等核心问题，放入俄美两国国家关系发展的整体框架之内。作者认为正是波士顿商人对俄美公司商业利益的损害，迫使俄国政府开始重视新兴的美国，进而对 19 世纪俄美两国关系产生重要的影响。② 在述及俄国与"美洲非殖民原则"形成的关联时，波霍夫第诺夫以外交文献为基础，强调"美洲非殖民原则"与"门罗宣言"并非 1821 年沙俄敕令直接引发的结果，而是美国政治和商业扩张思想不断膨胀的必然产物。③ 而伴随俄美公司相关档案的发掘，苏联时代过分强调的沙俄对外扩张主体论遭受质疑，尤其是沙俄政府在夏威夷岛屿唾手可得之时选择放弃，在罗斯移民区行将合法之时加以制止等不合常理的举动，

---

① ［苏］谢·宾·奥孔：《俄美公司》，俞启骧译，商务印书馆 1982 年版。

② Nikolai N. Bolkhovitinov, *The Beginnings of Russian-American Relations* 1775 – 1815, trans. Elena Levin, Cambridge：Harvard University Press, 1975, xiii.

③ Nikolai N. Bolkhovitinov, "Russia and the Declaration of the Non-Colonization Principle：New Archival Evidence," *Oregon Historical Quarterly*, Vol. 72, No. 2（Jun., 1971）, pp. 101 – 126.

显然与传统的太平洋扩张政策相矛盾。这些疑问促使包括波霍夫第诺夫在内的俄国史学家逐渐放弃传统的帝俄扩张说，而选择从更为宽阔的视阈解读这段历史。①

20世纪90年代国际冷战的结束为俄国学术界对俄美公司的研究创造了有利条件。其中既包括史学理论和思想范式方面的革新，也涵盖跨国学术合作与域外史料收集等方面的便捷。需要说明的是，俄美公司活动的范围远远超越阿拉斯加（俄属美洲）的范围，广泛涉及不列颠哥伦比亚、加利福尼亚、夏威夷群岛等地区，这种特征要求学者们跨越民族国家的界限，从世界贸易史的跨国或全球视角下进行考察。1997—1999年间，波霍夫第诺夫组织俄国、美国和加拿大学者共同编辑出版三卷本的《俄属美洲历史，1732—1867》。书中较为系统地论述了阿拉斯加原住民社会、俄国毛皮商人与原住民的相互关系、俄国海军军官对原住民的治理、殖民国家对美洲太平洋沿岸的争夺，以及俄国在夏威夷群岛、加利福尼亚、千岛群岛等地扩张的历史内容。这套汇集俄国、美国、加拿大学界前沿研究的成果，具有重要的学术价值。波霍夫第诺夫尤为强调沙俄在阿拉斯加与西伯利亚两地扩张的相似性。②另外，波霍夫第诺夫还注重对俄美公司的国内外市场影响的考察。《俄美公司：国内和国外市场的活动（1799—1867）》一书以时间为序，围绕俄美公司与外国市场的交易、国内市场公司股票价格的波动，以及公司在国内外市场的声誉等内容逐一展开论述。③这部著作为人们了解俄美公司在国内外市场的贸易活动提供了重要参考。此外，波霍夫第诺夫还注重对俄美公司相关文献的整理。《俄美公司和北太平洋研究，1815—1841》一书，收录有1815年至1841年间俄美公司总管理处、美洲移民区、沙皇和帝俄政府相关文书、信件和训令等材料。正如波霍夫第诺夫所强调的，以往俄国史学界有关俄美公司的资料集，大多收录俄国国内

---

① Andrei V. Grinev, "The Plans for Russian Expansion in the New World and the North Pacific in the Eighteenth and Nineteenth Centuries," *European Journal of American Studies*, Vol. 5, No. 2, 2010, document 2, p. 4.

② Andrei V. Grinev and Richard L. Bland, "A Brief Survey of the Russian Historiography of Russian America of Recent Years," *Pacific Historical Review*, Vol. 79, No. 2 (May 2010), pp. 268 – 269.

③ Петров Александр Юрьевич. *Российско-американская компания: деятельность на отечественном и зарубежном рынках*. (1799 – 1867). М.: ИВИ РАН. 2006. С. 4.

的档案文献，而这部资料集却兼顾美国国家档案馆所藏的俄美公司档案。[①]
当然，由于美国学者早已对美国国家档案馆所藏俄美公司文献编录和出版，
因此这部资料集对国内学者而言，似乎其中的俄藏文献更有价值。

安德烈·V. 格里尼奥夫（Andrei Val'terovich Grinëv）是另一位享誉国
际史学界的俄美公司历史研究专家。格里尼奥夫师承波霍夫第诺夫，在
2016 年出版了圣彼得堡大学的博士论文，这本书于 2018 年被译介到美国，
书名为《俄国人殖民阿拉斯加：先决条件、发现和早期发展，1741—
1799》。在序言中，作者开宗明义地强调西方学术界在俄属美洲问题研究
上出现的碎片化和实证主义弊端，认为这种趋势限制了学者的主观思维及
其对整体历史的把握，强调从俄国历史和全球历史发展的整体框架下，探
索俄国人殖民阿拉斯加的历史意义。[②] 作者以近代早期沙皇与平民联合对
抗地方贵族的时代背景入手，述及俄国社会的阶层划分、征服西伯利亚及
其治理、白令两次堪察加探险，俄国毛皮商人殖民阿拉斯加和阿留申群岛
的早期历史，考察俄国人的殖民活动对上述地区带来的社会经济方面的影
响。书中大量引用的研究前沿和新发掘史料，成为人们了解相关问题的前
沿动态和史料资源的重要参考。同时，格利尼奥夫的研究还广泛涉及俄美
公司员工、原住民、海员、奴隶等内容，其成果被广泛地译介到英语学
界，并具有较大的学术影响。[③] 值得注意的是，格里尼奥夫的《近年来俄
国史学界有关俄属美洲研究状况概览》一文，系统梳理了 2000—2010 年
间俄国学界关于俄属美洲历史的研究状况。作者认为"新世界的俄国殖民
地的经济社会特征"，"俄国移民与土著居民的多种联系"，"有重要影响
的历史人物" 等尚未被探索的课题仍具有重要的研究价值。[④] 同时，作者

①　Н. Н. Болховитинов. （ред.）. *Российско-американская компания и изучение Тихоокеанского Севера*, 1815 – 1841. М.：Наука, 2005. С. 6.

②　Andrei Val'terovich Grinëv, *Russian Colonization of Alaska：Preconditions, Discovery, and Initial Development*, 1741 – 1799, trans. Richard L. Bland, Lincoln：University of Nebraska Press 2018, pp. 1 – 3.

③　Andrei Val'terovich Grinev, *The Tlingit Indians in Russian America*, 1741 – 1867, trans. Richard L. Bland and Katerina G. Solovjova, Lincole：University of Nebraska Press, 2005；Andrei Val'terovich Grinev, "Russian Maritime Catastrophes During the Colonization of Alaska, 1741 – 1867," *The Pacific Northwest Quarterly*, Vol. 102, No. 4 （Fall 2011）, pp. 178 – 194.

④　Andrei V. Grinëv, "A Brief Survey of the Russian Historiography of Russian America of Recent Years," trans. Richard L. Bland, *Pacific Historical Review*, Vol. 79, No. 2 （May 2010）, p. 277.

还强调俄国学术界研究经费的紧张与域外历史文献获取的困难，不利于俄国学界对俄美公司历史研究的深入。在《18、19 世纪俄国人向新世界和北太平洋的扩张计划》一文中，格里尼奥夫通过对俄国向美洲太平洋扩张各阶段的梳理，认为俄国美洲扩张是政府与私人合作的产物。作者指出，沙俄政府最先炮制出"北太平洋帝国"的计划，随后毛皮商人成为殖民开拓的先锋，19 世纪初的俄美公司继续承担美洲太平洋扩张的任务，同时期沙俄政府则表现消极，直至 19 世纪 20 年代沙俄政府才再次出面干预，但国际形势和殖民状况迫使其放弃扩张，逐渐退出美洲。[①] 在这里，格利尼奥夫注意到私人商业与公共权力在近代俄国美洲太平洋扩张中的相互关联，有利于揭示近代俄国海外扩张的复杂性，然而，作者为行文便利，过于简单地划分了两者在不同阶段的功用。

如前所述，俄美公司在中俄恰克图贸易中占据关键地位，并对东西伯利亚经济与社会的发展具有重要影响。有的学者即聚焦于俄美公司与俄国远东开发的历史联系。A. H. 叶尔莫拉耶夫与 A. Ю. 彼得罗夫[②]受近年来中俄冰上丝绸之路合作理念的影响，侧重于对俄美公司来华贸易与俄国太平洋地区开发进行联系，认为俄美公司对华贸易客观上建立起一条横跨阿拉斯加、俄国远东地区与中国的经济贸易带，有力地促进了俄国远东地区居民点、港口城市和道路建设的发展，提升了俄国在远东—太平洋区域的影响力。V. A. 威奇塞克和 A. O. 佩特罗斯则利用俄罗斯联邦和地方档案馆所藏文献，分析俄美公司在沙俄吞并和开发阿穆尔河流域、滨海边疆、萨哈林岛和千岛群岛等地区过程中的作用。同时，作者对俄美公司的成立、俄美公司与中国、日本的互动交流等问题都有较为详细的论述。[③]

此外，俄国学者关于阿拉斯加原住民和殖民地出售方面的研究亦享誉

---

① Andrei V. Grinev，"The Plans for Russian Expansion in the New World and the North Pacific in the Eighteenth and Nineteenth Centuries," *European Journal of American Studies*，Vol. 5，No. 2，2010，document 2，pp. 1 – 19.

② ［俄］A. H. 叶尔莫拉耶夫、A. Ю. 彼得罗夫：《俄美公司与中国的贸易往来》，张广翔、高笑译，《北方论丛》2018 年第 4 期。

③ Ермолаев Алексей Николаевич. *Российско-американская Компания в Сибири и на Дальнем Востоке*（1799 – 1871 *гг.*）. Кемерово. 2013. С. 2.

国际学术界。① 由于俄国毛皮猎人与毛皮商人是最早到达阿拉斯加和阿留申群岛的欧洲人，并且在地理探险、狩猎贸易等活动中与土著人建立起紧密的联系，因此，俄国学界在美洲太平洋区域土著人社会的政治、经济、文化方面的研究具有较高的影响力。其中，阿纳托利·卡明斯基（Archimandrite Anatolii Kamenskii）② 对印、白文化接触条件下的特林吉特人经济生活和文化信仰的变迁问题，做了较为详细的阐释。而 R. G. 利亚普诺夫（Roza G. Liapunova）的《阿留申人民族志集：18 世纪末 19 世纪前半期》③ 也是一部有广泛影响力的阿拉斯加的种族—文化交流史。俄美公司作为阿拉斯加的实际治理机构，其经营与贸易状况必然对俄国政府的美洲政策产生重要影响。亚历山大·彼得罗夫（Alexander Iu Petrov）在《阿拉斯加出售给美国以前俄美公司的活动（1858—1867）》④ 一文中，即注重考察俄美公司经营状况对俄国美洲政策的影响。作者认为俄美公司的经济困境使其无法阻止俄国政府出售阿拉斯加的决定。

综上所述，俄国史学界有关俄美公司研究的成果较为丰富，且拥有俄文档案文献的优势，然而受制于近年来俄罗斯整体科研经费不足的影响，俄国学者获取域外档案和研究成果的渠道必然受限，难以在更为广泛的史料基础上做出更为合理的阐述。同时，俄国学者在述及俄美公司对外殖民等问题时，通常会美化沙俄的远东—北太平洋扩张，使其研究成果带有一定的主观色彩。

### 三　国内学界对俄美公司问题的研究

俄美公司与近代中俄商贸发展有着紧密联系。17 世纪末 18 世纪初，《尼

---

① Ilya Vinkovetsk, *Russian America: An Overseas Colony of a Continentual Empire*, 1804 - 1867, Oxford : Oxford University Press, 2011, x.

② Archimandrite Anatolii Kamenskii, *Tlingit Indians of Alaska*, trans. Sergei Kan, Fairbanks: The University of Alaska Press, 1985.

③ Roza G. Liapunova, *Essays on the Ethnography of the Aleuts (At the end of eighteenth and the first half of the nineteenth century)*, trans. Jerry Shelest, Fairbanks: University of Alaska Press, 1996.

④ Alexander Iu Petrov, "The Activity of the Russian-American Company on the Eve of the Sale of Alaska to the United States (1858 - 1867)," *Russian Studies in History*, Vol. 54, No. 1, 2015, pp. 61 - 90.

布楚条约》和《恰克图条约》的签订开启了近代中俄两国商业交往的新纪元，成为清代中国融入现代世界经济体系的重要孔道。其中，毛皮在俄国对华商品输出中占有重要地位。清人何秋涛的"彼以皮来，我以茶往"①，一语道破中俄恰克图边贸的主要商品结构。俄美公司作为毛皮贸易的巨头，自然引得国人的关注，"该国极东亚美理驾西北地方，设有公司，专管皮货"。②

　　首先，国内学界对俄美公司的关注源于中俄关系史领域。17世纪40年代以后，伴随中俄两国发展为邻国，两国在政治、经济、文化等多个领域建立起广泛的联系。其中，俄美公司凭借垄断公司的特权，不仅长期主宰恰克图市场贸易，而且积极策划黑龙江流域的探险殖民，成为近代中俄两国关系的重要影响因素。西伯利亚史学者徐景学即强调俄美公司在近代沙俄殖民扩张中的帮凶角色，并围绕着俄美公司的建立、黑龙江流域探险，以及俄美公司对雇员和原住民的压榨等问题展开论述。③孟宪章则通过对中苏经贸活动近300年历史的梳理，围绕俄美公司对华贸易问题做了较为详细的论述。④殷剑平的《早期的西伯利亚对外经济联系》一书梳理了俄美公司创立及其对华贸易的历史过程。⑤也有学者专注于俄美公司的商业经营。如郭蕴深对恰克图茶叶贸易中俄美公司的角色与地位的探查。⑥米镇波在《清代中俄恰克图边界贸易》⑦一书中运用大量中、俄两国档案文献，较为系统地论述恰克图贸易发展的历史脉络。俄美公司商船私闯广州口岸的事件也是国内学者关注的热点。有清一代，俄国即被清廷纳入北疆朝贡体系，不许俄商进入广州口岸，由此拉开中俄两国围绕广州贸易的博弈历程。广州海事史专家蔡鸿生先生通过对清朝外交史料和广州十三行档案的梳理，系统分析了19世纪初俄美公司商船来广州贸易的来龙去脉，

---

① （清）何秋涛：《朔方备乘》，李文田校注，清光绪灵鹣阁丛书本，第1994页。
② （清）李星沅：《李文恭公遗集》，清同治四年，芋香山馆刻本，第1562页。
③ 徐景学：《西伯利亚史》，黑龙江教育出版社1991年版。
④ 孟宪章：《中苏经贸史资料》，中国对外经济贸易出版社1991年版。
⑤ 殷剑平：《早期的西伯利亚对外经济联系》，黑龙江人民出版社1998年版。
⑥ 郭蕴深：《中俄茶叶贸易史》，黑龙江教育出版社1995年版。
⑦ 米镇波：《清代中俄恰克图边界贸易》，南开大学出版社2003年版。

揭示沙俄入侵中国市场与清廷海关腐败的本质。① 伍宇星以不同国际体系的碰撞为切入点，认为 19 世纪初的"俄船入广"事件，体现出"朝贡贸易体制"与"自由贸易体系"的矛盾与冲突。② 柳若梅则从整体视角下梳理出俄国尝试对广贸易的历史脉络。③ 还有学者注意到"俄船入广"事件与俄国首次环球航行的历史联系。④ 这些有关俄美公司性质及其对华贸易的研究，有利于揭示出俄美公司的对外殖民工具本质，但较少关注俄美公司对华侵略史的专题性研究。

其次，伴随 20 世纪 80 年代以来《俄美公司》⑤《涅瓦号环球航行记》⑥ 等相关研究成果和资料的译介出版，国内学者对俄美公司的认识更为全面，认识到俄美公司与沙皇政府在对外侵略中的关联——"到 19 世纪初，它便以罗曼诺夫王朝暴发户的姿态崛起于太平洋区域，变成一个像英国东印度公司那样的商业强权、军事强权和拥有领土的强权"，⑦ 成为近代帝俄在美洲—北太平洋区域推行扩张的主力。同时期，国内学界开始出现一些探讨俄美公司对外扩张的研究。侯育成的《俄美公司在北太平洋的活动及特点》⑧ 一文，对俄美公司的成立背景、贸易活动、官方性质等方面进行概述，对从整体上了解俄美公司的历史具有一定的意义。李丹的《俄美公司在北太平洋地区的活动研究》⑨ 一文，尝试梳理"俄美公司对中国和日本的贸易活动、对黑龙江流域、库页岛、北美西海岸、夏威夷群岛等地的探查和殖民"等内容。但所述极简略，缺乏对相关问题的深入探讨。董小川从近代美俄两国关系发展的角度，认为

① 蔡鸿生：《俄罗斯馆纪事》，中华书局 2006 年版。
② 伍宇星：《俄船首航广州贸易风波再研究》，载关贵海、栾景河《中俄关系的历史与现实》（第二辑），社会科学文献出版社 2009 年版。
③ 柳若梅：《历史上俄罗斯通过广州开展对华贸易问题探究》，《俄罗斯学刊》2011 年第 3 期。
④ 丁则良：《俄国人第一次环球航行与中国》，载丁则良《丁则良文集》，清华大学出版社 2009 年版。
⑤ ［苏］谢·宾·奥孔：《俄美公司》，俞启骧译，商务印书馆 1982 年版。
⑥ ［俄］尤·弗·里相斯基：《涅瓦号环球旅行记》，徐景学译，黑龙江人民出版社 1983 年版。
⑦ 中外关系史学会编：《中外关系史论丛》（第二辑），世界知识出版社 1987 年版，第 129 页。
⑧ 侯育成：《俄美公司在北太平洋的活动及特点》，《学习与探索》1989 年第 8 期。
⑨ 李丹：《俄美公司在北太平洋地区的活动研究》，硕士学位论文，黑龙江省社会科学院，2014 年。

俄美公司的侵略与扩张活动直接促成俄美两国在美洲西北海岸的争端，成为两国关系发展的主要障碍。而沙俄在远东地区海军的薄弱最终导致俄美公司对外扩张的失败。①

另外，周启乾②对俄美公司代表列扎诺夫出使日本，要求发展俄日两国自由贸易的事件，以及事情败露后俄舰对日本北部领土劫掠的考察，揭示沙俄侵略扩张的丑恶行径。王钺则将19世纪初的列扎诺夫叩关日本事件与俄美公司的历史命运相联系，强调这次侵略活动的负面效益——不但直接促成俄日两国关系的恶化，而且成为俄美公司最终失败的主要因素。③梁立佳通过对1821年沙俄政府维护俄美公司商业利益的缘由、过程与结果的分析，揭示沙俄政府与俄美公司处理俄属美洲问题的立场差异，即俄美公司更为看重商业利益，而沙俄政府则只是将其作为帝国全球扩张中的一个筹码。④

此外，彭佩锋的《俄美公司在黑龙江流域的活动研究》⑤、董铁军的《俄美公司：19世纪40—60年代俄国在远东殖民活动的"外套"》⑥、张良玉的《俄美公司与俄国在北美的殖民扩张（1799—1867）》⑦、邹继伟的《试论Г. И. 涅维尔斯科伊与沙俄在远东的殖民活动》⑧、王春良、李蓉的《简论俄国向西伯利亚、千岛和阿拉斯加的扩张》⑨等文章大多聚焦于俄美公司的某一次探险或在某一区域的殖民活动，同样具有一定的参考价值。

最后，还有部分学者选择对俄美公司的组织或运营状况进行考察。如肖婷

---

① 董小川：《美俄关系史》，东北师范大学出版社1999年版。
② 周启乾：《日俄关系简史》，天津人民出版社1985年版。
③ 王钺：《俄美公司与日本》，《学习与探索》1988年第8期。
④ 梁立佳：《1821年沙俄敕令与近代帝俄美洲殖民政策的嬗变》，《历史教学》2017年第10期。
⑤ 彭佩锋：《俄美公司在黑龙江流域的活动研究》，《营销策略》2010年第35期。
⑥ 董铁军：《俄美公司：19世纪40—60年代俄国在远东殖民活动的"外套"》，《绥化学院学报》2009年第6期。
⑦ 张玉良：《俄美公司与俄国在北美的殖民扩张（1799—1867）》，《阜阳师院学报》1996年第2期。
⑧ 邹继伟：《试论Г. И. 涅维尔斯科伊与沙俄在远东的殖民活动》，《北方文物》2012年第1期。
⑨ 王春良、李蓉：《简论俄国向西伯利亚、千岛和阿拉斯加的扩张》，《聊城大学学报》2006年第1期。

绪 论

婷的《试析俄美公司的经营》① 和耿喜波的《谈英国东印度公司与俄美公司职员的状况》②。值得注意的是，耿喜波在《俄美公司与英国东印度公司差异之探讨》③ 一文中，比较俄美公司与东印度公司在政府干预、经营管理与解体原因等方面的差异，为相关问题的后续研究提供了一种比较视角。

　　总的来看，国内学界对俄美公司研究相对零散，缺乏系统性论述。俄国学者的研究较为丰富，大量运用俄文档案文献，但在涉及俄美公司对外殖民问题时，通常美化俄国人在远东和北太平洋地区的活动，带有一定的片面性。同时，俄国学者在研究中对国外所藏的文献较少使用。尽管美国学者是目前研究俄美公司问题的主要力量。但是相关研究大多集中在俄美公司的殖民活动对阿拉斯加、阿留申群岛、加利福尼亚、夏威夷群岛等美国领土的影响方面，较少涉及俄美公司在中国黑龙江流域、日本、菲律宾、鄂霍次克海沿岸等地区的贸易和殖民活动。森永贵子是专注于俄国远东和俄美公司的日本学者，她认为近代英、美、俄等国家在美洲太平洋区域的商业争夺与俄国毛皮公司的扩张，共同塑造了 19 世纪以后这一区域的国际关系格局。同时指出，俄美公司的历史还是一部被沙皇、海军和官僚利用、控制和误导的过程，在某种程度上注定了俄美公司的失败命运。④尽管森永贵子关于沙俄政府的政策与活动阻碍俄美公司发展的观点存在一定的商榷之处，然而她的观点再次证明了 19 世纪早期美洲太平洋区域国际关系与经济竞争交相辉映的复杂性。日本学者对俄美公司与太平洋毛皮贸易问题的关注，从某种程度上反映出俄美公司问题的跨国性与国际史学的全球史转向。正如美国学者理查德·约翰·拉瓦利（Richard John Raval-li）所说，跨国和全球视野目前已经成为美国西部史学者的共识。⑤

① 肖婷婷：《试析俄美公司的经营》，硕士学位论文，吉林大学东北亚研究院，2015 年。
② 耿喜波：《谈英国东印度公司与俄美公司职员的状况》，《黎明职业大学学报》2000 年第 3 期。
③ 耿喜波：《俄美公司与英国东印度公司差异之探讨》，硕士学位论文，东北师范大学，1999 年。
④ 森永贵子：《ロシアの拡大と毛皮交易——16—19 世紀シベリア·北太平洋の商人世界》、彩流社、2008 年、第 4、48、62 页。
⑤ Richard John Ravalli, Soft Gold and the Pacific Frontier: Geopolitics and Environment in the Sea Otter Trade, Ph. D. dissertation, University of California, 2009.

同时期，学者们开始以全球视野审视和评价近代太平洋毛皮贸易的过程和意义。理查德·拉瓦利运用整体史观和长时段范式考察海獭——这种太平洋毛皮贸易的主要商品，以及海上毛皮贸易的兴衰历程。在时间断限上，作者以17世纪初明代中国与俄罗斯、日本和西班牙等国商人发生早期海獭皮贸易为起点，一直叙述到20世纪以后太平洋区域海獭皮的贸易情况。同时，在地理范围上则涵盖从千岛群岛、堪察加半岛、北海道、阿留申群岛、阿拉斯加大陆、哥伦比亚河流域、加利福尼亚，以及夏威夷群岛的整个北太平洋半环形海獭栖息地带。在作者的论述中，俄美公司的经营仅仅作为太平洋毛皮贸易网络中的一部分，相对限制了俄美公司的历史影响力，然而，伴随时空范围的延展，人们能够更为清晰地认识俄美公司的出现及其影响。同时，拉瓦利的这种以某种动物的兴衰为视角考察人类历史的理念，无疑受到近年来生物学与跨学科研究发展的影响。①

实际上，珍贵皮毛的交易虽然古已有之，但全球性的海獭皮毛贸易网络则是在近代以后开始形成，并逐渐繁荣的。太平洋海獭皮毛贸易作为近代世界贸易的重要内容，还具有跨越经济史的深远影响。一方面，欧美列强围绕商业利益与政治战略展开的角逐，在很大程度上重新塑造了环太平洋区域的政治版图。另一方面，无节制的商业狩猎严重破坏了北太平洋的生态环境，同时孕育出欧美社会保护自然资源的生态意识。学者们日益认识到太平洋毛皮贸易的全球性。如埃里克·奥德尔·奥克利（Eric Odell Oakley）选取新的全球视角考察"哥伦比亚号"航行这一传统课题，获得十分显著的效果。作者指出，"哥伦比亚号"的航行贸易活动，确立起美国在太平洋地区的商业主导模式，在将周边区域纳入一个太平洋世界中发挥着重要的作用。同时，作者注重分析整个事件的地方层面因素，分别对波士顿、美洲西北海岸和中国广州的历史背景进行说明。在这里，太平洋毛皮贸易的起源问题，不再被看作欧美商业冒险的"意外"产物，而被认为是东北亚毛皮贸易网络与世界贸易体系之间互动的必然结果。② 约翰·

---

① Richard Ravalli, *Sea Otters: A History*, Lincoln: University of Nebraska Press, 2018.

② Eric Odell Oakley, Columbia at Sea: America Enters the Pacific, 1787 – 1793, Ph. D. dissertation, The University of North Carolina at Greensboro, 2017.

D. 卡尔森（John D. Carlson）则立足于欧洲扩张论和原住民自发论之间的视角，考察加利福尼亚等边缘地区如何融入现代世界体系的过程。①

　　综上所述，在充分阅读和借鉴中、俄、美等国已有成果的基础上，通过将俄美公司的殖民和扩张活动，放入近代英、美、俄对中国和北美西北部政治和经济利益争夺的大环境中进行考察，关注这些因素彼此间的影响和互动，必然能够为近代中俄关系史、俄国远东—太平洋政策史和太平洋史的相关研究提供一种新的视角和认识。

## 第二节　本书研究的基本思路

　　近代沙俄在对华侵略过程中罪行累累。仅在领土方面，沙俄即通过《瑷珲条约》（1858 年）、《北京条约》（1860 年）、《中俄勘分西北界约》（1864 年）、《中俄伊犁条约》（1881 年）等一系列不平等条约，鲸吞蚕食大约 150 万平方公里的中国领土，这些侵略行径严重损害了中国的国家利益和民族尊严。放眼历史，俄罗斯国家的兴起几乎就是一幅俄罗斯民族不断对外扩张的叙事画卷。从 15 世纪后期莫斯科罗斯摆脱金帐汗国统治开始，俄国人就开启了对外扩张的历程，相继与瑞典、波兰、奥斯曼土耳其、鞑靼汗国、中国等欧亚国家，发生一系列旨在抢占土地和掠夺人口的对外战争，最终在 19 世纪上半期发展为一个横跨欧、亚、美三大洲的世界殖民帝国。期间，沙俄政府的对外政策重心不断依照国际形势与国家战略的变化而调整。这一过程历经亚历山大一世时期反对欧洲资产阶级革命运动，到 19 世纪 20 年代以后在欧洲巴尔干半岛和黑海地区的殖民扩张，再到 19 世纪 60 年代克里米亚战争失利后远东地区扩张的变迁。而沙俄政府对外政策的变化谱系，还深刻影响到 19 世纪后半期的远东国际形势和中俄关系。从某种程度上看，俄国在两次鸦片战争后的对华侵略活动，正是同时期以远东地区为扩张重点的外交政策的体现，而俄国妄图在远东地区建立霸权的行为，必然遭到在此区域同样拥有巨大经济、政治利益的

---

① John D. Carlson, "The Otter Man Empire: The Pacific Fur Trade, Incorporation and the Zone of Ignorance," *Journal of World-system Research*, VIII, III, Fall, 2002, pp. 390–442.

英、美两国政府的反对。正是在英美国家的怂恿和支持下，日本挑起了1904—1905 年间的日俄帝国主义战争。而伴随俄军在战场上的失利，沙俄最终被迫放弃称霸远东的计划。①

由此可见，从 17 世纪 40 年代俄国哥萨克初次到达太平洋沿岸，到 19世纪中后期远东太平洋区域再次成为俄国政府关注焦点的间隔长达两百年之久。那么期间俄国政府在远东太平洋区域都推行了哪些政策？这些政策和活动又对 19 世纪后期俄国在远东太平洋的殖民战略有何影响？俄国在上述区域的殖民活动到底遭遇到哪些阻碍？这些问题对解读早期中俄关系和东北亚国际局势无疑具有十分重要的意义。遗憾的是，在述及近代俄国在北太平洋的扩张问题时，学界大多聚焦于 19 世纪中后期沙俄与日本、中国、朝鲜等邻国产生矛盾与冲突的历史，而较少关注 17 世纪中叶至 19世纪前期俄国在美洲太平洋区域的殖民活动，忽视了两者之间的密切联系。②

俄国对远东太平洋区域的关注源起于彼得大帝时代，其本质是 16 世纪后期俄国向西伯利亚领土扩张的自然延伸。西伯利亚在近代俄国的国家发展中占有重要地位，不仅帮助政府获得巨额的财富和众多的人口，而且增加了国家的战略纵深。更为重要的是，俄国在征服西伯利亚的过程中，逐渐形成一种私人力量与国家权力相互配合的扩张模式。1582 年阿巴拉克湖战役后，哥萨克首领叶尔马克（Yermark）开始在对鞑靼人的战斗中使用带有"因洛克"和狮子等象征沙皇徽章的旗帜，以表明这些哥萨克的战斗"是在象征沙皇国家的旗帜下进行的。他们是俄罗斯国家的军人，是为了捍卫这个国家的利益而战"③。同时，叶尔马克还派遣人员携带大量珍贵貂皮前往莫斯科，向沙皇传达新获得领土的喜讯。

这样，俄国商人、哥萨克武装和沙皇政权开始形成一套新的对外扩张

---

① 国内学者对沙俄远东扩张历史的研究成果较为丰富，参见张广翔、周嘉滢《百年以来的中国俄国史研究》，《史学月刊》2015 年第 11 期。

② Б. 格列科夫：《原书序言》，载［苏］谢·宾·奥孔《俄美公司》，俞启骧译，商务印书馆 1982 年版，第 1 页。

③ ［俄］М. И. 奇保鲁哈：《征服西伯利亚——从叶尔马克到白令》，杨海明译，中国社会科学出版社 2017 年版，第 84 页。

模式，先由私商资助的哥萨克武装占领异族部落，再由其兼任沙俄政府的征税官掠夺当地的财富并确立沙皇的统治，最后由沙皇政府对其进行奖励和接手新领土的管理，商人和哥萨克则继续找寻那些尚未被征服的土地和人民。正是这种私人力量与公共权力相结合的模式，不断推动沙俄向太平洋的扩张。比如，1647—1648 年杰日奥涅夫（Dezhnyov）的科雷马河—阿纳德尔河探险、1728 年白令（Bering）的第一次堪察加探险，无不以获得新的人口与土地为目标进行。沙俄政府在这一过程中获得巨大的利益。据统计，16、17 世纪，沙俄政府通过土著人的贡赋和毛皮猎人、商人缴纳的税收等方式，每年从西伯利亚毛皮产业中获得占据财政收入三分之一的财富，使其牢牢掌握对西伯利亚毛皮资源的控制。[①]

1733 年，枢密院大臣 I. K. 基洛夫（Kirilov）在呈送给沙皇的一份报告中，简要描绘出俄国的太平洋帝国蓝图：海军将"探查直至 45°N 的美洲海岸，利用印第安人的仇视以反对西班牙人在美洲的殖民统治，并将加利福尼亚和墨西哥并入俄国统治，而在太平洋西部则以堪察加半岛为基地向日本扩张"[②]。1741—1743 年的白令第二次堪察加探险对俄国在美洲太平洋区域的扩张具有里程碑式的意义。其中，白令、奇里科夫的船员对美洲丰富毛皮资源的描述，成为吸引俄国毛皮商人的重要因素。1743 年俄国远东商人巴索夫首开太平洋毛皮探险之路，随后又有数十家私人公司投入到这项蕴含暴利的商业探险活动之中。截至 18 世纪 60 年代，俄国毛皮商人已完成对阿留申群岛和千岛群岛大部分岛屿的探险，而伴随上述地区海洋毛皮动物资源的枯竭，俄国商人只能将视线投向更为遥远的美洲大陆。1783 年，有"俄国哥伦布"之称的俄国伊尔库茨克商人舍利霍夫（Shelik-hov），携带家眷、船员一行数十人前往美洲搜寻新的毛皮资源，并于 1784 年在阿拉斯加半岛附近的科迪亚克岛建立起俄国在美洲的第一块移民区，为后来俄国宣称对阿拉斯加的所有权奠定基础。随后，包括 P. S. 列别捷夫－拉斯妥奇金（P. S. Lebedev-Lastochkin）在内的多家俄国毛皮公司纷纷

---

[①]　Andrei V. Grinev, *Russian Colonization of Alaska*：*Preconditions*，*Discovery*，*and Initial Development*，1741 - 1799，trans. Richard L. Bland，Lincoln：University of Nebraska Press，2016，p. 40.

[②]　Andrei V. Grinev，"The Plans for Russian Expansion in the New World and the North Pacific in the Eighteenth and Nineteenth Centuries，" *European Journal of American Studies*，Vol. 5，No. 2，2010，pp. 5 - 6.

效仿，前往美洲大陆和邻近岛屿建立固定狩猎点，商业争夺日趋激烈。面临多家公司各自为政的混乱状态，俄国人在美洲的毛皮产业很可能会重蹈阿留申群岛和千岛群岛的悲剧命运。

伴随 18 世纪 80 年代太平洋毛皮贸易热潮的兴起，美洲西北海岸的国际形势日益严峻。1788 年英国探险家库克在第三次太平洋探险中，对美洲太平洋沿岸、阿留申群岛和东西伯利亚海岸的自然地理与风土民情的考察，尤其是在相关探险日志和各种商业宣传的影响下，吸引欧美商业资本逐渐向美洲太平洋地区渗透。从 18 世纪 90 年代开始，英国和美国的商船频繁从事美洲西北海岸至中国广州的毛皮贸易。在此条件下，俄国商人的对华毛皮贸易开始遭受到来自原料产地和商品市场的激烈竞争。事实上，早在 1783 年舍利霍夫探险船队初次抵达科迪亚克岛三圣湾（以舍利霍夫探险队的旗舰"三圣号"命名）之际，英国商船早已在该岛的东海岸与土著居民从事皮毛交易。这种国际竞争对俄国人的毛皮贸易造成了巨大的冲击。如果说 18 世纪 40 年代白令第二次堪察加探险后，俄国商人凭借地缘优势还能够独享阿留申群岛和千岛群岛的毛皮资源，那么 18 世纪后期美洲太平洋地区的情形则截然不同。更何况，英美商人无论在海洋运输，还是商品质量等方面都占据绝对优势。从这个意义上，俄国毛皮商人尽管拓展了美洲毛皮狩猎地，却难于应对来自外国商业对手的竞争。另外，美洲狩猎区到恰克图市场之间的遥远距离、北太平洋高纬度区域恶劣的航行条件、俄国商人落后的航行设备等不利因素，都促使俄国商人在国际商业竞争中处于极为不利的境地。为获得国内外商业竞争的最后胜利，部分精明的俄国商人开始寻求沙俄政府在政治和财政方面的支持。1787 年舍利霍夫在首次美洲探险成功后，随即向伊尔库茨克当局汇报此次探险的成绩，极力鼓吹自己在获得新领土、接纳新人口、传播宗教与文明等方面的功绩，尤为强调俄国商业面临的外国威胁，进而寻求政府在财政贷款、船员雇佣、贸易保护等方面的支持。可以说，舍利霍夫迈出了美洲太平洋扩张中私人商业与沙皇权力走向联合的第一步。

然而此时，沙俄政府却因为投资巨大的白令－奇里科夫探险未能发现贵金属矿藏和人口土地，以及 18 世纪末拉克斯曼开拓日本市场的失败，而对太平洋探险和扩张逐渐失去兴趣。同时，18 世纪后期俄国与瑞典、奥斯曼土耳其的持续战争，也限制了沙俄政府能够投入太平洋殖民中的力量。在这样的历史条件下，俄国向美洲太平洋的扩张主导权，逐渐从沙皇政权转移到俄国远东地方当局和毛皮商人的手中。[①] 西伯利亚当局也一直是俄国对外扩张的积极推动者，不仅在于新获得的领土和人口都将纳入到其管辖范围，而且远东当局与毛皮商人之间还有着千丝万缕的联系，前者经常从后者那里获得巨额的商业回报和贿赂。另外，1698 年彼得一世（Peter the Great）对西伯利亚行政体制改革前，远东地区的官僚没有固定的薪资标准，官员们可以肆意压榨这一区域的原住民和商人群体。从这个意义上，远东当局成为俄国向美洲太平洋扩张过程中的主要受益者和支持者。1787 年舍利霍夫探险归来后，伊尔库茨克长官雅库比即将俄国商人在美洲取得的成绩上报沙皇叶卡捷琳娜，并极力夸大美洲新领土和人口对俄罗斯帝国的重要性。应该说，这些活动促成了叶卡捷琳娜对舍利霍夫、格利科夫等人的友好态度。雅库比更在舍利霍夫各种诉求的基础上，添加了授予该公司在美洲进行毛皮贸易的垄断权、斥资修建东西伯利亚港口、加强远东太平洋舰队建设等有利于远东地方利益的建议。另外，为获得沙皇的认可，雅库比、皮里等远东官员还竭力鼓吹外国势力在美洲太平洋地区的活动及其对俄国国家利益的严重威胁。而正是这种对外国威胁的恐惧，促使沙皇政府重新关注美洲太平洋事务。然而，此时的沙皇政府正深陷法国大革命和拿破仑战争所带来的欧洲动荡之内，不愿在太平洋事务上再次与英美等国产生新的外交摩擦，实际上也难以筹集足够的军力和资金投入远东，最终只能够通过对舍利霍夫等商人进行表彰和奖励，并许诺沙皇至高庇护等方式来维护俄国在美洲太平洋地区的利益。

　　1787—1797 年间是美洲太平洋探险与扩张中商业力量与沙皇权力走向联合的关键时期。期间，以舍利霍夫、格利科夫为代表的毛皮商人，为扩大经营规模，不断增加所属公司的数量，促使俄国商人在美洲地区的商业竞争愈演愈烈。商业欺诈、武装冲突和互相诋毁，充斥于同时期俄商在美

---

　　① Andrei V. Grinev, "The Plans for Russian Expansion in the New World and the North Pacific in the Eighteenth and Nineteenth Centuries," *European Journal of American Studies*, Vol. 5, No. 2, 2010, document 2, pp. 1 – 19.

洲太平洋的毛皮贸易之中。沙皇政府虽然拒绝了远东商人的商业贷款要求，却给予其雇用海军军官、使用商业农奴等权力。同时，商人群体和远东当局获取贸易专营权的努力却一直没有停止。然而，在18世纪后半期，无论是沙皇本人，还是俄国主流社会，都倾向于自由贸易的理论主张，在这样的历史条件下，俄国远东毛皮商人寻求贸易专营权的努力自然毫无结果。

事实上，贸易专营权是近代欧洲对外商业扩张和重商主义思想的天然产物。在政府财政紧缺的条件下，贸易垄断公司可以最大限度地筹集到社会上的闲散资本，以进行风险性极高的海外商业贸易。同时，贸易专营权还可以起到有效对抗外国竞争，开拓国家海外殖民地的作用，因此成为近代欧洲国家争相推行的海外扩张政策。其中，1600年成立的英国东印度公司和1602年组建的荷兰东印度公司，正是同时期欧洲贸易垄断公司的典型代表。它们毫无例外地拥有本国政府颁布的贸易特许状，通过募股的形式从社会上筹集资金，对外进行商业、战争和殖民活动，成为这些国家海外殖民扩张的先锋。而俄国人对垄断公司的概念并不陌生，早在彼得大帝推行富国强兵的时代，信奉重商主义思想的沙皇就曾十分关注国家自然资源的开发，强调垄断公司对发展国内高投入的采矿、冶金、制盐等产业的有效性。从这个意义上看，贸易垄断公司正是近代俄国向西方学习的主要内容和必然结果。那么，垄断公司在俄国国内的发展情况又如何呢？答案是发展十分缓慢。其实，俄国商业垄断公司发展的落后与其整体的政治、经济和社会环境有着紧密的关联。自沙皇伊凡四世开始，沙皇的权力通过与平民阶层（主要为村社农奴，在俄国历史上广大的农村地区盛行以村社为单位的集体所有的田产制度，村社的所有成员成为集团共同的农民，承担一定的公共任务。16世纪开始，为逃避地方官吏和豪强贵族的压迫和掠夺，村社逐渐将土地和人民自愿转化为国家农奴和沙皇农奴，以便获得沙皇政权的庇护）的联合，最终获取对地方贵族的胜利，俄国的社会分层逐渐划分为特权阶层（沙皇、贵族和官僚）和平民阶层（包括商人阶层）。沙皇叶卡捷琳娜时代，贵族的特权获得了新的认可和提升。同沙俄政府对西伯利亚毛皮商人的盘剥与掠夺一样，俄国国内商业资本的发展十分缓慢，对外贸易和交通运输几乎全部掌握在外国资本手中，尽管期间政府曾

授予某些公司以专营权，但受制于资本、技术的不足而大多告以失败，①
这种状况必然不断降低俄国政府对贸易垄断公司的热情。

其实，欧洲早期的贸易垄断公司多为进行海外贸易和殖民活动而组
建，俄国在整体上属于欧洲大陆国家，海外交通和贸易活动相对薄弱，这
是俄国国内贸易垄断公司发展缓慢的一个重要因素。然而，18 世纪末 19
世纪初，俄国商人在美洲太平洋区域商业活动和国际竞争中的困境，则为
俄国贸易垄断公司的诞生创造了条件。俄国公司间的无序竞争、外国商业
和政治势力的渗透、舍利霍夫公司和远东当局的积极争取，以及沙皇保罗
一世的个人喜好，最终促成 1799 年俄国第一家官方授权的商业垄断公
司——俄罗斯美洲公司（Russian American Company，下文简称俄美公司）
的成立。依据 1799 年沙皇特许状，俄美公司获得在俄属美洲、阿留申群
岛、千岛群岛等地区的毛皮狩猎、移民建设、对外贸易、伐木采矿等垄断
特权，同时肩负向未被欧洲国家或美国占领的"无主荒地"扩张的义务。

在这里，从特许状的内容可以发现许多类似西伯利亚扩张的内容，私
人力量成为沙俄对外扩张的先锋。值得注意的是，俄美公司还获得诸多以
往沙皇政府不曾让渡出的权力。如贸易垄断权、移民区治理权、伐木采矿
权等，这些内容显示出沙俄殖民阿拉斯加不同于西伯利亚的全新模式。正
是在此模式之下，俄美公司能够在沙俄政府的美洲太平洋扩张中发挥出更
大的自主性。俄美公司的对外探险和贸易殖民，基本构成两次鸦片战争以
前沙俄在远东太平洋区域活动的重要部分。从这个意义上，俄美公司可以
被视为 19 世纪前半期沙俄在北太平洋地区殖民扩张的"急先锋"。同时，
沙俄特殊的国情亦决定了俄美公司的历史命运。正如美籍乌克兰学者阿纳
托利·马祖尔在述及俄美公司与东印度公司等西欧特权贸易公司的差异时
所说，在缺乏强大中产阶级的封建专制的俄国，沙皇专制的氛围和商人群
体在国际竞争中的无力，都促成俄美公司由私人贸易公司向沙俄政府代理
机构的转变。②

---

①　有关 18 世纪俄国商业和商人状况的内容，参见［俄］娜·瓦·科兹洛娃《俄国专制制度
与商人：18 世纪 20 年代至 60 年代初》，万冬梅、崔志宏译，社会科学文献出版社 2017 年版。

②　Anatole G. Mazour，"The Russian-American Company：Private or Government Enterprise，" *Pacific Historical Review*，Vol. 13，No. 2（June 1944），pp. 168 – 170.

苏联学者 Б. 格列科夫在述及 19 世纪早期俄美公司与俄国在太平洋扩张问题时强调："如同英国政府为了控制印度，在东印度公司名义的掩护下，进行了二百年的战争一样，沙皇政府在俄美公司名义的掩护下，对太平洋沿岸进行了几乎一百年的激烈争夺。"① 显然，格列科夫注意到俄美公司与近代沙俄在太平洋扩张的密切联系，认为沙俄政府是 19 世纪早期一系列殖民扩张的策划者和主导者，俄美公司在其中充当起沙皇在一切不便直接出面的环境下的殖民扩张工具。格列科夫的论述无疑有利于人们从整体上把握近代沙俄在远东太平洋地区扩张的谱系。然而，这一论述也具有片面夸大沙俄政府作用，忽视俄美公司商业力量自主性的倾向，不利于人们对俄美公司的全面理解。

通过对 19 世纪头 20 年俄美公司档案和相关文献的解读，笔者发现无论是重要商业人物的思想，还是俄美公司商业利润的追逐，都曾对同时期沙俄在美洲太平洋区域的扩张有着重要的影响。俄美公司总管理处曾在公司成立五十周年之际将其发展历程划分为三个阶段，分别指出不同阶段的经营特点："第一阶段是公司制度不健全，乱用资财的时期，这一阶段持续到 1821 年为止。第二阶段是逐步建立了制度和账目的时期，这一阶段正是移民区的资源日趋枯竭的时期，可以算到 1838 年为止。最后，第三阶段是公司确立了健全的管理制度的时期，这一阶段从 1838 年一直持续到 19 世纪 50 年代。"② 在这里，俄美公司总管理处基本按照公司经营制度的完善和自然资源的枯竭来划分俄美公司的经营历史，而每一阶段又基本与公司特许状的更新时间相重合。

实际上，俄美公司的性质和人员配置同样经历了一个变迁过程。这一过程潜藏于公司规章制度与组织结构的发展脉络之中，不易觉察却深刻影响到俄美公司，甚至沙俄政府整体太平洋政策的发展。这就是俄美公司逐渐由商业公司转变为殖民地政府机构的历史进程。这一进程贯穿于俄美公司经营的始终，而 1821 年公司第二份特许状在其中占有十分重要的地位。

---

① Б. 格列科夫：《原书序言》，载［苏］谢·宾·奥孔《俄美公司》，俞启骧译，商务印书馆 1982 年版，第 1 页。

② ［苏］谢·宾·奥孔：《俄美公司》，俞启骧译，商务印书馆 1982 年版，第 214 页。

此后，俄国官僚和海军军官开始大规模进入公司，垄断了包括俄美公司总管理处、股东会议、俄国美洲移民区管理机构在内的关键职位，对19世纪20年代以后俄美公司的经营产生了深远的影响。而几乎与此相重叠，俄国在美洲太平洋的扩张也走向终结。值得注意的是，近代俄国对美洲太平洋区域扩张的高潮，恰巧集中在19世纪头20年俄美公司为商人势力所主导的阶段。期间，俄美公司先后对美洲西北海岸、哥伦比亚河流域、加利福尼亚、阿留申群岛、千岛群岛、库页岛、日本、中国广州和黑龙江流域、夏威夷群岛等地区进行殖民扩张活动，在获取商业利润的同时，扩充了俄国在北太平洋地区的政治影响力，进而影响到该区域国际关系的格局。舍利霍夫、列扎诺夫、巴拉诺夫、舍费尔等俄美公司领导者大多怀有一种将商业利润与太平洋帝国构建相联系的扩张理想，正是这些主张和活动成为沙俄获取北太平洋区域优势地位的主要力量。然而，沙俄政府在这些活动中却表现出一种消极的态度，从下达给巴拉诺夫的避免与其他国家势力相冲突的指令，到制止舍费尔夺取夏威夷岛屿，以及库什科夫、扎瓦利申、瓦良格占领和扩大罗斯殖民地的计划，再到1824年、1825年不顾俄美公司的反对而压缩俄属美洲的版图，开放英美商业资本在俄国移民区的商业活动，无不与俄美公司积极推行的扩张政策相矛盾。显然，俄美公司与沙俄政府之间在美洲太平洋扩张中存在一种十分复杂的关系。而这种商业力量与政治权力的博弈贯穿其中，不仅深刻影响到沙俄的对外殖民活动，而且在很大程度上决定了俄美公司与沙俄政府在太平洋扩张中的最终命运。

需要说明的是，商业垄断公司作为近代早期欧洲对外扩张的普遍手段，其兴起与衰落都具有一定的相似性，从海外贸易、殖民扩张与国家资金、实力不足的矛盾中产生和发展，又伴随国家政治力量的强大与工业革命后自由贸易思想的盛行而走向终结。而俄美公司作为俄国最早的商业垄断公司，它的产生与发展既具有近代商业垄断公司的普遍性特征，又带有俄国国内政治、商业情况影响下的特殊性。这种特殊性又有两层意义：一是俄美公司较之其他国家的商业垄断公司更多地受到本国政府的监督和控制。二是俄美公司的经营模式和治理区域在俄国都具有鲜明的特殊性——在商业资本和商人地位极为薄弱的俄国社会的商业垄断公司与作为俄国唯一海外殖民地的俄属美洲无不彰显出它们的特殊性。这就要求在对俄美公司扩张活动的考察中注意到俄国国内政治、商业和社会状况与商业垄断公司整体历史走向的结合，在揭示商业垄断公司发展的一般规律的同时，发掘俄美公司活动背后隐藏的具有俄国特色的历史动因。

笔者将在本研究中选取俄国在美洲太平洋扩张的活跃阶段，即 19 世纪头 20 年的殖民活动作为考察对象，在系统梳理这些殖民活动谱系的基础上，叙述俄美公司与帝俄政府在其中的立场与活动，发掘商业力量与政治权益相互合作与博弈的深层矛盾。同时，本书注重结合美洲太平洋区域整体国际关系的变迁，还原近代俄国在北太平洋地区扩张的历史进程。本书具体将围绕以下问题展开论述：沙俄政府何时在太平洋进行扩张？为何选择俄美公司作为扩张的主要手段？俄美公司又在北太平洋区域进行了哪些殖民活动？这些殖民活动的结果又反映出哪些国际关系与俄国国内的问题？通过对上述内容的分析，大家将认识到远东毛皮商人在俄美公司早期活动中的主导地位，及其与沙俄政府对外战略的互动关系，揭示近代俄国在美洲太平洋区域殖民扩张的隐秘逻辑。

# 第一章
# 近代俄国向西伯利亚和
# 阿拉斯加的扩张及其模式

　　毛皮财富是近代俄国向西伯利亚和阿拉斯加殖民扩张的主要动力。1581 年哥萨克首领叶尔马克对西比尔汗国的征服，正式开启沙皇俄国在亚洲和美洲的长达近三个世纪的扩张运动。国家权力与私人商业相结合的扩张模式在其中发挥出巨大的效力。这一模式历经西伯利亚时期的初步联合、美洲太平洋阶段的特许公司，以及俄属美洲时代政府主导的不断演进，成为影响沙俄在西伯利亚和阿拉斯加扩张活动的重要因素。国家权力与私人商业的合作曾经是俄国称霸远东—太平洋地区的重要基石，两者的冲突与分离则成为制约沙俄持续扩张的关键因素。而这种毛皮商业与沙皇权力的合作与冲突，则在某种程度上，显现出近代沙俄对外扩张中政治战略与商业利益的辩证关系。

　　沙皇俄国在世界地理发现史上占有十分重要的地位。16 世纪末至 19 世纪中叶的近三百年内，俄国不仅"发现"和征服乌拉尔山脉以东亚洲和美洲区域的民族和土地，而且通过贡赋与贸易等形式，逐渐将这些地区纳入正在形成中的现代世界政治经济体系。从这个意义上，近代俄国的东扩运动与西欧的航海发现一样具有重要的历史意义。国内学界以往研究俄国向西伯利亚和阿拉斯加扩张问题者并不少，或集中于对近代沙俄侵略扩张行径的指责[①]，或侧重于国际政治形势变迁与沙俄殖民政策调整的互动[②]，

---

　　① 参见徐景学《俄国征服西伯利亚纪略》，黑龙江人民出版社 1984 年版；周启乾：《日俄关系简史》，天津人民出版社 1985 年版；王钺：《俄美公司与日本》，《学习与探索》1988 年第 8 期。
　　② 参见董小川《美俄关系史》，东北师范大学出版社 1999 年版；顾学稼：《沙俄出售阿拉斯加原因考析》，《四川大学学报》（哲学社会科学版）1987 年第 3 期。

而较少关注沙俄东扩的经济动因、西伯利亚征服与阿拉斯加拓殖的历史联系，尤其是国家权力与私人商业相结合的扩张模式的历史作用及其阶段性演进的历史影响。应该说，毛皮财富一直是近代俄国人向西伯利亚和阿拉斯加扩张的主要动力。正是在这一过程中，毛皮商人、毛皮猎人和哥萨克逐渐与沙皇政府走向联合，孕育出国家权力与私人商业相结合的扩张模式，并且在近代俄国的东方扩张中发挥出巨大的效力。19世纪20年代以后国际形势的变化、毛皮资源的枯竭，以及沙俄殖民战略的转变，这种扩张模式也日渐失灵，成为影响近代俄国海外扩张与美洲太平洋区域国际关系的重要因素。

# 第一节　西伯利亚时期毛皮商业与沙皇权力的初步联合

毛皮贸易在俄国历史中占据重要位置。正如美国俄国史学者雷蒙德·H. 费舍尔所说，无论是作为一种生活方式，还是一种扩张力量，毛皮贸易都在俄国历史发展中具有重要影响。[1] 中世纪日耳曼人沿波罗的海和多瑙河的向东迁移，迫使斯拉夫人最终在东欧的森林和草原交界地带定居下来。早期斯拉夫人的主要城邦散落于东欧河流的交界或河谷地带，并依靠陆路或水路的枢纽位置发展商业贸易。15世纪40年代莫斯科公国开始成为罗斯人的主要城邦，而欧洲东北部森林地带丰富的毛皮资源，成为莫斯科崛起的重要物质保障。[2] 伴随毛皮贸易规模的扩大，越来越多的毛皮商人和毛皮猎人选择前往更加遥远的乌拉尔山脉地区搜集毛皮。根据文献记载，诺夫哥罗德的商人最晚在14世纪初已经到达乌拉尔山以东区域进行贸易和狩猎。[3] 1581年哥萨克首领叶尔马克在富商斯特罗冈诺夫（Stro-

---

① Raymond H. Fisher, *The Russian Fur Trade 1550 – 1700*, Berkeley：University of California Press, 1943, v.

② 有关近代早期俄国毛皮贸易的情况，参见 Raymond H. Fisher, *The Russian Fur Trade*, *1550 – 1700*, Berkeley：University of California Press, 1943.

③ ［俄］M. И. 齐保鲁哈：《征服西伯利亚——从叶尔马克到白令》，杨海明译，中国社会科学出版社2017年版，第16页。

gonov）家族的支持下，对乌拉尔山以东的鞑靼国家发动攻击，并迅速占领了这些部落的大片土地。1582年阿巴拉克湖战役后，哥萨克首领叶尔马克开始在对鞑靼人的战斗中使用带有"因洛克"和狮子等象征沙皇徽章的旗帜，以表明这些哥萨克的战斗"是在象征沙皇国家的旗帜下进行的。他们是俄罗斯国家的军人，是为了捍卫这个国家的利益而战"①。

同时，叶尔马克还派遣人员携带大量珍贵貂皮前往莫斯科，向沙皇传达新获得领土的喜讯。应该说，叶尔马克一行人的计策获得了很好的效果，沙皇表彰了叶尔马克一行人的"爱国"行为，赠予其铠甲和勋章，并将叶尔马克征服的土地纳入帝国的版图。这样，俄国商人、哥萨克武装和沙皇政权开始形成一套新的对外扩张模式，即先由私商资助的哥萨克武装占领异族部落，再由其兼任沙俄政府的征税官掠夺当地的财富并确立沙皇的统治，最后由沙皇政府对其进行奖励和接手新领土的管理，商人和哥萨克则继续找寻那些尚未被征服的土地和人民。② 正是这种私人力量与公共权力相结合的模式，不断推动沙俄向太平洋的扩张。截至17世纪40年代，俄国人已经将边疆推进到太平洋的鄂霍次克海和堪察加半岛，征服了整个西伯利亚。③

西伯利亚的征服对俄国历史的发展具有十分重要的影响。西伯利亚气候寒冷、森林密布的自然条件为俄国人提供了极其丰富的毛皮资源。而蒙古汗国在该区域的制度建设，尤其是纳贡制度（Iasak）④，则成为俄国人可供利用的迅速获取巨额财富的手段。美国西伯利亚史教授弗·

---

① ［俄］М. И. 奇保鲁哈：《征服西伯利亚——从叶尔马克到白令》，杨海明译，中国社会科学出版社2017年版，第84页。

② ［苏］米·约·斯拉德科夫斯基：《俄国各民族与中国贸易经济关系史（1917年以前）》，宿丰林译，徐昌瀚审校，社会科学文献出版社2008年版，第44—45页。

③ 有关哥萨克征服西伯利亚的具体内容，参见徐景学《俄国征服西伯利亚纪略》，黑龙江人民出版社1984年版。

④ Iasak的俄文为Ясак，苏联学者认为这一术语源于突厥语jasag，音译为"雅萨克"，主要指"法律、法规和法典"。早在13世纪蒙古人征服罗斯以后，蒙古统治者就采用了"雅萨克"赋税制度去奴役罗斯人民。当时，"雅萨克"成为征服者战胜被征服者的象征，也是被征服者对征服者表示臣服的一种标志。是统治者用强制手段或法令形式规定的一种捐税制度。史料证明，13世纪，额尔齐斯河、鄂毕河以及伏尔加河地区的少数民族均向蒙古人交纳"雅萨克"。徐景学编：《俄国征服西伯利亚纪略》，黑龙江人民出版社1984年版，第240—241页。

阿·戈尔德在谈到纳贡传统与俄国治理西伯利亚的关联时，认为"俄国在十六世纪后期占据这个地区时，土著对俄国加于他们的统治方式并不是完全没有思想准备的。当地居民正如他们过去向鞑靼酋长纳贡一样，现在改向沙皇纳贡，归根结底，行政制度的问题集中到了征收贡赋和缴纳贡赋这一点上"①。戈尔德的论述表明毛皮贡赋成为西伯利亚原住民连接蒙古可汗与俄国沙皇等不同统治者的时空纽带，强调收缴贡赋作为西伯利亚治理中的首要地位，在某种程度上显示出沙俄推行殖民扩张政策的根本目标。

事实上，沙俄在西伯利亚获取财富的方式远不止原住民的贡赋，俄国猎人同样必须向国库上缴狩猎所得十分之一的上等毛皮。同时，沙皇政府对西伯利亚的毛皮贸易活动也有十分严格的限制，规定原住民的毛皮只能出售给俄国商人，而俄国商人获得的最好的毛皮，必须按比例上缴国库，并且每次买卖活动都要缴纳一定的手续费。②尽管沙俄政府对俄国猎人、毛皮商人的剥削充斥于征服西伯利亚的过程之中，但私人商业与政府权力日益走向联合，共同推动近代俄国向亚洲北部和太平洋沿岸的殖民扩张。正如西伯利亚史专家 S. V. 巴赫鲁申（S. V. Bakhrushin）所说，首先是毛皮商人和毛皮猎人逐渐扩展的狩猎营地和冬营。紧随其后的是大商人建立的一座座堡垒和移民区，最后是沙皇政府小心翼翼地将商人和猎人抢夺的土地据为己有。③

近代早期西欧一直是俄国毛皮的主要市场。16、17世纪西伯利亚的贵重毛皮主要销往中西欧市场，波罗的海沿岸的莱比锡发展为俄国毛皮的主要集散地。俄国毛皮商人和毛皮猎人正是在对紫貂皮——这种软黄金的不断追求中，逐渐将整个西伯利亚纳入俄罗斯帝国的版图。饶有趣味的是，这一由欧洲毛皮市场需求而来的东扩运动，却意外发现新的、更为重要的

---

① ［美］弗·阿·戈尔德：《俄国在太平洋的扩张，1641—1850：记述俄国人早期和后期在亚洲和北美洲太平洋沿岸的远征，包括至北极地区的某些有关远征》，陈铭康、严四光译，商务印书馆1981年版，第7页。

② ［苏］米·约·斯拉德科夫斯基：《俄国各民族与中国贸易经济关系史（1917年以前）》，第126—127页。

③ Lydia T. Black, *Russians in Alaska*, 1732 - 1867, Fairbanks：University of Alaska Press, 2004, p. 1.

新市场——中国。而中国市场的巨大需求又成为促使俄国人向美洲太平洋扩张的主要动力。这一切都要从 17 世纪中后期西伯利亚毛皮贸易的危机说起。17 世纪中叶，俄国商人和哥萨克已经扩张至太平洋沿岸，在长达百余年的扩张中，已经从西伯利亚掠夺了巨额的毛皮财富，但是粮食补给问题与毛皮资源枯竭却成为制约西伯利亚毛皮贸易与沙俄进一步扩张的瓶颈①，而同时期，俄国远东地区流传的黑龙江流域遍地稻谷的传说，成为将俄国人视线吸引至黑龙江流域的重要因素。

值得注意的是，俄国在黑龙江流域的扩张成为凸显自西伯利亚征服开始的私人利益与国家政治合作模式中的负面效应的典型案例。这一内容主要体现在沙俄政府与毛皮商人对待西伯利亚原住民的态度和政策的差异性。尽管沙俄政府不断通过实物贡赋的形式掠夺西伯利亚原住民，但对实物税的数额一直严格控制，使其不致超过原住民的承受能力，并不断颁布相关法令要求哥萨克和俄国商人禁止虐待和屠杀原住民。俄国政府的上述主张显然是为了巩固对新土地和新人口的控制，符合国家的长远利益。而这一过程中，哥萨克、毛皮商人等群体却希望尽可能地劫掠原住民，为达到目的不惜屠杀整个村社的原住民，这些暴力活动和恐怖手段都与沙皇政府的原住民政策相冲突。

同时期，以波雅科夫为代表的哥萨克对黑龙江流域少数民族的劫掠和屠杀，迫使后者求助于清朝中国，引发中俄两国的武装冲突。1689 年中俄双方签订《尼布楚条约》（俄国称《涅尔琴斯克条约》），暂时划定中俄两国以外兴安岭为界。至此，俄国自 16 世纪末开始的势不可当的向东扩张首次遭到遏制。从某种程度看，正是哥萨克急功近利的活动，破坏了沙俄政府妄图吞并黑龙江流域的侵略目标，体现了私人力量与国家政治在利益

---

① 加拿大历史地理学者詹姆斯·R. 吉布森（James R. Gibson）在谈及欧洲市场的毛皮需求与近代欧洲国家扩张的联系时，强调 16、17 世纪俄国向乌拉尔山以东西伯利亚扩张与英法等国从圣劳伦斯河上游和哈得逊湾向西部扩张存在一定的相似性，即二者都发源于殖民者对毛皮资源的追逐。在此基础上，吉布森对东西伯利亚与加拿大西部在自然环境、交通运输、宗主国政策等方面的比较中，认为俄国人在西伯利亚狩猎活动与粮食种植方面的矛盾，以及距离欧俄的遥远距离成为阻碍俄国西伯利亚毛皮贸易的主要瓶颈。参见 James R. Gibson，*Feeding the Russian Fur Trade*：*Provisionment of the Okhotsk Seaboard and the Kamchatka Peninsula*，1639 – 1856，Madison：The University of Wisconsin Press，1969，xv – xviii，pp. 5，26.

目标和执行手段方面的巨大差异。然而，清朝政府为安定北疆，开启俄国商队来华贸易之先河，对沙俄而言可谓因祸得福。事实上，伴随 17 世纪中叶俄国人抵达外贝加尔和黑龙江流域，中俄两国开始面对面地相遇了，沙皇更为急切地寻求开拓中国市场。期间，"莫斯科曾两次派遣使臣到北京来。一次是巴伊阔夫，他于 1656 年 3 月 3—13 日到达北京，同年 9 月 4—14 日才离开；另一次是摩尔达维亚人尼果赖，于 1676 年 5 月 15—25 日到达中国首都，并停留到 1676 年 9 月 1—11 日"①。另外，17 世纪中俄边界的民间贸易也已经渐具规模。中国内地商人通过达斡尔人、鄂温克人和蒙古人等边疆民族将货物运送到雅克萨和尼布楚等边界地区，俄国商人则到此大量购买中国商品。1689 年的中俄《尼布楚条约》在近代中俄关系史上占有十分重要的地位。根据俄方文本第五条规定："两国今既永修和好，嗣后两国人民如持有准许往来路票者，应准其在两国境内往来贸易。"② 而中方文本第四条同样规定："两国属民，不论其身份如何，凡持有护照者，均准予自由进入对方国境，并准予买卖货物。"③ 这样，《尼布楚条约》以条约文本的形式正式确立起中俄两国的贸易关系。

这一时期俄国对华贸易的主要形式是国家商队，而清廷则将方兴未艾的中俄贸易纳入"朝贡贸易体制"。根据清人何秋涛的记录，清廷于《尼布楚条约》签订后的第二年，颁布开放中俄贸易的法令，同时对俄国商队来华做出定制，即每隔三年来京一次，每次商队的人数不得超过二百人且不能携带任何违禁物品，商队留京时限不得超过八十日。④ 根据苏联学者米·约·斯拉德科夫斯基的统计，从尼布楚条约签订到 1730 年间，共计有 50 多位俄国使臣访问北京。但实际上，这一时期只有 3 个正式使团和

---

① ［法］加斯东·加恩：《彼得大帝时期的俄中关系史（1689—1730 年）》，江载华、郑永泰译，商务印书馆 1980 年版，第 1 页。

② ［俄］尼古拉·班蒂什－卡缅斯基编著：《俄中两国外交文献汇编（1619—1792 年）：根据外务委员会莫斯科档案馆所藏文献于 1792—1803 年辑成》，中国人民大学俄语教研室译，商务印书馆 1982 年版，第 369 页。

③ ［俄］尼古拉·班蒂什－卡缅斯基编著：《俄中两国外交文献汇编（1619—1792 年）：根据外务委员会莫斯科档案馆所藏文献于 1792—1803 年辑成》，中国人民大学俄语教研室译，商务印书馆 1982 年版，第 370—371 页。

④ （清）何秋涛：《朔方备乘》，李文田校注，清光绪灵鹣阁丛书本，第 1442 页。

14 个国家商队被派往中国，其余"使臣"都是由俄国商人冒充而来。这一状况使国家商队日趋衰落。虽然俄国国家商队和私商都以毛皮为主要出口货物，但在进口商品方面却有很大的差异：国家商队从中国输入的，是专供沙皇宫廷使用的金、银、珍珠、各类宝石、贵重丝织品和其他奢侈品。而私商则主要进口西伯利亚居民所急需的棉织品、粮食等商品，[①] 显然，后者更具有市场潜力。

18 世纪以来，俄国对华贸易逐渐从国家商队向边界贸易转变，体现出俄国商业由国家垄断向自由贸易的演进趋势。[②] 1728 年的《恰克图条约》允许在恰克图和祖鲁海图发展边界贸易的规定，开启了俄国对华贸易的新时代。因为较之数年一次的国家商队贸易，常态的边界贸易更有利于贸易规模的扩大，交换商品的种类，也开始由仅满足于上流社会的奢侈品转向普罗大众的大黄、茶叶、棉布等日常消费品。而其中毛皮一直是俄国对华出口的主要商品。中俄恰克图毛皮贸易还具有重要的历史影响。西伯利亚东部的低等毛皮原本甚至不抵运输西欧的路费，却在中国寻求到新的市场，从这个意义上，正是中俄毛皮贸易挽救了西伯利亚的毛皮贸易。正如俄国学者米勒尔所说："来自西伯利亚最东部的许多毛皮并不值钱，甚至不抵把它们运到俄国的运费……然而，俄国人却用这些毛皮换回了好几种贵重的商品。"[③] 据统计，1785 年之前，俄国毛皮对华出口额约占当时俄国对华出口总额的百分之八十五。其中，出口量最多的是灰鼠皮。从 1768 年至 1785 年，差不多每年都要输出灰鼠皮 200 万—400 万张。1781 年一年之中，就经由恰克图换出 600 万张以上，以致西方文献将其比作"沙漠威尼斯"。[④] 这使得恰克图开始成为一个毛皮贸易的中心。来自西伯利亚、堪察加和阿拉斯加等地区，甚至英美商人的毛皮都源源不断地进入恰克图市场。德国学者米勒在述及西伯利亚毛皮贸易的倒灌现象时，强调西伯利亚和新发现群岛的毛皮已经不能完全满足

---

① ［苏］米·约·斯拉德科夫斯基：《俄国各民族与中国贸易经济关系史（1917 年以前）》，第 144 页。

② 国内学者蔡鸿生对俄国国家商队来华贸易与俄罗斯馆的研究颇有所获，参见蔡鸿生《俄罗斯馆纪事》，中华书局 2006 年版。

③ 殷剑平：《西伯利亚的毛皮贸易（上）》，《西伯利亚研究》1998 年第 5 期。

④ 宿丰林：《清代恰克图边关互市早期市场的历史考察》，《求是学刊》1989 年第 1 期。

恰克图市场的需要。这一贸易只能依靠外国皮货输入圣彼得堡，再从那里运到边境。① 在 1768—1785 年期间，从国外取道俄国过境运抵恰克图的毛皮，包括海狸皮 3 万—5 万张，水獭皮 0.5 万—1 万张，此外还有猞猁皮、狐皮、沙狐皮、家兔皮、麝鼠皮等。②

恰克图贸易对俄国远东历史的发展同样具有重要影响。伴随对华贸易重要性的提升，俄国政府迫切需要开拓一条新的海上贸易通路。其实，沙皇彼得一世开启的白令第一次堪察加探险，正是近代欧洲人旨在开拓东方市场的西北航道与东北航道探险活动的延续。17 世纪的英国政府即多次请求通过俄国西伯利亚海岸，以探索前往东方的贸易航路。沙皇在拒绝外国人要求的同时，积极策划本国的东方探险。彼得一世是俄国历史上著名的君主和改革家，而海外贸易和强大海军则成为彼得脑海中关于西欧国家强大的主要原因，并且发展成为其外交政策的核心内容。在欧洲，彼得通过对瑞典的战争获取了波罗的海沿岸的大片土地，并在此兴建起面向欧洲的窗口——新都圣彼得堡。在东方，彼得资助俄国科学家对西伯利亚北部海岸和太平洋沿岸进行地理探险和测绘，积极寻求一条从俄国到中国的北方航线。彼得的宠臣萨尔特科夫（Stepanovich Saltykov）和索伊莫诺夫（Ivanovhich Soimonov）是俄国开拓北方航线的积极推动者。萨尔特科夫认为从欧俄派遣商船绕道北冰洋到达中国和日本可以有效节省航程，促进俄国对东方的贸易，甚至还可以从那些经过俄国水域的英国或荷兰船只那里获取一笔税收。索伊莫诺夫则上奏沙皇，由于"东西伯利亚和堪察加临近加利福尼亚和美洲的海岸和岛屿、日本列岛和菲律宾列岛，俄国海员较之那些横渡半个地球的欧洲海员，可以更便捷地到达这些地区"③。

最终，彼得一世在去世前批准了北方探险的计划，并委任丹麦人白令担任探险船队的指挥。彼得下达给白令的命令主要包括以下三点：1. 在堪

① ［德］G. F. 米勒、彼得·西蒙·帕拉斯：《西伯利亚的征服和早期俄中交往、战争和商业史》，李雨时译，赵礼校，商务印书馆 1979 年版，第 29 页。
② ［苏］米·约·斯拉德科夫斯基：《俄国各民族与中国贸易经济关系史（1917 年以前）》，第 179—180 页。
③ Glynn Barratt, *Russia in Pacific Waters*, 1715 – 1825: *A Survey of the Origins of Russia's Naval Presence in the North and South Pacific*, Vancouver: University of British Columbia Press, 1981, pp. 9 – 10.

察加或该区域的其他地点建造一两艘甲板船只。2. 指挥这些船只沿海岸向北航行到达美洲的某一部分。3. 考察哪一部分与美洲相联,[①] 前往某个欧洲移民区;如果遇到一艘欧洲船只,可向其打探海岸名称并作记录,在某地登陆以获取更为详细的信息,绘制一幅地图并返航。在论及探险目的时,彼得一世表明自己对发现北冰洋至中国和印度航线的渴望,强调这次探险将为俄国带来至高无上的荣誉。[②] 目前,学界对彼得一世发起这次探险的原因尚无定论,主要涉及科学考察、商业贸易、国家安全、政治战略等方面,凸显出近代俄国对美洲太平洋探险的复杂性。笔者从私人力量与国家权力发展的脉络出发,认为彼得一世的探险计划是在哥萨克在黑龙江流域的暴行及其向南扩张受阻的情况下,形成的对私人力量不信任而寻求主导远东贸易和扩张活动的一次实践,其实质是沙皇对新土地、新人口与东方贸易商业利润追求的产物。

经过长达数年的筹备(1724—1727 年),1728 年白令、奇里科夫(Chirikov)和斯潘别尔格(Spenberg)分别指挥舰船沿堪察加半岛海岸向北出发进行北方探险,史称"白令第一次堪察加探险"。船队经过东角(East Cape)以后,白令发现海岸开始向西部延伸,除了被命名为圣劳伦斯的岛屿外没有其他陆地。8 月 13 日,白令船队到达 65°30′N,白令认为已经完成彼得一世的命令而返回堪察加半岛。[③] 然而,白令这次航行的收获却遭到俄国国务院的质疑,他们认为白令并不能提供充分的证据说明亚

---

① 事实上,早在 1648 年,一支毛皮商队从北冰洋沿岸的科雷马河河口出发,沿海岸航行至太平洋沿岸的阿纳德尔河河口,穿越过亚洲的最东角,以杰日奥涅夫(Semen Dezhnev)为首的少量人最终幸存下来。但杰日奥涅夫和大多数商人不识字,使这次航行遭到质疑,这份航行日志也被埋放在伊尔库茨克档案馆。美国学者雷蒙德·H. 费希尔在《赛门·杰日奥涅夫在 1648 年的航行:白令的先驱》(The Voyage of Semen Dezhnev in 1648: Bering's Precursor)一书中系统整理了已经出版的涉及杰日奥涅夫航行的相关文献及先前学界围绕杰日奥涅夫航行的研究和争议。参见 Semen Dezhnev, The Voyage of Semen Dezhnev in 1648: Bering's Precursor, with Selected Documents, London: The Hakluty Society, 1981.

② F. A. Golder, Bering's Voyages: An Cccount of the Efforts of the Russians to Determine the Relation of Asia and America, Volume I: The Log Books and Official Reports of the First and Second Expeditions, 1725 - 1730 and 1733 - 1742, New York: American Geographical Society, 1922, pp. 9 - 10.

③ F. A. Golder, Bering's Voyages: An Account of the Efforts of the Russians to Determine the Relation of Asia and America, Volume I: The Log Books and Official Reports of the First and Second Expeditions, 1725 - 1730 and 1733 - 1742, pp. 18 - 20.

洲大陆与美洲大陆相分离。① 同时期，两名俄国哥萨克舍斯塔科夫（Shestakov）和帕夫卢茨基（Pavlutski）为掠夺更多的毛皮和贡赋而进军楚科奇半岛。虽然舍斯塔科夫征服楚科奇半岛的行动最终失败，却首次目睹了美洲大陆的轮廓（1729 年）。帕夫卢茨基探险队则到达阿拉斯加的近海，并且发现新的村社。② 从这个意义上看，无论是沙俄政府，还是哥萨克，都是在追求毛皮贡赋的动机之下进行海外探险活动。

白令第二次堪察加探险在近代世界航海史上占有更为重要的地位。1730 年，白令向女沙皇叶卡捷琳娜一世申请进行第二次探险，并提议发展与美洲原住民的贸易、探测黑龙江流域和日本列岛、测绘鄂毕河到勒拿河的北冰洋海岸。③ 1732 年，沙皇叶卡捷琳娜一世批准组织第二次堪察加探险，并做出推动领土和商业扩张，增加海军基地，发现稀有矿藏等指示。同时，戈洛温伯爵（Count Golovin）倡议从海路经过好望角和日本到达堪察加半岛，并对北太平洋地区进行探险。这项关于从欧俄经海路到达北太平洋的计划，较之 19 世纪初克鲁申施特恩的环球航行要早了大约 70 年。沙俄政府出于开发西伯利亚自然资源的考虑，最终放弃了戈洛温的这项提议。1732 年 12 月 28 日，俄国国务院向白令下达最终批示，主要内容包括：探测堪察加半岛至日本列岛和美洲西海岸的海域；探测阿尔汉格尔至堪察加河河口的北冰洋海岸；善待上述地区的原住民，通过赠送礼物的方式使其乐于接受沙皇统治，并缴纳贡赋；绘制东西伯利亚海岸地图；对外宣称此次探险的科考性质。④ 我们通过对俄国国务院指令的解读，可以发

---

① F. A. Golder, *Bering's Voyages: An Account of the Efforts of the Russians to Determine the Relation of Asia and America*, Volume I: *The Log Books and Official Reports of the First and Second Expeditions, 1725 - 1730 and 1733 - 1742*, p. 25.

② F. A. Golder, *Bering's Voyages: An Account of the Efforts of the Russians to Determine the Relation of Asia and America*, Volume I: *The Log Books and Official Reports of the First and Second Expeditions, 1725 - 1730 and 1733 - 1742*, pp. 22 - 24.

③ F. A. Golder, *Bering's Voyages: An Account of the Efforts of the Russians to Determine the Relation of Asia and America*, Volume I: *The Log Books and Official Reports of the First and Second Expeditions, 1725 - 1730 and 1733 - 1742*, p. 26.

④ F. A. Golder, *Bering's Voyages: An Account of the Efforts of the Russians to Determine the Relation of Asia and America*, Volume I: *The Log Books and Official Reports of the First and Second Expeditions, 1725 - 1730 and 1733 - 1742*, pp. 26 - 32.

现白令第二次堪察加探险的主要动机仍然是搜寻新的土地和新的人口，以增加毛皮贡赋，从而体现出美洲太平洋扩张与西伯利亚征服在目标和手段方面的相似性。

1741 年 6 月 4 日[①]，白令和奇里科夫指挥"圣彼得"（Sv. Petr）和"圣保罗"（Sv. Pavel）两艘帆船。从堪察加半岛的彼得罗巴普洛夫斯克港出发。此后不久，白令和奇里科夫的船只就因海中浓雾而失散。随后，前者在对美洲阿拉斯加海岸进行考察后，返航至现在以白令命名的岛屿时搁浅。白令最终在这座岛屿上病逝，其他船员则依靠岛上丰富的海獭资源度过了漫长的冬季，并在次年返航。后者的航行则更为顺利，在完成对阿拉斯加海岸和阿留申岛屿的考察后，返回堪察加半岛，而奇里科夫航行到达的 55°N 则成为日后俄属美洲的南部界限。白令第二次堪察加探险确定了亚洲与美洲的方位，在世界探险史上具有十分重要的地位。俄国学者博尔霍维季诺夫（Bolkhovitinov）在论述俄国人发现美洲的历史时，认为俄国发现美洲是政府政策和公众活动的共同产物。[②] 然而，这次耗资巨大的探险却并未给沙俄政府带来新的土地、人口和金银矿藏，这样的结果显然不能令沙皇政府满意，政府逐渐不再热衷于美洲太平洋探险。

事实上，较之美洲太平洋的地理发现，白令船员有关海獭皮毛及其商业价值的描述，在俄国远东毛皮商人中引发了更大的影响。"这种与发现于巴西海岸的吉雅（Jiya）相类似的毛皮动物广泛分布于美洲的西海岸"，这里还有"难以计数的蓝狐"。[③] 1742 年奇里科夫也向国务委员会报告有

---

① 从 1732 年年底沙皇批准白令第二次探险的计划，到 1741 年白令－奇里科夫太平洋探险开始中间间隔长达九年，造成这一局面的主要原因是白令团队还担负绘制北冰洋海岸线、调查西伯利亚地理面貌和自然资源等任务，同时，沙皇中央政府、西伯利亚当局、白令探险队等方面也存在巨大的矛盾，从一个侧面反映出 18 世纪俄国中央政府对远东管理的困境。此外，白令在从圣彼得堡前往鄂霍次克海岸的过程中遭遇到的运输困境、粮食补给困境等问题不仅延误了探险队的行程，也反映出日后从欧俄向东西伯利亚和俄属美洲运输粮食补给品的艰辛。参见 F. A. Golder, *Bering's Voyages: An Account of the Efforts of the Russians to Determine the Relation of Asia and America*, *Volume I: The Log Books and Official Reports of the First and Second Expeditions, 1725 - 1730 and 1733 - 1742*, New York: American Geographical Society, 1922.

② Nikolai N. Bolkhovitinov, *The Beginnings of Russian-American Relations, 1775 - 1815*, Cambridge: Havard University Press, 1975, p. 127.

③ Gerard Fridrikh Miller, *Bering's Voyages: The Reports from Russia Rasmuson Library*, trans. Carol Louise, Fairbanks: University of Alaska Press, 1986, pp. 445 - 446.

关美洲和阿留申群岛的自然环境和资源物产状况，进一步丰富了俄国人对美洲太平洋区域自然物产的了解。[1] 1743 年麦利扬·巴索夫成为史料记载的首位前往阿留申群岛搜寻毛皮的俄国商人，他先后于 1743 年、1745 年、1747 年和 1749 年前往白令岛和库珀（Copper）岛搜寻毛皮。其后，俄国商人纷纷效仿，仅有史料记载的参与这项探险活动的俄国商人或公司已经超过 40 个。[2] 正是在对这种商业利润的追逐中，截至 18 世纪 60 年代，俄国商人已基本完成了对阿留申群岛的探险和征服，而充斥于期间的暴力和杀戮不断激起原住民的敌对与反抗。1745 年阿留申群岛的原住民首次与俄国人接触，贸易随之展开，但很快双方发生冲突。1762 年，乌纳拉斯卡岛的原住民烧毁了波西佐夫—科雷希尼科夫 - 库克夫公司（company of Posisov，Krasilnikov and the Kulkovs）停靠海岸边四艘船中的三艘。俄国商人的头目索洛维耶夫（Solovief）摧毁了原住民的村社，并强迫原住民聚集在一起以检测一颗子弹的穿透力，最后发现一颗子弹可以杀死两个原住民，于是将两个阿留申原住民绑在一起，而他的手下则进行疯狂的强奸和屠杀，一共有三千名阿留申原住民被杀害。[3] 另外，探险船只还必须面对更为严峻的挑战，北太平洋密布的礁石与浓雾、航海经验的缺乏与船只的简陋，经常使俄国人的商业冒险变为天堂之旅。1741—1798 年间，船只失事是如此常见，以致每两年都会出现一次船只失事。[4] 然而在巨大商业利益的诱惑之下，不断有新的公司和人员加入美洲毛皮探险的行列之中。

同时期，俄国商人在北太平洋的毛皮狩猎主要沿两条线路延伸，一条是沿阿留申群岛向东到达美洲阿拉斯加海岸，另一条则沿千岛群岛向南到达北海道。18 世纪中后期，阿留申群岛的海獭狩猎发生了巨大的变化，一方面，毛皮投资者开始呈现多元化的趋势，以往亲力亲为的商业模式开始

---

[1] Lydia T. Black, *Russians in Alaska*, 1732 - 1867, Fairbanks: University of Alaska Press, 2004, p. 42.

[2] Hubert Howe Bancroft, *History of Alaska*, A. L. Bancroft & Company, Publishers, 1886, pp. 99 - 103.

[3] Paul Edward Barkey, The Russian Orthodox Church in Its Mission to the Aleuts, Ph. D. disserstation, the Faculty of School of World Mission and Institute of Church Growth, 1988, p. 17.

[4] Andrei V. Grinev and Richard L. Bland, "Russian Maritime Catastrophes during the Colonization of Alaska, 1741 - 1867," *The Pacific Northwest Quarterly*, Vol. 102, No. 4 (Fall 2011), p. 178.

转变为合股公司制的形式，而商业资本则来自俄国的各个地区。另一方面，市场环境同样发生了变化，中国市场开始成为海獭毛皮的主要目的地。而中俄之间恰克图贸易的风险性则使少数不畏风险的大公司掌握了这项原本更为大众化的贸易活动。[①] 另外，历经俄国商人杀鸡取卵式的掠杀，这些区域的海獭资源近乎绝迹，促使沙俄政府在 18 世纪末颁布千岛群岛狩猎的禁令。为了在日趋激烈的竞争中占据优势，舍利霍夫－格利科夫公司的合伙人舍利霍夫计划在遥远东方的美洲建立固定移民区，以区别于传统的短时往返狩猎。1783 年舍利霍夫带领自己的妻子舍利霍娃、孩子和公司员工搭乘三艘船只前往美洲，并于 1784 年到达阿拉斯加沿岸的科迪亚克岛的一个小港湾，舍利霍夫用自己旗舰的名字将其命名为"三圣湾"，并在此建立美洲的第一块俄国移民区。这一活动具有重要的历史意义，为日后俄国对美洲太平洋区域的所有权提供了优先占领的法理基础。舍利霍夫一行人原本希望利用赠送礼物的方式换取原住民的认可，却遭到后者的激烈反抗，最终只能凭借强大的武装力量击败原住民，强迫后者送交人质和进行贸易。[②] 为了防止原住民暴乱，舍利霍夫放弃了向科迪亚克岛居民征收毛皮税的计划，而是将其留给了沙俄政府。随后舍利霍夫沿东北方向在基奈湾、卡勒克湾（Karluk）、卡姆塞克湾（Kamyshak Bay），沿西南方向在阿佛纳科岛（Afognak Island），基奈湾建立堡垒，并沿海岸埋放十字架和带有标记的铁牌。1786 年，舍利霍夫再次派遣"大天使迈克尔"（Arkhistratig Mikhail）号前往 40°N—75°N 的鄂霍次克海以东区域，同时指派萨摩波夫指挥一艘舰船不断向北航行至两块大陆的交界处，以便发现新的土地和岛屿，或进一步充实此前的发现。[③]

1787 年，舍利霍夫满载收获的毛皮返回鄂霍次克。舍利霍夫回到俄国便向西伯利亚长官雅库比汇报了美洲探险的实际收获，希望能够得到沙皇政府的支持。他慷慨激昂地呼吁："没有沙皇的支持，我的工作将十分微

---

① Lydia T. Black, *Russians in Alaska*, 1732－1867, p. 65.

② 有关舍利霍夫建立科迪亚克岛移民区的内容，参见 Andrei V. Grinev, "The First Russian Settlers in Alaska," *The Historian*, 2013.

③ P. A. Tikhmenev, *A History of the Russian-American Company*, trans and edit Richard A. Pierce and Alton S. Donnelly, p. 17.

小和不重要，因为我注意到这些海中的土地和岛屿具有巨大的优势，将能够建立安全的港口，它们为沙皇陛下和她的臣民带来的利益将引起其他国家的嫉妒。我希望我的这些努力在未来不但可以为自己带来财富，更要为整个国家增加财富。"[1] 同时，舍利霍夫还提出了向中国广州进行走私，以及发展对日贸易的构想。[2] 舍利霍夫的举动反映出俄国毛皮商人寻求一种类似征服西伯利亚期间私人利益与国家权力结合模式的努力。实际上，毛皮商人的这种意图正是其国内外因素综合作用的产物。一方面，沙俄政府对商人阶层实行严格的管控，任何出海行为都要获得政府的批准，而西伯利亚当局的腐败和黑暗又经常使商人陷于失去财产的危险之中。另一方面，舍利霍夫公司在科迪亚克岛的状况并不乐观，同时遭遇到英国商船和原住民的敌视，最终只能放弃征收贡赋的传统，以缓和与原住民的关系。显然，舍利霍夫公司的海外经营需要沙俄政府在各方面的支持。

叶卡捷琳娜二世同样对于俄国商人在美洲太平洋地区的活动报以极大的热情，甚至亲自召见格利科夫，还要求舍利霍夫和格利科夫一起前往圣彼得堡当面陈述未来的殖民构想。同时，女沙皇计划派遣由海军大臣穆罗夫斯基（Mulovskii）率领的舰队，对美洲太平洋地区进行官方考察。然而，伴随俄国与瑞典战争的爆发，探险只能改由比林斯（Billings）船长指挥。比林斯于 1790 年启程前往阿留申群岛，先后到达了乌纳拉斯卡岛、科迪亚克岛和其他一些岛屿。此外，叶卡捷琳娜还要求雅库比起草确立俄国对美洲海岸和阿留申群岛原住民统治的计划。在雅库比最终向女沙皇呈递的计划中，主要包含三点内容：1. 改善交通条件，巩固俄国对太平洋岛屿和美洲海岸的统治；2. 毛皮贡赋的数量根据原住民的意愿自由裁量，规范俄国商人在这些地区的毛皮贸易形式；3. 强调善待原住民的必要性，进一步表彰舍利霍夫殖民美洲过程中的功绩。事实上，雅库比甚至支持舍利霍夫公司获得在美洲部分区域，即 49°N—60°N，53°W—63°W 的毛皮贸易垄断权。雅库比认为，舍利霍夫已经获得了原住民的广泛认可，而其他俄

---

① P. A. Tikhmenev, *A History of the Russian-American Company*, trans and edit Richard A. Pierce and Alton S. Donnelly, p. 18.

② George Alexander Lensen, *The Russian Push Toward Japan: Russo-Japanese Relations*, 1697 – 1875, Octagon Books 1971, p. 123.

国公司则因资金短缺而无法胜任。① 雅库比的建议获得沙俄商务委员会的认可。商务委员会利用俄国毛皮商人在福克斯群岛上的恶性竞争，来支持雅库比的毛皮贸易垄断权的主张，并要求沙皇政府向舍利霍夫公司提供为期二十年、总额度达二十万卢布的无息贷款。最终，叶卡捷琳娜二世选择对格利科夫和舍利霍夫进行表彰，并赐予勋章，但同时强调政府面临的实际困难，难以提供资金上的支持，然而舍利霍夫公司的经营将受到沙皇的庇护，同时要求公司不得虐待原住民，并尽量避免与外国殖民者的国际冲突。1788 年 9 月 28 日的沙皇敕令宣布，授予为国家增加新领土和新人口的舍利霍夫和格利科夫每人一把剑和一枚印有女沙皇头像和授奖缘由的金质勋章。② 随后，为解决美洲移民区的劳动力不足问题，舍利霍夫于 1793 年向伊尔库茨克官员皮尔（Pil）申请购买农奴③，虽然遭到拒绝却获得了部分的农奴使用权，使其能够利用债务危机的方式进一步加强对毛皮猎人、工匠群体的控制。同时，舍利霍夫还积极配合伊尔库茨克当局有关美洲移民区的开发计划，在美洲兴建符合官方要求的居住区。④

这里有一点需要说明，即沙俄政府从 18 世纪 40 年代白令第二次探险后对海外扩张的消极态度走向积极政策的原因何在？显然，美洲太平洋区域政治形式的变化和国际竞争的展开是其主要原因。早在白令两次堪察加探险后，欧洲各国即获得关于俄国人在美洲太平洋活动的讯息而作出反

---

① P. A. Tikhmenev, *A History of the Russian-American Company*, trans and edit Richard A. Pierce and Alton S. Donnelly, pp. 20 – 21.

② P. A. Tikhmenev, *A History of the Russian-American Company*, trans and edit Richard A. Pierce and Alton S. Donnelly, p. 23.

③ 农奴制（serfdom）是俄国历史上最重要的问题之一，深刻影响到俄罗斯民族的历史发展。15 世纪莫斯科罗斯崛起之时，沙皇为获得绝对君权而与村社自耕农（农奴，一种村社集体土地所有制下的农民，需要承担一定的公共义务）联合对抗地方贵族，这一过程促成村社农奴向沙皇和国家农奴制度的过渡，后者的初衷是为避免地方贵族的掠夺。而伴随 18 世纪沙皇君权的强化，叶卡捷琳娜二世选择与贵族分享权力并大规模地向其赐予农奴和特权，加速了俄国社会的农奴制特征，俄国社会的等级色彩更为浓厚，社会划分为贵族阶层和平民阶层，而两者最明显的差异在于贵族可以拥有和使用农奴，平民则不可以。商人阶层显然处于平民阶层，这就导致俄国商业和手工业因缺乏劳动力而难以发展。农奴制还限制了人口的自由迁移使俄美公司难以获得足够的劳动力，在某种程度上决定了俄属美洲的失败命运。参见［俄］克柳切夫斯基《俄国史》，张蓉初译，商务印书馆 2013 年版。

④ Andrei V. Grinev, "The First Russian Settlers in Alaska," *The Historian*, 2013, pp. 445 – 447.

应，其中尤以新大陆传统霸主西班牙和新兴海洋霸主英国最为明显。西班牙宫廷指令新西班牙当局积极探索美洲西海岸，并确定俄国人活动的大致范围。后者于18世纪70年代开始对加利福尼亚、新阿尔比恩等西海岸进行了数次探险，并建立起北至圣弗朗西斯科在内的一系列传教士团和军事堡垒。英国探险家库克在第三次太平洋探险中完成对美洲西北海岸、阿留申群岛和东西伯利亚海岸的探险活动，并且通过重新命名和绘制地图等方式，确立起英国对新领土的所有权。库克还曾访问俄国美洲移民区和堪察加半岛，这些活动让俄国宫廷和远东当局感到邻近的威胁，尤其是1789—1790年间西班牙和英国两国在美洲西北海岸的努特卡海角发生的武装冲突及外交纠纷，更显示出欧洲国家在美洲太平洋区域争夺的激烈。

正是在这种历史背景下，叶卡捷琳娜二世转而重新关注远东太平洋事务，并支持俄国毛皮商人的扩张活动。但受制于对瑞典和土耳其战争的持续，俄国还需要英国政府的中立态度，故而要求俄国商人尽量避免与外国势力的暴力冲突。俄国远东当局则出于自身安全和寻求贡赋等考虑，积极支持毛皮商人的海外扩张。由此可见，国际竞争是成功将沙俄政府视线吸引至美洲太平洋区域的主要因素，并成为影响沙俄政府相关政策始终的一条主线。

18世纪后期，叶卡捷琳娜二世拒绝雅库比首倡的美洲太平洋区域毛皮狩猎垄断权的建议。① 俄国毛皮商人只能通过增加公司数量的方式，扩大自己的经营范围而打压竞争对手。如舍利霍夫先后组建了名为"东

---

① 贸易垄断权是近代欧洲国家对外扩张的主要方式之一。近代早期的欧洲国家缺乏足够的财力进行海外殖民而选择与私人商业资本相联合，通过授予某些贸易或经营特权而实现国家在政治或商业方面的利益，贸易垄断公司的成立是其主要形式，通过垄断经营而获得足够的资本和利润。俄国彼得一世就是贸易垄断权力的积极支持者，并应用于对俄国矿藏、冶金等行业之内，对俄国早期经济的发展起到促进的作用。但伴随18世纪七八十年代英国工业革命的展开和工业资本主义的崛起，自由贸易逐渐成为时代的潮流而获得启蒙思想家和古典政治经济学家的追捧，如亚当·斯密就将英国东印度公司的贸易垄断权比作经济系统中的毒瘤，必须去除之而后快。叶卡捷琳娜二世奉行开明君主专制，在经济领域提倡自由贸易而反对垄断权。需要说明的是，叶卡捷琳娜毕竟是一位实用主义者，为获取毛皮贸易的利润也曾在1764年授予商人尤戈夫、特拉佩兹尼科夫、阿德利安·托尔斯泰等人的商业公司以垄断权，只因海外航行和探险的巨大风险而均告以失败，迫使叶卡捷琳娜二世开始怀疑毛皮商人的财力和能力而放弃授予垄断权的计划。参见［英］亚当·斯密《国富论》（修订本）下册，谢祖钧译，焦雅君校，中华书局2018年版，第526—570页。［苏］谢·宾·奥孔：《俄美公司》，俞启骧译，商务印书馆1982年版，第24页。

北公司""浸礼公司""乌纳拉斯卡公司"的多家毛皮公司，并委任达拉诺夫（Delarov）为公司美洲经理，以加快对美洲狩猎地的开拓过程。达拉诺夫先后在楚加奇海湾、奴切克湾（Nuchek Bay）、雅库塔特（Yakutat Bay）、鲁特湾（Ltua Bay）、基奈湾（Kenai Bay）、卡姆塞克湾（Kamyshak Bay）等地搜集毛皮，建立商栈和哨所。① 另一方面，由于阿留申群岛的海獭资源到18世纪80年代已经濒临枯竭，而美洲阿拉斯加海岸距离较远，一般的中小商人因为难以承担巨大的资金和安全风险，而被迫退出阿拉斯加的海獭贸易。因此，只有像舍利霍夫－格利科夫、列别捷夫－拉斯托克（Lebedev-Lastochkin）这些财力雄厚的大公司，才能够维持在阿拉斯加的毛皮贸易。列别捷夫公司原本是舍利霍夫的前辈公司，史料显示舍利霍夫曾鼓动其背后股东格利科夫入股列别捷夫公司，而后者曾经是千岛群岛毛皮贸易的主要参加者。18世纪80年代后，舍利霍夫开始撤出千岛群岛的贸易，而专注于美洲毛皮贸易。列别捷夫则维持对千岛群岛和阿拉斯加的双重贸易。同时，列别捷夫公司先后在阿拉斯加海岸的圣乔治岛、基奈湾等地建立固定移民区，开始与舍利霍夫公司展开激烈的竞争。②

　　在论及近代俄国的美洲太平洋扩张时，多数学者倾向于将其视为西伯利亚征服的自然延伸，如弗兰克·戈尔登（Frank Golder）、理查德·皮尔斯（Richard Pierce）、雷蒙德·费希尔（Raymond Fisher）、巴兹尔·迪蜜特里辛（Basil Dmytryshyn）等人关于俄属美洲历史的论著，大多选择从俄国的西伯利亚扩张开始考察俄属美洲的历史，强调两者之间的关联。③ 事实上，自16世纪后半期沙皇授权斯特罗冈诺夫家族戍守边疆开始，伴随哥萨克、俄国商人和毛皮猎人逐渐东扩的过程，沙皇政府与私人群体之间逐渐形成了一种特殊关系。其中，商人和哥萨克往往充当起沙俄扩张的急

---

　　① P. A. Tikhmenev, *A History of the Russian-American Company*, trans and edit Richard A. Pierce and Alton S. Donnelly, pp. 24 – 25.

　　② Lydia T. Black, *Russians in Alaska*, 1732 – 1867, p. 105.

　　③ ［美］弗·阿·戈尔德:《俄国在太平洋的扩张，1641—1850：记述俄国人早期和后期在亚洲和北美洲太平洋沿岸的远征，包括至北极地区的某些有关远征》，陈铭康、严四光译，商务印书馆1981年版；Ilya Vinkovetsky, *Russian America: An Overseas Colony of a Continental Empire. 1804 – 1867*, Oxford: Oxford University Press, 2011, pp. 17 – 18.

先锋，并从中获得实际利益，俄国政府则负责提供军事、物资、政治等方面的保障，并迅速接收哥萨克和毛皮商人征服的新土地和新人口。可以说，商业利益与政治力量的这种结合不断推动沙俄在西伯利亚的扩张，而包括17世纪中俄边疆冲突与贸易等历史事件，无不是这一扩张过程的产物。伴随《尼布楚条约》和《恰克图条约》签订后中俄贸易的繁荣，俄国政府迫切需要开拓前往中国市场的海上路径，与此同时，英国、荷兰、法国等国不断寻找途经北冰洋海岸至中国的东北航道所带来的安全隐患和商业竞争，共同促成白令第二次堪察加探险及俄国政府对美洲、阿留申群岛的关注。从这个意义上，俄国政府才是美洲太平洋毛皮搜集的始作俑者。哥萨克正是在堪察加半岛征收实物税时，才从原住民口中获知大洋东侧存在着毛皮资源丰富的"伟大陆地"，并最终促使彼得一世做出第一次堪察加探险的决定。① 俄国政府组织的探险不仅发现了新的蕴藏丰富毛皮的岛屿和陆地，而且为俄国毛皮商人后来的探险提供了地理和人员方面的条件。如1743年最早进行美洲毛皮探险的巴索夫（Basov）雇佣的船员中，就有很多人曾是白令探险队中的船员。

因此，在论及近代俄国的美洲太平洋探险时，一定要注意这是一场沙俄政府与商业势力综合作用下的产物。任何一方的缺失，都不会形成俄国在18世纪中后期至19世纪20年代在北太平洋的优势地位。而西伯利亚的边远和中俄毛皮贸易的发展，成为俄国商人承担起美洲太平洋探险主力角色的重要原因。诚如西伯利亚史专家戈尔德所说，在西伯利亚的东部毛皮产业占据重要的地位。② 18世纪的俄国还是相对落后的农奴制贵族社会，贵族几乎控制了国家的整个经济领域，贵族经商也享有特权，俄国的商业资本因遭到政府和贵族的双重压榨而难以形成规模，商人阶层对俄国政治和社会的影响十分有限。③ 如前文所述，俄国政府在接手西伯利亚以后，

① Mary Elizabeth Wheeler, The Origins and Formation of the Russian-American Company, p. 3.

② ［美］弗·阿·戈尔德：《俄国在太平洋的扩张，1641—1850：记述俄国人早期和后期在亚洲和北美洲太平洋沿岸的远征，包括至北极地区的某些有关远征》，陈铭康、严四光译，第7页。

③ 参见［俄］谢·弗·米罗年科《19世纪初俄国专制制度与改革》，许金秋译，社会科学文献出版社2017年版。

还竭力掠夺和压榨商人和毛皮猎人，迫使后者不断向新的土地扩张，商业力量和政治权益的合作似乎即将走向终结。中俄贸易开通后，国家商队几乎垄断了对华毛皮贸易，但中俄两国漫长的边界线与中国毛皮市场的巨大需求，导致俄国私商频繁地走私贸易。远东毛皮贸易的发展，由于地理的偏远与兴起的迅速，而让贵族无法涉足。自白令、奇里科夫探险队相继返航开始，一大批伊尔库茨克或鄂霍次克商人，开始远渡重洋前往美洲搜寻海獭毛皮。这些商人通过海獭贸易获得了大量的财富，他们或独立投资，或数人合股，购买船只和必需品，都准备前往美洲一搏。俄国毛皮商人的这些活动不仅为自己带来了经济利润，而且为沙俄国家发现了新领土和新人口，扩大了沙俄在美洲太平洋地区的影响力。另外，这些商人都可谓亡命之徒，在船只破旧、缺乏领航员的情况下，仍然要为财富而赌上性命。而同时期的俄国远东当局却苦于人员紧缺、船只水手缺乏，而难以实现对商人新发现地区的接收和治理。

18 世纪后期美洲太平洋区域国际竞争的激化，迫使俄国商人寻求沙皇政府更多的支持。1778 年英国人库克第三次太平洋探险，不仅探测了美洲西北海岸、阿拉斯加和俄国远东地区的地理概貌，而且其关于美洲西北海岸——中国广州毛皮贸易巨大利润的描述，引发英、美、法等国商人的广泛关注。而 18 世纪 90 年代西班牙与英国在美洲西北海岸的努特卡海角武装冲突与美国商业势力的加紧渗透，尤其是美国商船在航运、货物、市场等方面较之俄国商人的优势，最终迫使俄国毛皮商人纷纷希冀沙俄政府的介入，他们竭力将自身的经济利益与国家的政治战略相结合，积极在美洲移民区兴建东正教堂、埋设象征俄国所有权的十字架和铁牌，而沙俄在海军、资金等方面的薄弱，以及 18 世纪末 19 世纪初复杂多变的欧洲政治局势，也促使其在美洲太平洋区域寻求一种与商业势力的联合，正是在这样的历史条件下，一种全新的官商合作模式呼之欲出。

## 第二节　俄美公司的建立与拓殖阿拉斯加
### (1799—1818 年)

美洲西北海岸的国际经济与政治竞争是俄国政府调整美洲殖民政策的

主要因素。从 18 世纪 90 年代开始，俄国商人在美洲太平洋地区的海洋狩猎与毛皮贸易均遭遇激烈的国际竞争。其中尤以美国波士顿商人的威胁最为严重。18 世纪 80 年代英国库克（Cook）船长的第三次太平洋探险①，尤其是库克航行日记在英国的出版以及美国船员莱迪亚德（Ledyard）关于美洲西北海岸至中国广州毛皮贸易商业价值的描述②，开始将新英格兰商人的视线引向美洲西北海岸的毛皮贸易之中。莱迪亚德，这位来自康涅狄格的扬基人，曾于 1778—1779 年在库克船长的"革命号"上服役，在注意到海獭贸易的商业利润后，莱迪亚德在 1783—1785 年间先后尝试在美国和欧洲寻求组织美洲西北海岸探险的支持却无果而终。③ 1786 年，莱迪亚德再次制订出跨越西伯利亚、北太平洋和美洲的庞大计划，并得到美国总统托马斯·杰斐逊的支持。然而叶卡捷琳娜大帝拒绝了莱迪亚德的过境请求，后者却秘密地从圣彼得堡前往西伯利亚，告知西伯利亚长官雅库比和商人舍利霍夫这是一次单纯的科学探险。莱迪亚德的探险最终被沙皇制止并从原路返回圣彼得堡。莱迪亚德在这次探险中系统考察了西伯利亚的风土民情和自然资源，但他否认俄国对美洲西北海岸的所有权，转而强调英国在该区域具有的主权。④

直至 1790 年，美国船长罗伯特·格雷（Robert Gray）的"哥伦比亚号"才在新英格兰商人的资助下，前往美洲西北海岸，随后到达中国广州。格雷因此成为首位完成环球航行的美国人。1792 年格雷第二次前往美洲西北海岸，并进入了后来以其船只命名的"哥伦比亚河"，成为第一位

---

① *A Voyage to the Pacific Ocean Undertaken by the Command of His Majesty*, *for Making Discoveries in the Northern Hemisphere*; *before under the direction of Captain Cook*, *Clerke*, *and Core in the years* 1776, 1777, 1778, 1779, 1780, Vol. I, London: Printed by H. Highs, for G. Nicol and T. Cadell, 1785.

② John Ledyard, *A Journal of Captain Cook's Last Voyage to the Pacific Ocean*, *and in Quest of a North-west Passage*, *between Asia & America* [microform]: *Performed in the Years* 1776, 1777, 1778, *and* 1779, Hartford: Printed and sold by Nathaniel Patten, 1983.

③ Jared Sparks, *Travels and Adventures of John Ledyard* [microform]: *Comprising His Voyage with Capt. Cook's Third and Last Expedition*; *His Journey on Foot* 1300 *Miles Round the Gulf of Bothnia to St. Petersburg*; *His Adventures and Residence in Siberia*; *and His Exploratory Mission to Africa*, London: Published for Henry Colburn by R. Bently, 1834.

④ Nikolai N. Bolkhovitinov, *The Beginnings of Russian-American Relations*, *1775 – 1815*, Cambridge: Havard University Press, 1975, pp. 154 – 159.

进入这条大河的欧洲裔美国人。随后，格雷又进行了多次美洲西北海岸至中国广州的冒险之旅。① 格雷的美洲西北海岸航行拉开了美国商船开拓西北海岸至广州贸易的帷幕，精明的美国商人发展出一条从新英格兰运送商品到西北海岸交换毛皮，再前往广州换取中国茶叶、瓷器、棉布的新三角贸易模式，从中获得了巨大的商业利润，同时扩大了美国在西北海岸、太平洋和亚洲的商业影响力。② 正如加拿大海洋史学者何威所说："美国人已经形成了一个完美的黄金收益循环；首先，用最初的货物交换皮毛就产生了收益；其次，用皮毛换回中国产品又产生了收益；最后，把中国产品运回美国还会产生收益。"③

同时期，美国商人进入美洲西北海岸毛皮贸易的条件可谓天时地利。太平洋毛皮贸易为美国东海岸商人提供了一个广阔的市场和舞台。自18世纪80年代独立以来，美国便失去了传统意义上十分重要的英国本土、加拿大和英属西印度市场。本国的对外贸易遭受前所未有的巨大冲击，而以造船、贸易为主要产业的新英格兰地区受到的损失尤为严重。正是在这样的历史条件下，美国商人开始将视线转向尚未被任何国家殖民控制的东方市场——中国。1784年，美国东海岸商人就派遣"中国皇后号"商船，前往中国广州进行贸易，由此拉开了中美两国经济文化交往的序幕。事实证明，中美贸易的发展为美国提供了新的海外市场，中国商品同样深受美国各阶层人士的喜爱，然而，18世纪的美国却无法提供

---

① James R. Gibson, *Otter Skins, Boston Ships, and China Goods: The Maritime Fur Trade of the Northwest Coast*, 1785 - 1841, Seattle: University of Washington Press, 1992, pp. 38 - 39.

② 美国商人最先是从美洲西北海岸的特林吉特人手中交换贸易，但伴随美国人与原住民时而激化的矛盾，美国商人还通过向美洲俄国毛皮商人运送粮食和日用品的方式获取毛皮，然后前往中国广州市场销售。这两种贸易活动都损害了俄国毛皮商人的利益和俄国移民区的稳定而遭到沙俄政府和商人的诟病，甚至引发俄美两国的国际纷争，但这一问题却贯穿于俄国人在美洲活动的始终，显示出近代欧美国家殖民美洲太平洋区域的复杂性。有关美国商人与西北海岸原住民的交换活动，参见 Mary E. Wheeler, "Empires in Conflict and Cooperation: The 'Bostonians' and the Russian-American Company," *Pacific Historical Review*, Vol. 40, No. 4 (Nov., 1971), pp. 419 - 441. 有关美国商人与俄国毛皮商人的交换行为，参见 "A Contract between Governor Baranov and Captain Eayres for Joint Sea Otter Hunting on the Coast of the Californias. No. 2, St Paul Harbor. May 1808," Alexei A. Gibson, Jmaes R. Istomin, *Russian California*, 1806 - 1860: *A History in Documents*, The Hakluyt Society, 2014, pp. 249 - 254.

③ ［美］埃里克·杰·多林：《皮毛、财富和帝国：美国皮毛交易的史诗》，冯璇译，社会科学文献出版社2018年版，第225页。

满足中国市场的商品。① 显然，美洲西北海岸至中国广州毛皮贸易的发展为美国商人提供了维持和发展中美贸易的重要渠道。

伴随商业利益而来的，还有美国政客对美洲西北海岸和太平洋地区政治价值的关注。托马斯·杰斐逊（Thomas Jefferson）应该是这一领域的先行者。他积极推动美国政府向北美西部的扩张和探险活动，并对美国商船在上述地区的活动给予极大的支持。而 1803 年的路易斯安那购买，从某种程度上来说，正是杰斐逊太平洋帝国构想的初步实践。② 另外，约翰·昆西·亚当斯（John Quincy Adams）在写给父亲的一封信中，曾直言"北美大陆注定为同一个民族所占据，说同一种语言，信奉同一种宗教和政治信条，享有同一种社会风俗"③。亚当斯的言论在当时的美国政界非常具有普遍性，成为影响 19 世纪美国的太平洋政策的重要理念。

此外，英国商船是美洲西北海岸毛皮贸易的另一个主要竞争者。库克航行日志及相关文献的刊出，在英国社会引起了巨大反响。1787 年，英国商人波洛克（Portlock）和狄克逊（Dixon）分别指挥"乔治国王号"（King George）和"夏洛特皇后号"（Queen Charlotte）两艘商船，前往美洲西北海岸，由此开启英国式的"太平洋三角贸易"之旅。随后，英国商船纷至沓来，截至 19 世纪初，每年都有十余艘英国商船前往美洲西北海岸。然而，自 18 世纪末开始，英国商人逐渐退出美洲西北海岸的毛皮贸易。关于这一退出举动的原因，学术界一度认为是英国东印度公司与南海公司在中国和太平洋贸易垄断权方面的冲突所致。④ 但近年来，美国学者迪克·A. 威尔逊（Dick A. Wilson）通过对英国商人从事美洲西北海岸毛皮贸易的航行记录的梳理，发现东印度公司与南海公司的垄断权冲突方面

① Marshall Sahlins, "The Political Economy of Grandeur in Hawaii from 1810 to 1830," *Emiko Ohnuki-Tierney*, *Culture Through Time: Anthropological Approaches*, p. 31.

② 有关杰斐逊太平洋帝国构想的内容，参见 Stephen E. Ambrose, *Undaunted Courage: Meriwether Lewis, Thomas Jefferson, and the Opening of the American West*, New York: Simon & Schuster, 1997.

③ Nikolai N. Bolkhovitinov, *The Beginnings of Russian-American Relations*, 1775 – 1815, trans. Elena Levin, Cambridge: Harvard University Press, 1975, p. 262.

④ Mary E. Wheeler, "Empires in Conflict and Cooperation: The 'Bostonians' and the Russian-American Company," *Pacific Historical Review*, Vol. 40, No. 4 (Nov., 1971), pp. 422 – 423.

的影响相对较小，东印度公司的毛皮贸易大多都能够顺利开展。事实上，正是在不成功的航行、原则性原因、纪律的败坏、搜集毛皮的失败、中国市场环境的变化、缺乏航行船只、外国军舰对运输船只的捕获、失败的计划、船只构造的简陋等因素的综合作用下，最终促成英国商人在美洲西北海岸毛皮贸易中的失利。①

还有，1786 年，法国探险家拉比鲁兹（La Pérouse）率领他的船队，同样完成了对美洲西北海岸的探险与贸易。拉比鲁兹在日志中曾这样描述美洲西北海岸至中国广州毛皮贸易的巨大前景："从圣伊利亚斯山到蒙特雷的美洲海岸，为商人们提供了各种种类的毛皮，这是一种在中国广受欢迎的商品。而这种在亚洲备受追捧的商品在美洲却是如此的普遍。"② 显然，拉比鲁兹希望自己的描述可以引起法国商人对美洲西北海岸至中国广州贸易的兴趣，为法国增加新的贸易财富。

然而，同时期的国际形势非常有利于美国商人发展成为美洲西北海岸毛皮贸易的主导力量。18 世纪末 19 世纪初，由法国大革命和拿破仑战争带来的政治震荡遍及欧洲，英国、法国、西班牙等国无不深受影响，尤其是《努特卡协议》签订后，西班牙正式放弃对 49°N 以北美洲西海岸领土的主权要求，这就为美国商船的进入大开方便之门。③ 另外，美国商人还在航运、货物、市场等其他方面具有优势。这里仅以资本与市场的距离及其效率为例，新英格兰商人完成一趟美洲西北海岸至中国广州的贸易之旅一般只需一年时间，而俄国毛皮商人仅仅从美洲运送毛皮前往恰克图市场就需要花费将近两年时间。

更为严重的是，与英美探险家对美洲太平洋区域的探险相伴生，各国政府纷纷提出对这些地区的主权要求。事实上，18 世纪后期的探险家库克、温哥华、格雷等人，大多都在探险过程中绘制地图，并宣称本国政府

---

① Dick A. Wilson, *King George's Men*: *British Ships and Sailors in the Pacific Northwest-China Trade*, 1785 – 1821, Ph. D. dissertation, University of Idaho, 2004, ii.

② James R. Gibson, *Otter Skins*, *Boston Ships*, *and China Goods*: *The Maritime Fur Trade of the Northwest Coast*, 1785 – 1841, Montreal：McGill-Queen's University Press, 1992. xi.

③ 有关西班牙与英国政府的努特卡海角冲突及《努特卡协议》的详细内容，参见 James Bland Burges, *A Narrative of the Negotiations Occasioned by the Dispute between England and Spain*, *in the Year* 1790, London ：s. n. 1791.

对新土地和新人口的所有权。欧美国家政府和探险家的这些言论和行动，显然不能够为沙俄政府所容忍和接受，促使沙俄政府和俄国商人寻求建立一种全新的、更具效力的美洲太平洋扩张模式。

同时期，俄国不同毛皮商人的内部竞争同样激烈。舍利霍夫公司与列别捷夫公司就曾为争夺美洲的狩猎利益，而不惜在沙皇面前相互诋毁，甚至进行欺诈和暴力活动。这些内部争斗与阿拉斯加原住民的抵抗运动相结合，对俄国在美洲太平洋地区的统治构成巨大的威胁。

由此可见，俄国商人和沙皇政府在美洲太平洋区域的遭遇，完全不同于西伯利亚地区。一方面，英国、美国、西班牙等殖民国家都宣称在该区域拥有不同程度的主权。另一方面，俄国海军和航运能力的薄弱，导致沙俄政府难以在美洲建立起有效的统治，平息商人之间的无序竞争和原住民部落的激烈抵抗。针对这一状况，西伯利亚长官雅库比提议叶卡捷琳娜二世授予舍利霍夫公司以美洲太平洋区域的贸易与狩猎垄断权，并向该公司提供贷款。同时，完善远东海港设施，组建太平洋舰队。尽管受制于俄国国库的财政状况和军事调配，雅库比的建议最终未被采纳，贸易垄断权问题却成为毛皮公司和沙俄政府寻求解决美洲太平洋问题的主要渠道。

其中，伊尔库茨克商人舍利霍夫是俄国商人争取美洲毛皮贸易垄断权的典型代表。1787年舍利霍夫从美洲返回伊尔库茨克以后，立即向当局汇报相关探险的成果，还通过申请东正教传教士、宣传善待美洲原住民的事迹、拉拢西伯利亚和沙皇宫廷官员等方式，不断向沙皇政府申请贸易垄断权。同时，舍利霍夫还极具政治觉悟，为获得沙俄政府的好感和支持，极力鼓吹美洲移民区建设，开拓日本、中国广州、加利福尼亚等海外市场的构想。舍利霍夫还要求美洲公司的经理们竭力扩大移民区规模、说服原住民归顺沙皇统治、埋设大量象征俄国所有权的铁牌和十字架。乍看来，舍利霍夫的上述行为都是讨好沙俄政府的有意之举，而从历史的维度思考，可以发现舍利霍夫的行为与叶尔马克的举措是何等相似。其实质都是私人力量尝试将个人利益与国家权益相结合，以便获得国家政权对私人群体的支持。然而，因为叶卡捷琳娜二世对垄断贸易的厌恶，舍利霍夫公司获取美洲毛皮贸易垄断权的努力暂时宣告失败。

尽管如此，面临美洲殖民竞争的愈演愈烈，舍利霍夫的主张和活动还是受到俄国远东当局、商务委员会，甚至沙皇本人的广泛关注。可以说，舍利霍夫公司的实践为沙俄统治者未来关于国家和私人合作探索和开发美洲殖民地的计划，提供了一套现实的模板。① 1795 年，舍利霍夫病逝以后，他的妻子舍利霍娃成为舍利霍夫－格利科夫公司的主要领导者并继续向沙皇申请美洲狩猎的垄断权。同时，她还进一步加快公司商业兼并的步伐，与多家毛皮公司合并组建新的联合美洲公司，而该公司则成为未来俄美公司的雏形。② 此外，联合美洲公司还极力争取沙皇宫廷高官的支持，包括叶卡捷琳娜二世的宠臣祖鲍夫及其侍从列扎诺夫。在某种程度上，列扎诺夫在沙皇和宫廷高官中的斡旋成为联合美洲公司获得垄断权的重要条件。列扎诺夫本人还成为舍利霍夫的女婿和沙皇政府派驻俄美公司的首位监督官。同时，列扎诺夫全面继承了舍利霍夫的北太平洋殖民构想并在俄美公司成立后极力推动这一构想的实践，这些理念和活动对 19 世纪初俄国在美洲太平洋区域的扩张产生了重要的影响。③

1799 年，沙皇保罗一世颁布敕令，授权组建俄罗斯美洲公司。

这份沙皇敕令的主要内容如下：

> 1799 年敕令
>
> 我，保罗一世，受到上帝的恩惠，全部俄罗斯人的皇帝和君主：
>
> 给受到我们最高保护的俄罗斯—美洲公司：
>
> 我们忠实的臣民在东北海域和美洲东北部分（此处应为美洲西北部分——作者注）从事毛皮产业和贸易为我们的帝国积累的利润和优势吸引起我们的注意力；为此，我们应立即对以从事这一行业和贸易的公司提供保护。我们将其命名为受到我们高度保护的俄罗斯—美洲

---

① 有关舍利霍夫在美洲太平洋区域探险、殖民及向沙皇政府争取垄断权的内容，参见 Mary Elizabeth Wheeler, The Origins and Formation of the Russian-American Company, Ph. D. dissertation, The University of North Carolina, 1965.

② 有关舍利霍娃活动的详细内容，参见 Dawn Lea Black and Alexander Yu. Petrov edite and trans, *Natalia Shelikhova, Russian Oligarch of Alaska Commerce*, Fairbanks: University of Alaska Press, 2010.

③ 有关列扎诺夫的个人经历、政治抱负和帝国实践的内容，参见 Owen Matthews, *Glorious Misadventures: Nikolai Rezanov and the Dream of a Russian America*, Bloomsbury, 2013.

公司。我们命令我们的军事机关利用我们的陆地和海洋力量，在该公司提出要求时，全力支持该公司的业务；制定帮助和鼓励公司的相关条例，我们十分荣幸授予它这份皇室特许状，下列特权将从即日起在二十年内有效：

1. 依据俄国航海家很早以前在55°N以北的东北美洲大陆和从堪察加半岛向北指向美洲大陆以及向南指向日本的群岛的发现，和俄国对上述地区的所有权，我们仁慈地授予俄美公司在从55°N至白令海峡的美洲东北海岸、海峡以北区域、阿留申群岛、千岛群岛和其他位于东北大洋的岛屿中享有获取所有产业利润和建立殖民地的权利。

2. 俄美公司应该在现存法令规定的条件下不仅在55°N以北地区，而且在55°N以南地区进行发现，并将新发现的尚未被其他国家占领的土地或势力范围并入俄国统治。

3. 俄美公司应该享有对上述土地的地表或地下的所有已经发现或可能发现的物产，它的这一权利无可置疑。

4. 我们仁慈地允许俄美公司在未来建立被要求的移民区或在考虑到必要的安全性时兴建堡垒，以及向这些地区毫无妨碍地派遣载有商人和雇员的船只。

5. 俄美公司可以向周边国家派遣船只，并在征得所在国家同意的基础上与所有邻国进行贸易，在我们的鼓励之下让公司在经营之中积累巨大的力量和利润。

6. 俄美公司可以雇佣所有等级的自由和拥有良好声望且愿意合法使用这种自由的人进行航海、狩猎贸易和移民区建设。考虑到他们即将前往地区的遥远距离，政府应该授予国家殖民者和其他没有主人的自由人以七年时效的护照；公司不能雇佣没有经过主人同意的农奴，公司应该为他们的所有雇员支付适当的捐税。

7. 尽管我们的帝国法令在尚未获得国务委员会许可的情况下禁止砍伐森林；考虑到移民区距离鄂霍次克地区的遥远距离，允许俄美公司在不缴纳任何费用的情况下砍伐森林，以便随时维修船只和修建建筑。

8. 俄美公司每年可以使用现金按照市场价格从伊尔库茨克的枪炮

军械库中获得 40 到 50 普特的火药，从涅尔钦斯克矿区获得 200 普特的铅，用于猎杀动物，海上信号和任何在美洲大陆或岛屿上出现的无法预知的事故。

9. 如果一名公司股票的持有者成为国家或私人的债务承担者，如果他的财产除去他在公司的股份不足以支付其债务，他的资本应该被没收。但是根据俄美公司章程，资本不能够撤出，获得股份的人们不能够兑现股票而只能取代债务人的地位并在获取股份利润的情况下分享财富。只有在公司特许状到期之时，他们才能够获得自己的股份资本。

10. 在授予俄美公司为期二十年的在上述领土和岛屿中探险，狩猎，贸易，建设移民区，发现新土地等垄断权利的同时，我们宣布这些优势和特权将不再为资助对这些地区航行的任何人，或将他们的船只和商品带入这些地区加入这项贸易，包括部分公司股票的持有者所分享。如果他们没有按照条例的要求加入俄美公司，他们可以像以往那样进行这些业务，但在他们的船只返回俄国以后，除了俄美公司以外，任何人都不能享有这些特权。

11. 所有法院都将认可受到我们保护而建立的俄美公司管理处为处理公司事务的机构，法院所有涉及公司的相关事务都要呈交管理处，而不是提交给某一位股东。

作为我们皇室特许状的总结，我们要求所有我们的军事和民政机构、法院不但为俄美公司提供享有各种特权的保护，而且在必要的情况下保护其免遭任何损失或伤害，利用各种方式协助和保护管理处的经营。①

从上所述，这份敕令对俄美公司享有的权利和履行的义务，做了详细的规定，使其成为带有半官方色彩的商业垄断公司，享有在 55°N 以北的

---

① *Fur Seal Arbitration. Proceedings of the Tribunal of Arbitration*，*convened at Paris*，*under the treaty between the United States of America and Great Britain concluded at Washington February* 20，1892，*for the determination of questions between the two Gov. Ernments concerning the jurisdictional rights of the Unites States in the Waters of Bering Sea.* Volume VIII，Washington：Government Printing Office，1895，pp. 13 - 14.

美洲沿岸和内陆，从事狩猎毛皮、砍伐森林、挖掘矿藏、开拓新殖民地等垄断特权。毋庸置疑，1799 年沙俄敕令很好地解决了俄国商人内部在美洲的无序竞争，并通过政府授权的方式增加了公司的经营范围和权限，在一定程度上提升了俄美公司的竞争力。然而，这份敕令在涉外方面则仅仅要求俄美公司避免冲突，并未对外国商人和政府做出任何的限制和公告，从这个意义上看，1799 年沙俄敕令具有对内性质，难以对外国势力在美洲的竞争做出有效的应对。沙俄政府的这一举措显然是本国军力与主权要求薄弱的外在体现，这些因素又在很大程度上影响到俄国在美洲扩张的最终命运。

俄美公司的分支机构分布在国内和美洲两部分。国内机构包括设在伊尔库茨克（其后迁移至圣彼得堡）的总管理处和分布于鄂霍次克港、堪察加半岛、伊尔库茨克等地的公司分支机构。美洲的机构则包括位于科迪亚克岛的美洲移民区总部（随后前往锡特卡岛的新阿尔汉格尔）和散布于阿拉斯加大陆、科迪亚克岛和亚历山大群岛的俄国美洲移民区。应该说，这些分支机构在将俄美公司经营业务成功连接起来的同时，地理和交通的阻碍却增加了公司总管理处与地方分支，地方分支之间联系和沟通的难度。这一不利局面在 19 世纪初公司应对外国政府和商业势力时变得更为显著。俄美公司主要通过发行股票的形式筹集资本，沙皇亚历山大一世、皇后及宫廷高官都成为公司的股票所有人，进一步强化了公司半官方的政治色彩。

俄美公司委任巴拉诺夫为美洲移民区长官。[①] 巴拉诺夫原本是俄国远东的一位酒商，曾结识舍利霍夫并获得后者的赏识，1790 年，巴拉诺夫的生意遭遇困境后，加入舍利霍夫的公司以协助公司美洲事务官德拉诺夫。1797 年，联合美洲公司成立后，巴拉诺夫接替德拉诺夫成为公司在美洲的最高长官。1799 年俄美公司沿用了联合美洲公司的体制，巴拉诺夫成为俄美公司早期阶段最有影响力的重要人物。俄美公司成立初期，总管理处下

---

① 有关巴拉诺夫在美洲早期经历和俄美公司总管理处任命其为美洲事务官的内容，参见 Kenneth N. Owens, Alexander Yu. Petrov, *Aleksandr Baranov and Russian Colonial Expansion into Alaska and Northern California*, Seattle and London：University of Washington Press, 2015, pp. 163 – 170.

达给巴拉诺夫的指令基本与联合美洲公司时期相类似，主要包括扩大狩猎范围、增加毛皮产量、建立新移民区等内容。如1802年4月18日，总管理处下达给巴拉诺夫的信件要求其向南"扩大狩猎地，监督公司的外国雇员，清除美洲西北海岸外国势力的所有权标记"[①]。这一命令基本与舍利霍夫时代扩大美洲移民区、增加毛皮捕获量的要求一脉相承，同时，消除外国所有权痕迹的要求显然体现出俄美公司的沙俄扩张"先锋作用"。

值得深思的是，毛皮狩猎与殖民扩张具有紧密的内在联系。毛皮狩猎/贸易活动是建立在动物皮毛的基础之上，是一种自然消耗的经济模式。尽管源于各地区自然环境和物产资源的差异，从远古时代开始人类社会就存在毛皮交换行为，但是由近代新航路开辟而来的欧洲商品革命和奢侈品消费，却改变了毛皮交换的性质，将其转变为一种长期进行的经济活动。这一结果加速了皮毛动物的消耗，迫使狩猎者和贸易者不断深入森林地带寻找新的毛皮动物聚居地。伴随欧洲森林皮毛资源的枯竭，欧洲殖民者开始从北美和西伯利亚的森林地带获取毛皮。正是在这一过程中，毛皮贸易开始与殖民扩张相结合，共同推动欧洲殖民者毛皮边疆的扩张。如同海狸毛皮打开了加拿大的地图一般，海獭毛皮不断描绘出俄属美洲的疆域。原有狩猎区毛皮动物的减少，要求贸易者不断搜寻新的毛皮产区，这种经济模式的性质，决定了狩猎区的扩张成为所有毛皮公司的两个主要活动之一。正是在这个意义上，我们发现从舍利霍夫时代开始，德拉诺夫、巴拉诺夫都将寻找新的狩猎地作为主要的经营目标，以科迪亚克岛为基地，对基奈湾、阿拉斯加半岛、阿留申群岛进行探险和贸易。而俄美公司的另一个主要活动是处理与原住民的关系问题。

19世纪初，巴拉诺夫分别向北部白令海峡附近和南部海岸地带派遣探险队，然而探险队在北方遭到敌对的原住民的攻击，数座俄国移民区遭到摧毁，巴拉诺夫被迫将视线集中在南部海岸和岛屿地区。其实，俄美公司早期主要经营北太平洋的海獭贸易的性质，决定了公司活动的区域，主要

---

① "18 April 1802, Main Office to Gov. Gen. Aleksandr Andreevich Baranov", in Raymond H. Fisher, *Records of the Russian-American Company*, 1802, 1817 - 1867, Washington: The National Archives, National Archives and Records Service, General Services Administration, 1971, p. 21.

集中在沿海和岛屿地区。只是伴随沿海海獭的减少，阿拉斯加内陆的河狸、灰熊、蓝狐等毛皮动物，才促使公司将扩张重点转向内陆地区。巴拉诺夫南扩的标志性工程是将俄美公司的美洲行政中心，从科迪亚克岛转移至更南部的锡特卡岛。锡特卡岛位于亚历山大群岛之中，临近美洲南部温暖湿润的地带，这样的气候也有利于公司农作物种植计划的开展，因为粮食补给问题一直是遏制公司在美洲业务顺利进行的重要因素。

　　早在1799年，巴拉诺夫即开始在锡特卡岛营建阿尔汉格尔斯克移民区。然而，俄国商人在锡特卡岛的活动触及了英美商人和特林吉特人的利益。1802年，特林吉特人对阿尔汉格尔斯克发动攻击，屠杀了移民区的俄美公司员工，劫掠了储藏室的毛皮货物并焚毁了正在建造中的公司船只。① 直至1805年巴拉诺夫才在参加环球航行的军舰"涅瓦"号的帮助下，重新占领阿尔汉格尔斯克移民区，并在旧址上重新营建新阿尔汉格尔斯克。显然，巴拉诺夫此举带有向原住民进行威慑的考虑。1805年年底，巴拉诺夫向总管理处汇报，"除去堡垒和营房，我们已经基本完成移民区的建设，我们建造了长官营房，食物和商品储藏室，一个厨房、啤酒厂、面包房、浴室、铁匠商店、工场、铜铸造厂等设施"②。尽管原住民对这块移民区的威胁一直没有解除，但锡特卡岛上的新阿尔汉格尔斯克较之北部的科迪亚克岛，更有利于公司向南部搜寻毛皮和发展贸易，逐渐取代科迪亚克岛成为俄美公司在美洲的政治、经济和文化中心。③

　　据统计，截至19世纪20年代初，即俄美公司的首次专营权行将期满时，在各岛和美洲大陆上共建有十五个"定居点"。俄国居民点按其位置，从堪察加半岛往东按如下顺序排列：第一定居点位于第一科曼多尔岛、第

　　① C. L. Andrews, *The Story of Sitka: The Historic Outpost of the Northwest Coast, The Chief Factory of the Russian American Company*, Seattle: Press of Lowman & Hanlord, 1922, pp. 13 – 26.

　　② Katherine L. Arndt, Richard A. Pierce, *A Construction History of Sitka, Alaska, as Documented in the Records of the Russian-American Company*, Sitka: Sitka National Historical Park, 2003, pp. 11 – 12.

　　③ 加拿大俄属美洲史专家詹姆斯·R. 吉布森从自然环境、资源状况、原住民状态等方面出发系统比较了科迪亚克岛和锡特卡岛在俄美公司活动的不同阶段具有的优劣性，有助于学者对这两块俄美洲移民区历史的理解。参见 James R. Gibson, "Sitka Versus Kodiak: Countering the Tlingit Threat and Situating the Colonial Capital in Russian America," *Pacific Historical Review*, Vol. 67, No. 1, Feb., 1998, pp. 67 – 98.

二定居点位于安德烈亚诺夫群岛之一的阿特卡岛、第三定居点在卡皮坦湾的乌纳拉斯卡岛、第四定居点在圣保罗岛、第五定居点在圣乔治岛、第六定居点位于科迪亚克岛上的三圣湾附近、第七定居点位于基奈湾的巴普洛夫堡、第八定居点位于基奈湾的乔治堡、第九定居点位于亚历山大堡、第十定居点位于沃斯克列欣斯科堡、第十一定居点位于丘加奇（也可译为楚加奇）湾的康斯坦丁与叶列娜、第十二定居点位于白令海峡雅库塔茨克湾附近的"尼古拉耶夫斯科耶"、第十三定居点位于圣伊利亚岬旁的"谢麦昂诺夫斯科耶"、第十四定居点位于锡特卡岛、第十五移民区位于加利福尼亚的罗斯。[①] 其中除了罗斯移民区位于加利福尼亚，其他十四个定居点均在阿拉斯加和阿留申群岛，在某种程度上反映出阿拉斯加及邻近岛屿对俄美公司经营活动的重要性。

不难发现，俄美公司早期扩张的线路基本沿海岸线和岛链延伸，反映出海獭、海豹等海洋毛皮动物是公司经营的主要商品。其实质是商人阶层对某种商业资源的不断追逐，并且与毛皮经济不断寻求新狩猎地的特征相结合，促成19世纪初俄美公司在美洲太平洋沿岸和岛屿区域的扩张。而缺乏海獭、海豹等珍贵毛皮资源、海外运输不便、开发周期较长，以及成本高昂的内陆地区，则日渐被排除出俄美公司经营者的视线之外。这一局面一直持续到19世纪20年代英美俄围绕美洲西北海岸领土主权的纷争后才得以改变。一方面，俄国对沿岸岛屿的占有不能决定大陆区域的所有权；另一方面，英美等国向阿拉斯加内陆的渗透，要求俄国人加强对这一区域的控制。当然，19世纪20年代俄美公司逐渐由商业公司向殖民治理机构的转变是其更深层次的原因。

总的来看，巴拉诺夫执掌俄美公司美洲事务时期，商业利润是一切经营活动的重中之重。通过移民区的不断拓殖，俄美公司猎获的毛皮数量快速增加。例如，仅在1801年，巴拉诺夫即向鄂霍次克运回了总价值大约250万卢布的毛皮。其中包括1.5万张海獭皮和大约28万张海豹皮。[②] 同

---

① ［苏］谢·宾·奥孔：《俄美公司》，俞启骧等译，郝建恒校，商务印书馆1982年版，第49—51页。

② P. A. Tikhmenev, *A History of the Russian-American Company*, trans. Richard A. Pierce and Alton S. Donnelly, p. 68.

时，巴拉诺夫还通过密切关注恰克图市场变动①，降低移民区教堂建设费用②，发展移民区与英美商人的贸易③等方式维持和提升公司的商业利润，体现出商人阶层对不断追求利润的热情。

然而，俄美公司的经营却仍然面临许多难以克服的困难。首先是外国人的竞争问题。18世纪80年代库克第三次太平洋探险后，尤其是同行的美籍船员莱迪亚德关于美洲西北海岸至中国贸易价值的认识及描述，成为吸引美国商人视线的重要原因。莱迪亚德不但注意到美洲太平洋对华毛皮贸易的巨大价值，而且积极寻求支持者赞助其商业冒险计划。他曾先后找到杰斐逊、富兰克林等美国政界权势，并极力鼓吹俄国在远东太平洋势力的薄弱以及该地区的经济价值，甚至不惜亲自前往莫斯科跨越西伯利亚—北太平洋—北美大陆西部的探险之旅，并在这一过程中广泛收集自然物产、俄国人活动的材料。这次探险虽然因为激起沙皇反感而被迫停止，④但莱迪亚德的言论和行为却博得同样对太平洋区域具有政治野心的杰斐逊和其他大商人的同情，成为影响美国政府对待美商在美洲西北海岸活动的态度的重要因素。1799年沙皇敕令和俄美公司在美洲的专营权，并不能阻止外国商人在这一地区的走私和贸易活动。美国商船凭借商品质量、航运条件、市场便捷等方面的优势，每年从阿拉斯加原住民手中换取大量的海獭、海豹毛皮。同时，为扩大交换规模，美国商人尽可能地满足阿拉斯加原住民的商品需求，向其出售包括火炮、枪支在内的武器装备和烈酒。

美国商人在美洲西北海岸的毛皮贸易主要带来两方面的影响，首先，

---

① "A Report of the Kiachta Office to the Board of Administration of the Russian American Company," *Fur Seal Arbitration. Proceedings of the Tribunal of Arbitration*, *convened at Paris*, *under the treaty between the United States of America and Great Britain concluded at Washington February* 20, 1892, *for the determination of questions between the two Gov. Ernments concerning the jurisdictional rights of the Unites States in the Waters of Bering Sea. Volum VIII*, Washington: Government Printing Office, 1895, pp. 360 – 361.

② "1 June 1817, Priest Sokolov of Sitkha to Main Office," Raymond H. Fisher, *Records of the Russian-American Company*, 1802, 1817 – 1867, Washington: The National Archives, National Archives and Records Service, General Services Administration, 1971, p. 21.

③ "22 March 1817, Main Office to Governor General Baranov," Raymond H. Fisher, *Records of the Russian-American Company*, 1802, 1817 – 1867, Washington: The National Archives, National Archives and Records Service, General Services Administration, 1971, p. 22.

④ Nikolai N. Bolkhovitinov, *The Beginnings of Russian-American Relations* 1775 – 1815, trans. Elena Levin, pp. 154 – 159.

越来越多的美国商人加入这项有利可图的贸易之中，而美国在西北海岸经济利益的增加必然导致国内政治向这一地区的倾斜。如美国国会多次就占领哥伦比亚河流域与驱逐外国势力等问题提交议案。从 19 世纪初美俄两国围绕美国商人在西北海岸贸易的交涉过程中，可以窥探出美国政府支持本国商人和否认俄国在美洲西北海岸主权的一贯主张。其次，毛皮贸易的扩大还影响到阿拉斯加原住民的经济—文化生活，使其从传统的自给自足生活向依靠毛皮换取所需物资的市场化转变，逐渐沦为欧美毛皮商业的经济附庸。同时，伴随狩猎规模的扩大，俄国猎人与原住民之间在狩猎区域和资源等方面产生激烈矛盾，甚至爆发武装冲突，而美国商人提供的火炮和枪支又使这一冲突不断升级，原住民开始拥有一支可以抵御俄国人，甚至摧毁俄国移民区的武装力量。这样就引出俄美公司面临的第二项困难——原住民，主要为特林吉特人的攻击。特林吉特人原本生活在阿拉斯加沿岸及锡特卡岛，尚处于原始社会末期的部落阶段。欧美商船的到来和毛皮贸易的发展，最终将特林吉特人拉入到近代正在形成中的世界市场体系之内。

值得注意的是，俄国人遭遇阿留申群岛、科迪亚克岛或阿拉斯加沿岸的阿留申人和锡特卡岛以南地区特林吉特人状况的明显区别。[①] 俄国人在 18 世纪 40 年代逐渐向阿留申群岛渗透，而俄国人与特林吉特人的接触则发生在 19 世纪初，如果说阿留申人最早接触到的西方文化是俄国人首先带来的，那么特林吉特人在历经 18 世纪 80、90 年代英、美商船的贸易以后，早已对西方文化和贸易活动有所了解。他们深知海獭毛皮的重要经济价值和俄国人进入自己领地的严重后果，因此当俄国人踏入锡特卡岛之时，等待他们的是原住民的枪炮攻击。[②] 英美商人不仅向特林吉特人提供武器装备，而且多次挑拨特林吉特人与俄国人的关系。史料记载，1802年，特林吉特人对俄美公司在锡特卡岛上移民区的攻击中就曾获得英、美

---

① Ilya Vinkovetsky, *Russian America: An Overseas Colony of a Continental Empire*, 1804 – 1867, Oxford: Oxford University Press, 2011, pp. 18 – 22.

② 有关特林吉特人与俄美公司接触历史的具体内容，参见 Andrei V. Grinev, *The Tlingit Indians in Russian America* 1741 – 1867, trans. Richard L. Bland, Katerina G. Solovjova, Lincoln: University of Nebraska Press, 2005.

商船的帮助。① 国际环境的复杂性使特林吉特人对俄国美洲移民区的威胁一直延续到 1867 年阿拉斯加被出售。

粮食补给问题是遏制俄美公司发展的另一个瓶颈。这一问题伴随 1784 年俄国美洲移民区的建立而来，并几乎贯穿俄国殖民美洲的始终。早期俄国探险者尚可携带供应一年的食物补给，但固定移民区需要稳定的物资保障，而北太平洋的浓雾显然不利于东西伯利亚向阿拉斯加运送物资。事实上，东西伯利亚的粮食甚至不够自己的消耗，每年必须从欧俄运送大批粮食，再以雅库茨克为中心进行转运。每年需要调动数千匹马进行运输，这些活动给东西伯利亚当局和人民带来了巨大的负担。而阿拉斯加高纬寒冷的气候不利于农作物的生长，舍利霍夫时代的农业开发计划无一成功。19 世纪初刚刚成立不久的俄美公司美洲移民区就陷入十分严峻的物资匮乏状态。1805 年到达美洲移民区的列扎诺夫（Rezanov）对公司物资的紧缺状况进行了生动的描述：生活于锡特卡岛新阿尔汉格尔移民区的 200 个工人每天只能获得一磅面包，而 10 月 1 日以后更只能依靠鱼干、海狮或海豹肉，甚至墨鱼、乌鸦和老鹰维持生存。只有病人才能享用混有蜂蜜和用冷杉球果酿造的啤酒汁的麦饼。② 列扎诺夫在写给俄美公司总管理处的信中强调，"你们一开始可能觉得我们生活在极乐世界之内，但当你们踏上这片土地之时就会意识到自己的错误：我们生活在锡特卡岛，等待着被驱逐的命运"③。

受自然条件的限制，巴拉诺夫只能利用毛皮存货与外国商船交换粮食。实际上，早在舍利霍夫时代，俄国商人已经在美洲与英国商人进行商品交换。巴拉诺夫只是继承了传统俄国商人的应急之策，移民区每年都有相当比重的毛皮存货用于这项贸易。据统计，从 1797 年到 1818 年，俄美公司一共获得 80271 只海獭和 1473626 只海狗。在此期间公司还获

① P. A. Tikhmenev, *A History of the Russian-American Company*, trans. Richard A. Pierce and Alton S. Donnelly, pp. 65 –66.

② James R. Gibson, *Imperial Russia in Frontier America: The Changing Geography of Supply of Russian America*, 1784 –1867, p. 175.

③ P. A. Tikhmenev, *A History of the Russian-American Company*, trans. Richard A. Pierce and Alton S. Donnelly, p. 96.

得价值（按照各个时期的价格计算）16376695 卢布 95 戈比的毛皮、海象牙等，即平均每年818835 卢布。而其中移民区不经过俄国海关就地卖给外国商人的货物价值3647002 卢布，即为毛皮总收入的百分之二十。①同时期，巴拉诺夫为搜寻新的毛皮产区，而选择接受美国商人奥凯恩（O'Cain）提出的美—俄联合狩猎计划。根据这一计划，美国商人负责提供运输船只，俄美公司则提供阿留申人猎手和狩猎工具。从 1803—1812年，俄美公司与美国商人一共进行了 11 次联合狩猎，这些狩猎活动不仅为俄美公司带来了丰厚的毛皮利润，而且让俄国人第一次到达加利福尼亚海岸，熟悉了锡特卡岛以南美洲海岸的自然地理、人文环境，为公司下一步向南扩张奠定了基础。②

加拿大学者詹姆斯·吉布森在述及俄美公司在美洲太平洋的扩张时，认为美洲移民区的物资匮乏问题一直制约着公司的生存与发展，迫使公司先后尝试通过发展农业种植、贸易获取粮食、环球航行运输等方式来解决粮食补给难题。正是在这一过程中俄美公司完成了对美洲太平洋区域的扩张。③ 吉布森关于俄美公司扩张与寻找粮食补给的关联性分析，无疑为人们理解表面纷繁复杂的俄美公司殖民活动提供了一条清晰的线索，但俄美公司在美洲太平洋的活动显然还受到商业利润、领导人个人思想、沙俄国家战略，尤其是国际因素的影响。从这个意义上看，吉布森的"贸易补给线"理论与苏联学者奥孔的"沙俄扩张论"一样存在简化历史事实之嫌，难以更为全面地解读这段错综复杂的历史。

正是在这样的历史条件下，俄国美洲移民区出现了一种自相矛盾的奇怪现象：俄美公司与外国商人既存在"水火不容"的商业竞争，又需要"雪中送炭"的粮食贸易。如前所述，18 世纪末，新英格兰商人为获取太平洋毛皮贸易的商业利润，开始毫无顾忌地向原住民提供枪炮和烈酒等不利于俄国移民区稳定的商品。据统计，美国商人每年从西北海岸原住民手

---

① ［苏］谢·宾·奥孔：《俄美公司》，俞启骧等译，郝建恒校，第52页。

② 有关俄美公司与美国商人联合狩猎的内容，参见 Mary E. Wheeler, "Empires in Conflict and Cooperation：The 'Bostonians' and the Russian-American Company," *Pacific Historical Review*, Vol. 40, No. 4（Nov., 1971），pp. 419 – 441.

③ 参见 James R. Gibson, *Imperial Russia in Frontier America*, Oxford University Press, 1985.

中获取 1000—2500 张河狸毛皮。而每年向广州市场输入 1.5 万张海獭皮和 5000 张河狸皮。[1] 美商的行为显然不能为俄美公司所容忍，公司一方面历数美国商人"走私"贸易的各种危害，进而要求沙皇政府出面协调[2]；另一方面指责移民区外贸所造成的经济损失，而命令巴拉诺夫禁止与外商的贸易活动[3]，但仍然无法根除这一问题。因为无论是 1799 年沙俄敕令中有关限制外国势力内容的缺失，还是俄国在美洲太平洋区域海军力量的薄弱，都难以阻止美国商人的贸易活动。俄美公司还尝试通过与美国商人阿斯特的合作，解决移民区粮食补给和美商走私问题，却因 1812 年英美战争的爆发而被迫搁浅。此外，俄美公司监督列扎诺夫、海军军官克鲁申施特恩、戈洛夫宁等人无不对外国商船横行于俄国美洲移民区的状况进行指责，认为这种行为是对俄国所有权的严峻挑战。毋庸置疑，俄美公司上层和沙俄海军军官的这种态度源于俄罗斯国家的商业利益和国家荣耀，但公司总管理处与美洲移民区遥远的距离与不便的联系[4]使前者难以了解美洲的真实境况，导致公司管理处无法想象北太平洋航行的恐怖与移民区物资匮乏之情境。这一状态贯穿俄美公司历史的始终，对公司经营与俄国美洲政策都有很大程度的影响。其中最为重要的事件莫过于 19 世纪 20 年代俄美公司总管理处因不了解移民区实际情况，而向沙俄政府提出的前后自相矛盾的要求，而通过这一事件公司逐渐失去俄国政府的政治与外交支持。

　　俄美公司总管理处在禁止移民区与外商贸易的同时，针对西伯利亚的

---

① Nikolai N. Bolkhovitinov, *The Beginnings of Russian-American Relations* 1775 – 1815, trans. Elena Levin, p. 173.

② "14 August 1817, Main Office to Governor General Baranov（or in his absence, to Captain Hagemeister）," Raymond H. Fisher, *Records of the Russian-American Company*, 1802, 1817 – 1867, Washington：The National Archives, National Archives and Records Service, General Services Administration, 1971, p. 27.

③ "22 March 1817, Main Office to Governor General Baranov," Raymond H. Fisher, *Records of the Russian-American Company*, 1802, 1817 – 1867, Washington：The National Archives, National Archives and Records Service, General Services Administration, 1971, pp. 22 – 23.

④ 俄美公司总管理处与美洲移民区的联系不便的问题，我们可以从移民区与总管理处的信件交流的时间段获得解读，如果信件走环球航路返回俄国大约需要 11 个月时间，而从新阿尔汉格尔到鄂霍次克的时间大约为 5—6 个月。参见 Raymond H. Fisher, *Records of the Russian-American Company*, 1802, 1817 – 1867, Washington：The National Archives, National Archives and Records Service, General Services Administration, 1971, p. 11.

运输难题，尝试通过环球航行的海路形式，从欧俄向美洲移民区运送粮食。其实，早在沙俄政府筹备白令第二次探险之际，戈洛温伯爵，就曾经倡议从海路经过好望角和日本到达堪察加进行探险，并对北太平洋进行探险。这项关于从俄国走海路至北太平洋的计划要早于克鲁申施特恩在19世纪初的环球航行计划大约七十年，沙俄政府因考察西伯利亚自然资源的计划，最终放弃了戈洛温的这项提议①，然而这却是俄国政府第一次提出环球航行的方案，在近代俄国探险史上占据重要的地位。

当然，海军军官克鲁申施特恩（Krusenstern）是俄国第一次环球航行计划的正式提出者。克鲁申施特恩曾多年在英国海军中服役并随船周游世界——这几乎是彼得大帝开创现代俄国海军以来所沿用的海军军官培养方式。正是通过这些实践的历练，克鲁申施特恩希望将补充美洲移民区物资、俄国太平洋海军建设、美洲太平洋贸易、环球科学考察等多重目标联合起来，由此开启了俄国环球航行的序幕。克鲁申施特恩在随英国战舰航行之时注意到，大多数欧洲国家都是通过海路与东方国家进行贸易并因此获得了巨额的财富。考虑到俄国美洲移民区与中国贸易的遥远路途，海路贸易可以成为俄国发展对东方国家贸易的有效路径。② 克鲁申施特恩的建议获得海军大臣莫尔德维诺夫（Mordvinov）、商务大臣鲁缅采夫（Rumiantsev）和俄美公司监督官列扎诺夫（Rezanov）的支持③，最终于1803年

---

① F. A. Golder, *Bering's Voyages*: *An Account of the Efforts of the Russians to Determine the Relation of Asia and America*, *Volume I*: *The Log Books and Official Reports of the First and Second Expeditions*, *1725 – 1730 and 1733 – 1742*, New York: American Geographical Society, 1922, pp. 27 – 28.

② A. J. Von Krusenstern, *Voyage Round the World*, *in the Years* 1803, 1804, 1805, & 1806, *by Order of His Imperial Majesty Alexander The First*, *on board the ships Nadeshde and Neva*, trans. Richard Belgrave Hoppner, Vol. I, London: Printed by C. Roworth, Bellyard, Templebar, 1813, xxv – xxvi.

③ 加拿大海军史专家格林·巴拉特（Glynn Barratt）从俄国太平洋海军发展史的角度，认为克鲁申施特恩有关环球航行的计划发端于俄国太平洋海军建设的构想，结合起鲁缅采夫热衷发展东方贸易、俄美公司美洲移民区补给困境等现实条件，最终促成有关各方对这次环球航行的支持。而蕴藏其中的各种利益矛盾又反作用于航行目标本身，其实质是俄国海军与商业势力在美洲太平洋区域矛盾的开始和延续。应该说，巴拉特从一个全新的角度审视近代俄国美洲太平洋扩张有助于人们从俄国内部解读这段扩张历史，但海军与商人之间矛盾的实质正是政治权益与商业利益合作冲突的一种显现，难以更为全面地展现近代沙俄美洲太平洋扩张历史的深层动因。参见 Glynn Barratt, *Russian in Pacific Waters*, *1715 – 1825*: *A Survey of the Origins of Russia's Naval Presence in the North and South Pacific*, Vancouver: University of British Columbia Press, 1982.

开启俄国首次环球航行的历程。

有一点需要说明，尽管从喀琅施塔得到新阿尔汉格尔斯克的距离远超欧俄—西伯利亚—北太平洋线路，但在近代航海技术改进的条件下，前者较之后者却更为经济和便捷。俄国首次环球航行由克鲁申施特恩指挥的"希望"号和里相斯基指挥的"涅瓦"号组成，舰队启程前，商务大臣鲁缅采夫还增加了以列扎诺夫为大使的赴日任务。[①] 当 1805 年"涅瓦"号为美洲移民区带来物资并协助巴拉诺夫平定锡特卡岛原住民暴乱之时，所有人似乎都在为获得解决俄国美洲移民区补给问题的新途径而欢呼，在 1803—1841 年的 38 年间，俄美公司和沙俄政府共组织了 16 次环球航行，这些航行对俄国海军实力的提升，俄国美洲移民区的物资补给，环球科学考察等都具有重要的促进作用。然而，这种方式的经济效益却值得推敲，比如 1820 年"库图佐夫"号航船给移民区运去仅值 20 万卢布的货物，而公司花在考察队上的钱款却达 70 万卢布。[②]

下面的表格对俄国历次环球航行的时间、指挥官、船只和运载物资的价值进行统计：

表 1-1            **俄国环球航行，1803—1841 年**[③]

| 序号 | 船只 | 指挥官 | 离开喀琅施塔得 | 停留殖民地 | 返回喀琅施塔得 | 货物价值（卢布） |
|---|---|---|---|---|---|---|
| 1 | 希望<br>涅瓦 | F. 克鲁申施特恩<br>Iu. F. 里相斯基 | 1803 年<br>1803 年 | 1804—1805 年<br>1804—1805 年 | 1806 年<br>1806 年 | 260510 |
| 2 | 涅瓦 | Iu. F. 里相斯基 | 1806 年 | 1809—1810 年 | 停留美洲 | 131593 |
| 3 | 苏沃洛夫 | M. P. 拉扎列夫 | 1813 年 | 1814—1815 年 | 1816 年 | 246476 |
| 4 | 留里克 | O. E. 科策布 | 1815 年 | 1816—1817 年 | 1818 年 | ？ |

① 有关俄国首次环球航行的具体内容，参见 Alexey V. Postnikov, *The First Russian Voyage Around the World and Its Influence on the Exploration and Development of Russian America*; trans. , Victoria Joan Moessner, Fairbanks：University of Alaska Press, 2003；[俄] 里相斯基：《涅瓦号环球航行记》，徐景学译，黑龙江人民出版社 1983 年版。

② [苏] 谢·宾·奥孔：《俄美公司》，俞启骧等译，郝建恒校，第 61 页。

③ 载 W. Michael Mathes and Glenn Farris, *The Russian-Mexican Frontier；Mexican Documents Regarding the Russian Establishments in California*，1808 - 1842, Fort Ross Interpretive Association, 2008.

续表

| 序号 | 船只 | 指挥官 | 离开喀琅施塔得 | 停留殖民地 | 返回喀琅施塔得 | 货物价值（卢布） |
|---|---|---|---|---|---|---|
| 5 | 库图佐夫<br>苏沃洛夫 | L. A. 哈格曼斯特<br>Z. I. 巴拿费廷 | 1816 年<br>1816 年 | 1817—1818 年<br>1817 年 | 1819 年<br>1818 年 | 426566<br>184385 |
| 6 | 堪察加 | V. M. 戈洛夫金 | 1817 年 | 1818 年 | 1819 年 | 2800 普特商品 |
| 7 | 博罗季诺 | Z. I. 巴拿费廷 | 1819 年 | 1820 年 | 1821 年 | 798927 |
| 8 | 库图佐夫 | P. A. 多赫图罗兹 | 1820 年 | 1821 年 | 1822 年 | 441215 |
| 9 | 留里克<br>伊丽莎维塔 | A. 克洛奇科夫<br>I. M. 基斯拉科夫斯基 | 1821 年<br>1821 年 | 1823 年<br>在好望角被出售 | 停留美洲 | 142741<br>89674 |
| 10 | 克雷亚尔 | M. P. 拉扎列夫 | 1822 年 | 1823—1824 年 | | ? |
| 11 | 艾琳娜 | I. 奇斯蒂科夫<br>M. I. 穆拉维夫 | 1824 年 | 1825 年 | 1826 年 | 462004 |
| 12 | 艾琳娜<br>亚美利加 | V. S. 赫罗姆琴科<br>V. A. 赫罗姆琴科 | 1828 年<br>1831 年 | 1829 年<br>1832 年 | 1830 年<br>1833 年 | 458276<br>467505 |
| 13 | 艾琳娜 | M. D. 捷本科夫 | 1836 年 | 1836 年 | 停留美洲 | 350000 |
| 14 | 尼古拉 | E. A. 贝伦斯卡 | 1837 年 | 1838 年 | 1839 年 | 400000 |
| 15 | 尼古拉<br>康斯坦丁<br>尼古拉 | K. 德尼科夫<br>S. V. 沃沃斯基 | 1839 年 | 1840 年 | 1841 年 | 500002 |
| 16 | 亚历山大 | D. L. 扎伦博 | 1840 年 | 1841 年 | 停留美洲 | 122580 |

　　上述表格透露出如下信息，首先，指挥俄国环球航行的海军军官很多人后来成为美洲移民区的各级官员，如曾指挥 1806 年和 1816 年环球航行的哈格曼斯特（Hagemeister）其后成为巴拉诺夫的接班人。其次，俄国环球航行船只在美洲移民区停留的时间大多十分短暂，其中部分源于航行任务的紧迫，但海军军官不愿在自然条件恶劣、物资保障困难的移民区服役而纷纷以身体、家庭等原因要求尽快返航，无疑成为不可忽视的重要因素。最后，俄国环球航行船只的单次货运价值一般停留在 40 万卢布以下，甚至 20 万卢布左右，这样的货运量与每次动辄七八十万卢布的航运费用相比较则凸显出环球航运的较低效率。

　　此外，俄国环球航行的影响还在于海军军官越来越频繁地介入美洲事务之中。环球航行中，克鲁申施特恩、戈洛夫宁等海军军官不断指责美洲移民区的管理混乱、走私猖獗，以及虐待原住民等行为。列扎诺夫曾不无夸张地说，在美洲移民区，很难感受到这里是俄国人的殖民地，因为大量外国商船穿梭于移民区之间并运走数额巨大的毛皮。但善于观察的列扎诺夫随即指出，巴拉诺夫与外商的贸易的实质是移民区缺衣少粮条件下的权宜之计。

需要说明的是，列扎诺夫是一位在俄美公司早期历史上具有重要影响力的人物。列扎诺夫是西伯利亚鞑靼贵族的后裔，其父为伊尔库茨克地方法院的法官，列扎诺夫历经宫廷侍卫队中尉、沙皇叶卡捷琳娜二世的宠臣祖鲍夫的私人侍从等身份进入俄国宫廷，其后担任俄国国务院第一司司长职务而获得舍利霍夫的认可与合作，成为舍利霍夫公司争取美洲贸易垄断权的积极推动者。1799 年俄美公司成立后担任沙皇政府驻公司总监督官一职。① 1806 年亲自到达美洲移民区目睹移民区的困境与外商势力的横行以后，列扎诺夫继承和发展了舍利霍夫的扩张计划。列扎诺夫先后考察了普里比洛夫群岛、乌纳拉斯卡岛、科迪亚克岛和位于锡特卡岛上的移民区总部新阿尔汉格尔，针对移民区过度猎杀、鄂霍茨克当局渎职、海军军官酗酒闹事、移民区多元化经营、公司员工薪资改革、移民区教育医疗建设、原住民语言学习等诸多方面表现关怀并做出规划。② 这些措施旨在将俄美公司转化为俄国美洲殖民地，显然与列扎诺夫一贯主张的俄国"北太平洋帝国"构想相契合，更是其投身实践与完善思想的关键步骤。而列扎诺夫考察发现的最为严重的问题莫过于移民区粮食补给的困难。列扎诺夫于 1806 年搭乘"朱诺号"前往加利福尼亚寻求打开加利福尼亚贸易和移民区向南扩张的局面，这些构想和活动对 19 世纪上半期俄美公司的加利福尼亚政策产生了重要的影响。有关俄美公司在加利福尼亚的扩张内容在随

---

① 有关列扎诺夫个人经历与争取垄断权的活动参见 Owen Matthews, *Glorious Misadventures*: *Nikolai Rezanov and the Dream of a Russian America*, Bloomsbury, 2013.

② "A report from Imperial Chamberlain Rezanov to Minister of Commerce Rumyantsev about a Voyage to Alta California in the Ship Yunona and the Situation in the Russian Colonies. ［no number］. New Archangel. 17 June 1806", James R. Gibson and Alexei A. Istomin compiled and edited, James R. Gibson translate, *Russian California*, 1806 – 1860: *A History in Documents*, Volume I, The Hakluyt Society 2014, p. 189; P. A. Tikhmenev, *A History of the Russian-American Company*, trans. Richard A. Pierce and Alton S. Donnelly, pp. 88 – 93; Owen Matthews, *Glorious Misadventures*: *Nikolai Rezanov and the Dream of a Russian America*, Bloomsbury 2013, pp. 134, 137 – 139.

后章节中有详细论述,在此不再赘言。

19 世纪初,巴拉诺夫在美洲的经营同时遭遇到俄美公司总管理处和海军军官的攻击,最终于 1818 年卸任公司美洲移民区事务官的职务,而改由海军军官路德维格·冯·哈格曼斯特(Ludwig von Hagemeister)接任,俄国人在阿拉斯加的活动进入一个新的阶段。

## 第三节 俄属美洲殖民地的确立
### (1819—1825 年)

1818 年,海军船长哈格曼斯特接替年迈的巴拉诺夫担任俄美公司美洲事务官职务,此后的俄国美洲移民区行政长官均由海军军官担任。而伴随行政长官出身变化而来的自然是美洲移民区在经营策略、治理观念等方面的变化。显然,较之于商人阶层,这批年轻且接受过西欧式教育和启蒙思想熏陶、航行于世界的海军军官更关注移民区的经济、政治、社会、文化等方面的均衡发展。① 尽管毛皮狩猎依旧是俄美公司经营的重点,但非商业因素所占的比重正在不断上升。哈格曼斯特执政期间,注重改善公司职员的住宿、生活条件,修建新的教堂和学校,缓和与特林吉特人的矛盾,在此基础上,俄国美洲移民区的经营逐渐从商业据点向殖民地转变。② 其实,早在 19 世纪初俄美公司成立伊始,沙俄政府即开始为日后治理阿拉斯加进行准备,而其中参与环球航行的政府官员或海军军官则成为帝俄政府考察阿拉斯加自然物产状况、原住民风土人情、俄美公司经营状况的最佳人选。从 1803 年沙俄首次环球航行中的俄美公司监督官列扎诺夫到 19 世纪前期海军将领戈洛夫宁都成为沙俄政府监督和考察美洲移民区的代表人物。如 1817 年沙俄政府即在戈洛夫宁环球航行之际向其下达了考察俄美公司经营状况、研究新发现土地、修正北太

---

① 参见 Ilya Venkovetsky, "Circumnavigation Empire Modernity Race The Impact of Round the World Voyages on Russia's Imperial Consciousness," Fort Ross Conservancy Library, http://www.fortross.org/lib.html 2019 年 4 月 30 日。

② Н. Н. Болховитинов.（ред.）. *Российско-американская компания и изучение Тихоокеанского Севера*, 1815 – 1841. М.：Наука, 2005. С. 29. С. 33.

平洋地图、研究该地区原住民等任务。① 而实际上，这些海军军官或出于争夺美洲太平洋区域的话语权，或出于对商人阶层地位的鄙夷，而经常向沙俄政府汇报俄美公司的种种劣行，诸如与外国商人进行走私贸易、虐待阿拉斯加原住民和东正教传教士、压榨俄美公司雇员等②，这些负面讯息显然与沙俄政府治理阿拉斯加的理念相违背，成为促成政府考虑直接治理阿拉斯加的重要因素。

其中，1821 年俄美公司第二份特许状的颁布则标志着俄国政府直接治理阿拉斯加的开始。在公司事务中减少商人的比重，首先实际取消商人对公司总政治方向的领导，其次取消他们对移民区行政管理的领导，而最后则实行政府对公司商务活动的全部控制，凡此种种，在时间上，和沙皇政府实际上停止其在美洲大陆继续进行殖民扩张是相吻合的。③

1818 年 1 月 11 日，承担 1816 年环球航行指挥任务的海军船长哈格曼斯特被委任为俄国美洲移民区长官。哈格曼斯特执政的最大特征是注意移民区社会的治理，先后出台有关提高俄美公司员工待遇④、善待原住民⑤、增加东正教传教经费⑥、建设学校、图书馆、博物馆等基础设施⑦，整体上改善了俄国美洲移民区的社会风貌。哈格曼斯特同样积极开拓毛皮狩猎

① Н. Н. Ъолховитинов. Россииско американскаыа компапиыа и изухепте ТикхоокеанскоГо Сеыера，1815 – 1841. М.：Наука，2005. С. 26.

② "31 March 1816，Governor General of Siberia［Ivan Borisovich］Pestel to Minister of the Interior Kozodavlev，" Raymond H. Fisher，*Records of the Russian-American Company*，1802，1817 – 1867，Washington：The National Archives，National Archives and Records Service，General Services Administration，1971，p. 29.

③［苏］谢·宾·奥孔：《俄美公司》，俞启骧等译，郝建恒校，第 92 页。

④ "29th No. 31 proposal to the Unalaska office"；"29th No. 33 proposal to the Unalaska office"；"28th No. 82 proposal to NA office，" trans. Richard A. Pierce，*The Russian-American Company：Correspondence of the Governors Communications Sent*：1818，Kingston：The Limestone Press，1984，pp. 18，49.

⑤ "6th No. 68 proposal to the NA office，" Richard A. Pierce trans，*The Russian-American Company：Correspondence of the Governors Communications Sent*：1818，Kingston：The Limestone Press，1984，p. 42.

⑥ "30th No. 36 Letter to the manner on Kadiak，Grigorii Gerasimovich Potorochin，" trans. Richard A. Pierce，*The Russian-American Company：Correspondence of the Governors Communications Sent*：1818，Kingston：The Limestone Press，1984，p. 20.

⑦ "30th No. 36 Letter to the manner on Kadiak，Grigorii Gerasimovich Potorochin，" trans. Richard A. Pierce，*The Russian-American Company：Correspondence of the Governors Communications Sent*：1818，Kingston：The Limestone Press，1984，pp. 22 – 23.

地、寻求粮食贸易市场，只是不同于巴拉诺夫的南扩计划，哈格曼斯特将扩张中心转向北方，① 一方面源于南部国际关系的复杂，另一方面则是俄美公司与南部原住民特林吉特人的持续冲突。事实上，1820 年以后俄美公司的扩张方向已完全转向北方，② 随后，白令海峡、北冰洋海岸等地带都陆续得到开发，而俄美公司发展方向的这种变化似乎预示着俄国在美洲太平洋地区由进攻转为防守的战略转变。

19 世纪 20 年代前后的这些年里，俄美公司面临的最大问题仍然来自美国商人的走私活动，而移民区周围海獭数量的锐减无疑增加了公司的压力。同时期，俄美公司向沙皇政府控诉美国商人种种恶行的材料比比皆是。公司总管理处要求美洲移民区停止一切与美国商船的贸易，③ 并寻求沙皇政府出面交涉④。随后，沙皇政府多次照会美国政府希望其禁止美商在俄国移民区的走私活动，⑤ 但以美国国务卿约翰·昆西·亚当斯为首的强硬派宣称国会无权干涉美国公民在域外的贸易活动，甚至连俄国一直坚信的阿拉斯加所有权也遭到否定。而其中美国政府最重要的论据是俄国政府划定俄属美洲的具体边界范围，强调美—俄两国的谈判必须在此基础上展开，可以说，美国政府的主张成为日后沙俄政府颁布涉及美洲殖民地范围法案的远因。正是在这样的历史背景下，沙俄政府颁布 1821 年敕令，将俄属美洲的南部边界向南推移了五个纬度，并实行严厉的殖民地贸易统

---

① "21ˢᵗ No. 21 Proposal to the Kadiak office"；"22ⁿᵈ No. 148 Memorandom to the Main Office," trans. Richard A. Pierce, *The Russian-American Company*：*Correspondence of the Governors Communications Sent*：1818，Kingston：The Limestone Press，1984，pp. 7，85.

② "12 January 1820 Main Office to Gov. Gen. Matvei Ivanovich Muraviev," trans. Richard A. Pierce, *The Russian-American Company*：*Correspondence of the Governors Communications Sent*：1818，Kingston：The Limestone Press，1984，p. 42.

③ "22 March 1817 Main Office to Governor General Baranov," Raymond H. Fisher, *Records of the Russian-American Company*，1802，1817 – 1867，Washington：The National Archives，National Archives and Records Service，General Services Administration，1971，p. 22.

④ "14 August 1817 Main Office to Governor General Baranov (or in his absence, to Captain Hagemeister)," Raymond H. Fisher, *Records of the Russian-American Company*，1802，1817 – 1867，Washington：The National Archives，National Archives and Records Service，General Services Administration，1971，p. 27.

⑤ Nikolai N. Bolkhovitinov, *The Beginnings of Russian-Americn Relations*，1775 – 1815，Cambridge：Havard University Press，1975，pp. 255 – 277.

制，以达到将外国商业势力驱逐出阿拉斯加的目的。①

然而，沙皇亚历山大一世关于美洲殖民地的敕令却遭到来自国内外两个方面的抵制。国外方面，同样宣称对美洲太平洋沿岸拥有主权的英、美两国当然否认俄国的独占权，在随后的俄、美、英三国的角逐中，俄国政府被迫放弃最初的主张以获取英、美两国对俄属美洲合法性的认可。国内方面，贸易禁令的推行不仅没有消除美商的走私活动，因为俄国在上述区域基本没有海军力量，而且进一步加剧了移民区的缺粮困局，使移民区深陷严重的危机之中。事实上，依靠环球运输与从加利福尼亚、夏威夷群岛购买粮食的渠道都不能满足移民区的基本需求。而俄美公司总管理处与美洲移民区之间薄弱的联系又制造出前者认为已经输送足够的物资，后者却因为航运事故而处于困苦境地的闹剧。环球航行因花费巨大却效率低下而不断增加公司的财政负担。同时，外国商船几乎可以消耗俄美公司每年大约五分之一的毛皮存货，这就使得禁止对外贸易后的俄美公司立即感受到国内市场狭小的苦果。难怪俄美公司经理普罗科菲耶夫在其1824年的报告中强调指出："在以前的制度下，特别是在最近几年，每年猎获的毛皮不能按比例在俄国国内销售时，可全部卖给外国人；但在新制度下，只能将大部分毛皮运往俄国，任其在库内积压几年，致使毛皮常常变质。"②这样，1822年例行的考察暂时中止，公司开始为获准同外国人交易而奔走，即努力争取取消过去根据他们的建议而制定的禁令。

最终，沙俄政府分别在1824年和1825年与美国、英国签订外交协议，这些协议取消了1821年沙皇在美洲的新领土要求和关于外国船只进入俄属美洲贸易的禁令，并最终以54°40′N作为俄属美洲的南部边界。③还有一点值得注意，1825年俄国国内爆发了十二月党人起义，其中很多十二月党人都在俄美公司供职或与其保持紧密关联，事后，沙皇再次对商人阶层妄图干涉国政的行为大为光火，不宁唯是，十二月党人事件是沙皇决心直接掌控俄属美洲的另一个重要因素。

---

① 有关1821年敕令的文献参见 Alaska Boundary Tribunal, *The Case of the United States before the Tribunal Convened at London*, Government Printing Office, 1903.

② ［苏］谢·宾·奥孔：《俄美公司》，俞启骧等译，郝建恒校，第61页。

③ 有关俄美英围绕1821年敕令进行谈判的内容将在本书后面章节中详细论述，在此不再赘言。

其实，阿拉斯加不仅是俄美公司在美洲太平洋区域活动的重要基地，而且是俄国这个大陆帝国唯一一块海外殖民地。阿拉斯加与俄国其他部分相隔离的自然状态、美洲太平洋区域复杂多变的国际形势都要求俄国政府采取一种新的治理模式——商业势力与政治力量的结合。而俄国近代的扩张始于对西伯利亚的征服，商业势力与政治力量的这种联合即发端于这一时期。毛皮商人、哥萨克出于自身利益而不自觉地成为沙俄政府的工具，而前者考虑到政府支持的重要性也乐于担当帝国扩张的急先锋角色。正是在这两股势力的联合之下，俄国最终于 17 世纪中叶到达鄂霍次克海，完成对整个西伯利亚的征服。俄国商人与政府的这种联合在其征服阿留申群岛和千岛群岛的过程中获得强化，这种联合最终在俄美公司成立之时达到顶峰。其中，商人需要政府的支持获得毛皮狩猎的专营权、在与外国商人的竞争中占据优势地位，沙俄政府则希望在缺乏足够海军实力和资金的状况下，借助商业势力实现在北太平洋区域的扩张，并且在产生国际冲突时摆脱自己的责任。诚如苏联学者奥孔所说："鉴于正式宣布将美洲移民区并入俄罗斯帝国，会引起国际纠纷，政府不愿冒此风险，因此把建立强大的垄断公司看作是一条向太平洋沿岸进行隐蔽扩张的途径。"①

这里有一点需要强调，俄美公司在本质上是一家政府授权成立的贸易垄断公司，并使其具有贸易垄断公司的普遍特征：专营权、政府支持、商业公司等。贸易垄断公司是近代欧洲国家向外扩张的重要力量，当政府在资金、人员、军事等方面不够强大的时候，以商业利益为最终目标的商业行为往往能够汇聚足够的资金、人员和装备来进行海外冒险事业。而政府同样乐于这些冒险公司带来的财富、领土和荣誉。其实质是政府通过将自己的国家信誉出售给商业团体，不仅获取海外殖民和贸易所带来的利润财富，而且实现国家的海外领土扩张。于是，从 1601 年英国东印度公司、1602 年荷兰东印度公司等贸易垄断公司的成立开始，这一新兴的商业模式迅速得到推广，并成为欧洲近代扩张的主要形式。在这里，我们从俄美公

---

① ［苏］谢·宾·奥孔：《俄美公司》，俞启骧等译，郝建恒校，第 20 页。

司成立的初衷里，显然能够找到与近代西欧国家贸易垄断公司相类似的因素。正如美国学者伊莉雅所说，俄国将俄属美洲统治权委托给俄美公司这种半私人的机构治理并非新的创制，而是在征服西伯利亚的过程中即已经有这类应用了。[①] 事实上，自杰日尼奥夫冒险、白令－奇里科夫探险后，沙俄政府为巩固俄国远东海岸统治已经开始在鄂霍次克海岸建设新的港口来作为未来商业和殖民的基地。事实证明，鄂霍次克港日后成为俄国毛皮商人前往美洲太平洋区域探险、进行海獭毛皮交易的重要中心，尤其是发展为俄国太平洋海军的主要据点。同样的合作还反复出现于俄国毛皮商人争取国家支持的过程中。当 1786 年舍利霍夫向伊尔库茨克长官雅库比汇报有关 1783—1786 年海外探险经历后，正是沙俄远东地方官僚雅库比首先向叶卡捷琳娜大帝建议授予舍利霍夫公司以太平洋毛皮贸易的专营权，由此开启了舍利霍夫及其合伙人争取专营权的漫漫路程。[②] 而俄国采用西欧式的商业公司对海外殖民地进行治理，同样反映出俄国统治者在殖民策略上的变化，而这种变化的根源在于彼得大帝开始进行的俄罗斯西化历程。

如上所述，俄国对阿拉斯加的殖民正是商业利益与政治势力联合下的产物，而这两种势力的矛盾也在殖民阿拉斯加过程中日益显现。俄美公司成立伊始，公司共募集 724000 卢布的资金并按比例发行 724 个股份，并追加 1000 个股份用于储备。在涉及股东权益方面，舍利霍娃及其他商人股东希望以至少 25 个股份为标准，拥有达到或超过 25 个股份的股东可以参加股东大会并作出表决，表决的权限受到股东所持股票的限额。但沙俄政府最终将其修订为拥有至少 10 个股份即可参与股东大会，同时，股东们的权限依照股东数量进行计算。股东大会的这种标准和规定显然有利于新近加入股东行列的贵族和官僚阶层。而沙皇敕令中有关俄美公司总管理处由伊尔库茨克迁至圣彼得堡的规定，固然包含远离其他远东商人竞争、

① Ilya Vinkovetsky, *Russian America: An Overseas Colony of a Continental Empire, 1804 – 1867*, Oxford: Oxford University Press, 2011, p. 8.

② Nikolai N. Bolkhovitinov, *The Beginnings of Russian-American Relations 1775 – 1815*, trans. Elena Levin, pp. 154, 162 – 163.

便于与沙皇政府直接沟通等考虑，但有益于沙皇对公司的直接掌控的考量可能占据同样大的比重。1802 年，沙皇亚历山大一世、皇后玛丽亚·菲德洛夫娜、国务委员鲁缅采夫等人相继成为公司股东，沙皇和贵族对公司的控制进一步强化。[①] 此外，商业力量与政治势力的这种矛盾还体现在商人阶层与海军军官的矛盾方面，19 世纪初俄国第一次环球探险中列扎诺夫与克鲁申施特恩围绕指挥权而产生的争议，以及俄美公司视角[②]与沙俄海军维度[③]对这一问题的认识无不显示出商人与海军军官的这种矛盾，而这一矛盾的根源则深藏于俄国社会中严格的等级制度和专制政权对商业资本的压榨。东西伯利亚当局作为远东毛皮产业兴起之地的政府，多次就俄美公司压榨员工[④]、虐待原住民、谎报经营状况等情况上报沙皇政府[⑤]，在揭示和制约俄美公司暴行的同时，也隐含着政治力量对商人阶层的蔑视和掠夺。正是出于上述考虑，俄美公司最终将总管理处由伊尔库茨克迁移至圣彼得堡。

历史学家于尔根·奥斯特哈默（Jurgen Osterhammel）在述及帝国主义（imperialism）和殖民主义（colonialism）的区别时强调，帝国主义是多个大国对某一地区的交换和认可，而殖民主义则突出对某一地区的合法获得。[⑥] 从这个理论出发，19 世纪的沙俄显然已经由殖民主义国家过渡到帝国主义国家，后者较之某一殖民地的局部利益更为关注帝国的全局战略，并且为了后者宁愿牺牲局部利益。19 世纪以来，沙俄政府在面临繁多的国

①　Nikolai N. Bolkhovitinov, *The Beginnings of Russian-American Relations* 1775 - 1815, trans. Elena Levin, p. 169.

②　参见 P. A. Tikhmenev, *A History of the Russian-American Company*, trans. Richard A. Pierce and Alton S. Donnelly, University of Washington Press, 1978.

③　参见 Glynn Barratt, *Russia in Pacific Waters*, 1715 - 1825: *An Survey of the Origins of Russia's Naval Presence in the North and South Pacific*, Vancouver: University of British Columbia Press, 1981.

④　有关俄美公司诱骗和压榨公司员工的内容，参见 [苏] 谢·宾·奥孔《俄美公司》，俞启骧等译，郝建恒校，第 163—182 页。

⑤　"30 May 1816 Minister of the Interior [Osip Petrovich] Kozodavlev to Company Main Office," Raymond H. Fisher, *Records of the Russian-American Company*, 1802, 1817 - 1867, Washington: The National Archives, National Archives and Records Service, General Services Administration, 1971, p. 28.

⑥　Jurgen Osterhammel, *Colonialism: A Theoretical Overview*, Princeton: Markus Wiener Publishers, 1997, p. 22.

际事务时大多将美洲事务放在末位成为主要利益的牺牲品。苏联学者奥孔曾经按照沙皇政府的重视程度将镇压欧洲反封建起义列为首位，巴尔干和中亚利益列入其次，远东和太平洋利益则位于最后。① 因此人们在俄美公司的历史活动中，可以发现沙皇政府为了换取其他殖民国家对其欧洲或近东政策的支持时，经常以牺牲美洲太平洋和俄美公司的商业利益为代价，这样一条相互矛盾的主线与两种势力的结合相互作用，呈现出俄美公司在美洲太平洋区域活动的复杂的历史进程。

---

① ［苏］谢·宾·奥孔：《俄美公司》，俞启骧等译，郝建恒校，第46页。

# 第二章
# 俄美公司与夏威夷群岛

夏威夷群岛位于太平洋正中部。18 世纪的航海热潮与跨洋贸易日渐显现出夏威夷的区位优势和商业价值。19 世纪初俄美公司在夏威夷群岛进行了一系列的殖民扩张，其中尤以 1815—1817 年间舍费尔在瓦胡岛和考爱岛上的殖民活动最为重要。然而沙皇政府的漠然，夏威夷政治形势的变化，英美商人的抵制，以及舍费尔殖民谋划的失误最终导致这一宏大殖民计划的失败。俄美公司由此错失解决移民区给养问题的一条有效路径，被迫转向美商贸易和罗斯拓殖等渠道，进而对沙俄在北太平洋的整体扩张产生深远的影响。而事件中探险家个人、俄美公司、沙皇政府三者间的态度差异，则揭示出沙俄扩张过程中存在的私人商业与国家权力间合作与冲突的隐秘逻辑。

夏威夷群岛是太平洋中部的波利尼西亚群岛的一个二级群岛。伴随 18 世纪后半期美洲至中国越洋贸易的繁荣，兼具物资、战略双重价值的夏威夷群岛成为英、美、俄等国殖民争夺的主要目标。1815—1817 年，俄美公司医生舍费尔（Georg Anton Schäffer）在夏威夷群岛进行了一系列旨在攫取领土和掠夺资源的殖民活动。长期以来，学界多倾向于在"殖民批判的视角"下考察舍费尔在夏威夷的殖民活动。如苏联学者奥孔（S. B. Okun）认为舍费尔殖民夏威夷是"沙皇政府制定并批准、经过周密考虑的太平洋扩张计划的一个组成部分"[1]。这一观点突出沙俄政府的主体性，进而将俄美公司在夏威夷群岛的扩张视为政府指导下的有计划的殖民活动，显然与俄国政府夏威夷政策的实际情况相矛盾。也有学者从"精英对历史发展作用"的角度分析这一问题，强调舍费尔个人的历史作用。如美国学者理查德·A. 皮尔斯（Richard A. Pierce）指出，在落后的通信使人们无法及时

---

[1] ［苏］谢·宾·奥孔：《俄美公司》，俞启骧等译，郝建恒校，第 145 页。

获取政府和公司指令的情况下，这次殖民活动更像是"舍费尔一个人的独角戏"①。不可否认，舍费尔的个人勇气与谋略最终将俄国侵略夏威夷群岛的活动推向高潮。但如果忽视此时夏威夷群岛的国际环境与沙俄政府的外交战略，人们将无法全面解读这段复杂的历史。此外，一部分学者受到近些年历史学与文化人类学等跨学科方法的影响，尝试突破"西方中心的视角"，侧重于使用原住民史料分析夏威夷土著居民对待舍费尔其人其事的态度。② 这种书写范式因过于突出原住民的历史地位与价值而偏离近代欧洲殖民者与原住民交往的实际情况。

显然，上述观点都具有某些局限性。只有在对探险家个人、俄美公司和沙俄政府的政策目标、夏威夷群岛政治形势，以及国际竞争环境等因素综合考察的基础上，人们才能够更为准确地理解这段历史。实际上，19 世纪跨太平洋贸易的发展使英美俄等国的商业团体形成一种既竞争，又合作的复杂关系。同时，欧美殖民国家间的激烈角逐无疑又使上述关系变得更为复杂和微妙。而舍费尔在夏威夷群岛的活动及结果正可谓是这些因素交织作用的生动体现。

# 第一节　俄美公司对夏威夷群岛的早期探险

独特的地理环境使太平洋在人类文明交流史上兼具纽带与屏障的双重效应。从地图上看，南北美洲、亚洲东部海岸、印度尼西亚群岛，以及澳大利亚大陆共同拱卫太平洋，赋予其联系和沟通不同人类文明的巨大潜力。同时，在航海技术尚未成熟的时代，浩瀚的洋面与环绕的大陆成为文明交往的天然屏障。正如美国海洋史学者唐纳德·B. 弗里曼（Donald B. Freeman）所指出的，太平洋环带的地理限制了跨大洋航行的效率，"这有助于解释为什么在不到 200 年之前这个大洋的辽阔地区依然在很大程度上是未经勘察的边远地带"③。实际上，太平洋区域的这种隔绝状态一直维持到近代航海大发现时代。如果说近代西欧主导下的航海探险与商品贸易

---

① Richard A. Pierce, "Georg Anton Schäffer, Russia's Man in Hawaii, 1815 – 1817," *Pacific Historical Review*, Vol. 32, No. 4（November 1963）, p. 403.

② Peter R. Mills, *Hawaii's Russian Adventure：A New Look at Old History*, Honolulu：University of Hawaii Press, 2002, pp. 6, 8, 12.

③ ［美］唐纳德·B. 弗里曼：《太平洋史》，王成至译，东方出版中心 2015 年版，第 11—12 页。

拓展了太平洋与其他大洋交流的规模①，那么英美俄三国引领的环球航行与越洋贸易则加强了太平洋区域内部的联系。18 世纪是人类探索和认识太平洋的关键时期。其中，白令的第二次堪察加探险与库克的第三次太平洋航行占据十分重要的地位。这两次探险不仅丰富了欧美社会对太平洋区域地理的认识，而且促进了北太平洋区域毛皮贸易的发展。以白令海区域为例，"在白令和奇里科夫之后，有数十名冒险家，被一本万利的毛皮业的传闻所吸引，接踵而来，把从堪察加到美洲的这条道路，变成了一条热闹一时的海上通道"②。太平洋毛皮贸易的发展日益凸显出夏威夷群岛③的商业价值。④ 1785 年 8 月，由纳撒尼尔·波特洛克（Captains Nathaniel Port-lock）和乔治·迪克森（George Dixon）指挥的两艘英国商船曾在调查美洲西北海岸至中国广州的贸易线路之际，停留在夏威夷群岛长达二十天之久。他们在那里还遇到了拉比鲁兹率领的法国探险船。⑤ 美国商人也是太平洋毛皮贸易的主要参与者。⑥ 根据俄舰"涅瓦"号船长里相斯基的观察，

---

①　1500 年以来欧洲的航海探险家和特权贸易公司打开了大西洋至太平洋的新航路，在地理上拓展了太平洋与印度洋之间的传统商路。比如日本东洋史学者羽田正指出，15 世纪末葡萄牙航海家瓦斯柯·达·伽马到达东非以后，出现在他们面前的正是亚非大陆传统的航海商路。他认为近代由东方贸易促生的欧洲海外贸易正是通过染指亚非大陆的内部贸易，逐渐获取主导世界经济的力量。参见 ［日］羽田正《东印度公司与亚洲的海洋：跨国公司如何创造二百年欧亚整体史》，林咏纯译，八旗文化 2018 年版。

②　［苏］谢·宾·奥孔：《俄美公司》，俞启骧等译，郝建恒校，第 4 页。

③　实际上，库克第三次太平洋探险在促生毛皮贸易热潮的同时，还是夏威夷群岛的首位"发现"者。学术界有关夏威夷群岛的"发现"问题一直存在争议。多数学者同意 18 世纪末库克船长在第三次太平洋航行中最先发现夏威夷群岛，但也有学者认为西班牙探险家盖坦早已于 1555 年发现夏威夷群岛，并将之命名为 "Islas de Mesa"。参见 Voyages to Hawaii before 1860: A Study Based on Historical Narratives in the Library of the Hawaiian Mission Children's Society, Published by the Society, 1929, p. 11；John F. G. Stokes, "Hawaii's Discovery by Spaniards: Theories Traced and Refuted," Papers of the Hawaiian Historical Society, 1938, No. 20, pp. 38 - 99.

④　Harold Whitman Bradley, "The Hawaiian Islands and the Pacific Fur Trade, 1785 - 1813," The Pacific Northwest Quarterly, Vol. 30, No. 3 (Jul., 1939), p. 275.

⑤　Nathaniel Poetlock, A Voyage Round the World; But More Particularly to the Northwest Coast of America: Performed in 1785, 1786, 1787, and 1788, in The King George and Queen Charlotte, Captains Portlock and Dixon, Printed for John Stockdale, 1789, pp. 50 - 55.

⑥　据统计，1778—1817 年间一共有 99 艘船只经停夏威夷群岛，这些船只大多从事美洲西北海岸至中国广州的毛皮贸易。其中英国船 40 艘，美国船 41 艘，如果加上被外国人雇用的商船数量，则到达夏威夷群岛的美国船只总数可能接近 50 艘。参见 Voyages to Hawaii before 1860: A Study Based on Historical Narratives in the Library of the Hawaiian Mission Children's Society, pp. 11 - 21.

每年前往夏威夷岛的外国商船"有时达十至十八艘"。[①]

19 世纪初俄舰"希望"号和"涅瓦"号的首次环球航行打开了俄国人探索和认识夏威夷群岛的门径。1804 年"涅瓦"号航行至夏威夷群岛。根据船长里相斯基的记录，夏威夷群岛当时处于卡米哈米哈一世和托马里两人分治的状态。[②] 前者享有夏威夷统治者的称号，其领地范围主要包括：夏威夷岛、瓦胡岛等群岛南部岛屿。托马里则控制了考爱岛和尼森岛这两座北部岛屿。这两股力量一直处于剑拔弩张的对立状态。同时，里相斯基还对夏威夷群岛丰富的自然物产做了非常详细的描述，如考爱岛上的"各类根茎植物、甜的马铃薯和其他蔬菜名目繁多，应有尽有，欧洲船舶可从该地绰绰有余地储存"。夏威夷岛"有大片森林，用这种树木可以制造小船。这里生长的一种甘蔗，相当丰富，无须用人照管。假如他们打算作成糖或朗姆酒，会给岛民带来相当可观的财富，这种酒在美洲海岸消耗量相当惊人"，"岛屿的腹地系膏腴之壤。那里居住着农民，他们用自己劳动的剩余产品供应外国船只。岛上盛产椰子、香蕉、悬铃木、塔尔罗、薯蓣、甜马铃薯、葱、洋白菜、葡萄、香瓜、西瓜、南瓜，等等，不一而足。但是对旅行者更为重要的是，有所需要的鲜肉，因为那里猪特别多。……岸边鱼类尤多。同时，我看见岛民作各种咸鱼，有长约一英尺的飞鱼"。[③]

同时，夏威夷群岛的岛民早已熟悉并热衷于商贸活动。与"涅瓦"号同行的"希望"号船长克鲁申施特恩注意到这些岛民尽管热衷于贸易交换，但显然已经相当熟悉欧洲商船的商品价值，他们通常只会挑选自己中意的商品进行交换，俄国船只因缺乏上述货物而无法获得足够的补给。根据克鲁申施特恩的描述，他"能够从六艘独木舟上获得的商品仅仅包括一

---

① ［俄］里相斯基：《"涅瓦"号环球航行记》，徐景学译，黑龙江人民出版社 1983 年版，第 91 页。

② 夏威夷史专家马歇尔·萨林斯（Marshall Sahlins）通过对近代夏威夷群岛政治变革的研究，注意到卡米哈米哈的统一运动与夏威夷对外贸易发展之间的密切联系。事实上，托马里迫于巨大的政治军事压力，早已于 1810 年宣誓效忠于卡米哈米哈一世，但仍然凭借地理环境的屏障，试图维持自己的独立地位。Marshall Sahlins, "The Political Economy of Grandeur in Hawaii from 1810 to 1830", in Emiko Ohnuki-Tierney, *Culture Through Time*: *Anthropological Approaches*, Redwood City: Stanford University Press, 1990, p. 28.

③ ［俄］里相斯基：《"涅瓦"号环球航行记》，徐景学译，第 92—113 页。

些土豆，半打可可果和一只小猪，并且付出非常高昂的价格，因为这些商贩只要求使用棉布支付。岛上还贩售各种工艺品，但为了尽量获得食物补给而禁止任何船员购买这类商品"[1]。"希望"号的随船医生朗斯多夫同样注意到夏威夷原住民热衷于与欧洲商船贸易，强调夏威夷群岛在美洲西北海岸与中国广州毛皮贸易中的巨大价值，最早提出了将夏威夷转变为俄国发展对华毛皮贸易基地的构想。[2]

　　值得注意的是，粮食补给问题一直是制约俄美公司经营的主要瓶颈。正如加拿大历史地理学家詹姆斯·R. 吉布森（James R. Gibson）所说："粮食补给困境已经成为俄国在远东扩张与统治的关键因素，也是俄国在北太平洋的毛皮贸易发展及其与英、美等国家竞争中的重要问题。"[3] 在这样的历史条件下，具有优越区位和丰富物产的夏威夷群岛自然成为俄美公司解决补给问题的重要路径。同时，恰克图贸易的困境[4]促使俄美公司搜

----

[1]　A. J. Von Krusenstern, *Voyage Round the World*, *in the Years* 1803, 1804, 1805, & 1806, *by Order of His Imperial Majesty Alexander The First on Board the Ships Nadeshda and Neva*, Vol. I, trans. Richard Belgrave Hoppner, Printer by Roworth, Bellyard, Temple-bar, 1813, p. 192.

[2]　G. H. Von Langsdorff, *Voyages and Travels in Various Parts of the World During the Years* 1803, 1804, 1805, 1806, *and* 1807, Printed by George Phipils, 1817, p. 166.

[3]　James R. Gibson, *Feeding the Russian Fur Trade*: *Provisionment of the Okhotsk Seaboard and the Kamchatka Peninsula* 1639 – 1856, xviii.

[4]　需要说明的是，俄国对华贸易的口岸曾长期固定在中俄边界的恰克图。中俄两国的贸易源远流长，早在1689年《尼布楚条约》中，既有"两国今既永修和好，嗣后两国人民如持有准许往来路票者，应准其在两国境内往来贸易"。随后签订的1728年《中俄恰克图条约》则在"准两国自由通商"外，还添加了"可在尼布楚和色楞格之恰克图选择适当地点建盖房屋，周围墙垣栅子可酌情建造。情愿前往贸易者，均指令由正道行走，倘或绕道，或有往他处贸易者，将其货物入官"。自此，中俄贸易被限制在恰克图。而西洋国家则追随"祖制"，只能在广州口岸贸易。同时，清代统治者大多在传统朝贡制度的体系内认识对外贸易，侧重其政治意义而非经济价值。更为实际的效用在于利用贸易挟制外国势力，故而每逢边疆危机，清廷总会通过关闭贸易口岸的方式迫使外国势力就范。如乾隆朝曾因俄国暗中支持西北暴乱而三次关闭恰克图口岸。无论初衷如何，清廷单方面闭市的行为无疑给中俄毛皮贸易，乃至整个太平洋毛皮贸易造成巨大的破坏。根据史料记载，俄美公司就曾在恰克图闭市期间焚烧掉数百万张海狗皮。参见［俄］尼古拉·班蒂什 - 卡缅斯基编《俄中两国外交文献汇编（1619—1792）：根据外务委员会莫斯科档案馆所藏文献于1792—1803年辑成》，中国人民大学俄语教研室译，商务印书馆1982年版，第369页；［俄］米·约·斯拉德科夫斯基：《俄国各民族与中国贸易关系史（1917年以前）》，宿丰林译，徐昌瀚审校，社会科学文献出版社2008年版，第144页。有关清代朝贡制度的情况，参见［美］费正清编《中国的世界秩序》，杜继东译，中国社会科学出版社2010年版；［日］信夫清三郎编：《日本外交史》，天津社会科学院日本问题研究所译，商务印书馆1980年版。有关恰克图贸易的内容，参见米镇波《清代中俄恰克图边界贸易》，南开大学出版社2003年版；陈开科：《嘉庆十年：失败的俄国使团与失败的中国外交》，社会科学文献出版社2014年版。

寻新的海上贸易线路。19 世纪初，曾在英国商船服役的海军军官克鲁申施特恩依据目睹小型船只仍可前往中国广州贸易的见闻，最早萌发出旨在解决美洲移民区粮食补给、扩大对华毛皮贸易的环球航行计划。1804 年俄国首次环球航行到达夏威夷群岛后，克鲁申施特恩、里相斯基等人即注意到夏威夷群岛在太平洋贸易中的重要地理优势。

　　1805 年冬季，里相斯基到达美洲移民区之际，移民区正面临由补给船只沉没和特林吉特人暴动所带来的物资匮乏。根据同时期视察美洲移民区的列扎诺夫的记录，1805 年锡特卡岛上新阿尔汉格尔斯克的 200 个工人，每天只能获得 1 磅面包，到 10 月 1 日以后更只能依靠鱼干、海狮或海豹肉，甚至墨鱼、乌鸦和老鹰维持生存。而只有病人才能食用混有蜂蜜和冷杉球果啤酒汁的麦饼。[1] 里相斯基很可能是首位将夏威夷群岛的地理优势和物产状况转告俄美公司当局的俄国人。[2] 1807 年，L. A. 哈格曼斯特（L. A. Hagemeister）率领"涅瓦"号再次到达瓦胡岛。哈格曼斯特指出，瓦胡岛的土地肥沃，"能够提供东海（指太平洋）地区俄国殖民地和港口所需要的一切补给品。酿造朗姆酒和糖的甜甘蔗，稻米和一种土著粮食作物——芋头的产量都十分丰富"。哈格曼斯特还注意到夏威夷的对外贸易完全掌控在国王卡米哈米哈一世手中。离开瓦胡岛之际，哈格曼斯特虽然为船员获得了芋头等补给品，但却未能给俄国美洲移民区带来多余的补给品。尽管卡米哈米哈一世曾表态提供 1000 袋芋头，但却未能兑现。哈格曼斯特仅利用 1805 张毛皮换得 1200 普特食盐、少量檀香木和珍珠。[3] 考

---

[1]　James R. Gibson, *Imperial Russia in Frontier America*：*The Changing Geography of Supply of Russian America*, 1784 – 1867, p. 175.

[2]　目前尚无史料论证里相斯基曾鼓动俄美公司或巴拉诺夫殖民夏威夷，但里相斯基在 1805/1806 年冬季一直生活在巴拉诺夫身边，在移民区粮食极度缺乏的情况下，二人的交谈很可能涉及夏威夷群岛的丰富物产与地理优势。同样的推理似乎也适用于里相斯基返回圣彼得堡以后。美国夏威夷历史专家克劳斯·梅纳特（Klaus Mehnert）也持有相似的观点，参见 Klaus Mehnert, "The Russians in Hawaii, 1804 – 1819," *University of Hawaii Occasional Papers*, Vol. 18, No. 6（April 1939）, p. 11.

[3]　P. A. Tikhmenev, *A History of the Russian-American Company*, trans. Richard A. Pierce and Alton S. Donnelly, p. 109.

虑到同时期巴拉诺夫发动的南下殖民计划，① 这些有关夏威夷群岛贸易管制与统治者品德的描述，很可能影响到俄美公司殖民目标上的多样化。

19 世纪初夏威夷群岛的政治局势②也有助于俄国势力的渗入。卡米哈米哈一世与托马里都能够认清太平洋贸易的时代趋势和外国人在技术、军事方面的优势，进而积极寻求外国势力的支持。卡米哈米哈统治下的夏威夷岛和瓦胡岛因地理上的优势早已成为英美商船停驻的基地。正如马歇尔·萨林斯所说，18 世纪末的夏威夷群岛可以被恰当地描述为：往返于美洲西北海岸至中国广州贸易线路上的各国船员的"大客栈"（a great cara-vansary）。③ 在这样的历史条件下，托马里只能将争取外援的目标转向俄国人。1809 年"涅瓦"号再次驶抵考爱岛期间，托马里即向军官们求援，请他们把俄国移民留在岛上，以保护他不受卡米哈米哈一世的侵犯。④ 而英国船员坎贝尔（Campbell）有关"涅瓦"号船员密议占领夏威夷群岛的叙述，成为证明俄美公司计划占领夏威夷的最早记录。坎贝尔原本是英国

---

① 早在 1808 年，巴拉诺夫即开始筹划在阿拉斯加以南建立新的殖民地，俄美公司总管理处则是巴拉诺夫探险扩张计划的积极支持者。1808 年秋，巴拉诺夫为探险队装备了两艘船只，一艘三桅帆船"科迪亚克"号，由库什科夫亲自指挥，彼得罗夫担任领航员，外加一艘小帆船"尼古拉"号，由布雷金担任船长，塔拉卡诺夫担任领航员，要求他们详细描述新阿尔比恩的海岸，寻找新的毛皮产地，并在途经地区广泛埋设参征俄国所有权的"铁牌"，应尽可能避免与他国势力的冲突，调查美国人是否已经占领哥伦比亚河流域，并在新阿尔比恩寻找适合地点修建简易的堡垒。俄美公司南下扩张的最重要结果是圣弗朗西斯科海湾北部罗斯移民区的修建。参见 "18 April 1802 Main Office to Gov. Gen. Aleksandr Andreevich Baranov," Raymond H. Fisher, *Records of Russian-Ameri-can Company*, 1802, 1817 – 1867, The National Archives, 1971, p. 21; "A directive from Governor Baranov to Prikazchik Tarakanov about a Voyage to the Coast of New Albion in the Brig［Sv.］Nikolay.［no number］.［New Archangel］. 18 September 1808"; "Instructions from Governor Baranov to Navigator Bulygin about a Voyage the Coast of New Albion in the Brig Sv. Nikolay.［no number］.［New Archan-gel］. 22 September 1808"; "A directive from Governor Baranov to Navigator Petrov about a Voyage to Coast of New Albion in the Ship Kadyad.［no number］. New Archangel. October 1808"; "A directive from Gov-ernor Baranov to Assistant Governor Kuskov about Expedition to the Coast of New Albion in the Ship Kadyak and the Brig Sv. Nikolay. No. 39.［New Archangel］. 14 October 1808," James R. Gibson and Alexei A. Istomin compile and edite, with the assistance of Valery A. Tishkov, *Russian California*, 1806 – 1860: *A History in Documents*, trans. James R. Gibson, Ashgate Pub Co, 2014, pp. 256 – 269.

② Paul D'arcy, *Transforming Hawaii: Balancing Coercion and Consent in Eighteenth-Century Kanaka Maoli Statecraft*, ANU Press, 2018, pp. 181 – 219.

③ Marshall Sahlins, "The Political Economy of Grandeur in Hawaii from 1810 to 1830", in Emiko Ohnuki-Tierney, edit. *Culture Through Time: Anthropological Approaches*, p. 29.

④ ［苏］谢·宾·奥孔：《俄美公司》，俞启骧等译，郝建恒校，第 146 页。

商船"日食号"（Eclipse）的船员，在航海遇难后生活于俄国美洲移民区。1807 年坎贝尔随船前往夏威夷群岛。他在日志中写道："看起来俄国人准备在这些岛屿建立一个移民区，至少为此进行了准备。……（船员们）在甲板上的一个房间曾就志愿者问题进行讨论，但我没有注意到（他们）在这件事情上采取的任何行动。"① 到达夏威夷后，坎贝尔还将俄国人殖民夏威夷的计划透露给岛上的居民艾萨克·戴维斯（Isaac Davis）。"和其他事情一起，我还告诉他我了解俄国人有在夏威夷群岛建立一块移民区的计划，"坎贝尔回忆，"这件事情后来传到哈格曼斯特的耳朵里。他对我进行了严厉的训斥，说我透露了他们的秘密。他要求我以后不许就这件事发表任何言论，否则我将不能离开这条船。"② 而对于哈格曼斯特殖民夏威夷计划的进展，坎贝尔则直言"尽管'涅瓦'号在这个国家停留了数月，但没有听到任何关于移民区的问题，至于原因，我也无从了解"③。

坎贝尔的这份航行日志是证明俄国人计划殖民夏威夷群岛的重要史料，19 世纪以来一直被学术界用于论证俄国对夏威夷野心的证据。④ 多数学者据此将哈格曼斯特作为俄国入侵夏威夷群岛的始作俑者。⑤ 需要注意的是，在整理关于近代英国探险家航海史料的过程中，笔者发现航海家大多具有高度的爱国情怀。为唤起国人对某一区域的注意，他们甚至会夸大外国政府或商业势力的威胁。19 世纪初英国探险家彼得·科尼（Peter Corney）在其航海日志的卷首即直言：这本航海日志的目的在于"论述美

---

① Archibald Campbell, *A Voyage Round the World*, *from 1806 to 1812*, Printed by Duke & Brown, 1822, p. 83.

② Archibald Campbell, *A Voyage Round the World*, *from 1806 to 1812*, p. 88.

③ Archibald Campbell, *A Voyage Round the World*, *from 1806 to 1812*, p. 89.

④ 美国著名西部史学者班克罗夫特曾评价道："尽管坎贝尔是一个不识字的海员，他的故事却非常有趣，具有相当的可信性。因为他能够在日志中不偏不倚地记录了自己在阿拉斯加和夏威夷群岛的遭遇。"参见 Hubert Howe Bancroft, *History of Alaska*, 1730 - 1885, A. I. Bancroft & Company, Publishers, 1886, pp. 490 - 491.

⑤ Hubert Howe Bancroft, *History of Alaska*, 1730 - 1885, p. 498; Klaus Mehnert, "The Russians in Hawaii, 1804 - 1819," p. 19. 美国学者沃尔特·麦克杜格尔在《激荡太平洋：大国争霸四百年》一书中收录了哈格曼斯特计划殖民夏威夷群岛的更为明确的证据。根据记录，在贸易请愿遭到夏威夷统治者拒绝以后，"哈格迈斯特就当着一名英国军官的面发誓说，他将带一支舰队重返卡米哈米哈的王国，以武力加以吞并"。沃尔特·麦克杜格尔：《激荡太平洋：大国四百年争霸史》，李惠珍、赖慈芸等译，第 145 页。

洲西北海岸与夏威夷群岛在与中国贸易中的重要性，以及美俄两国在其中的支配地位"，以此希望"唤起国人对夏威夷群岛的重视"，因为"俄国人曾多次筹划占领这些岛屿"。[①]

同年，俄美公司职员思洛波契科夫（Slobodchikov）在加利福尼亚购进美国商船"尼古拉"号[②]，运载毛皮前往夏威夷群岛。卡米哈米哈一世热情接待了思洛波契科夫，并委托其向移民区长官巴拉诺夫转赠羽毛头盔和披风。然而，夏威夷群岛的贸易管制使思洛波契科夫仅能获得本船所需的补给。[③] 这些探险活动让俄美公司掌握了夏威夷群岛的地理环境、物产资源、政治结构等方面的信息，为其后续的殖民扩张创造了条件。

## 第二节　舍费尔在夏威夷群岛的活动

俄国商船在夏威夷群岛的活动激发起卡米哈米哈一世发展对俄贸易的热情。他委托美国商船向俄国美洲移民区长官巴拉诺夫表达出发展双边贸易的愿望，甚至希望亲自前往新阿尔汉格尔斯克签订贸易协定。列扎诺夫在写给沙俄商务大臣鲁缅采夫的信中对卡米哈米哈一世的态度进行了详细的分析，夏威夷国王"卡米哈米哈一世向巴拉诺夫表达了友好的态度。……船长温斯普讲述了

① Peter Corney, *Voyages in the Northern Pacific*, *Narrative of Several Trading Voyages from* 1813 *to* 1818, *between the Northwest Coast of America*, *the Hawaiian Islands and China*, *with a Description of the Russian Establishments on the Northwest Coast*, THOS. G. Thrum, Publisher, 1896, pp. 1 – 2.

② 正如加拿大历史地理学家詹姆斯·R. 吉布森所说，寻求粮食补给一直是俄美公司在美洲太平洋区域活动的一条主线。19 世纪初俄国美洲移民区的粮食匮乏局面，迫使巴拉诺夫积极找寻解决问题的渠道。如果说 1804—1805 年里相斯基为其指明夏威夷群岛这一方案，那么 1803 年美国商人奥凯恩提出的加利福尼亚联合狩猎和 1806 年列扎诺夫的加利福尼亚之行则为其提供出加利福尼亚方案。而美—俄联合狩猎在其中发挥了十分重要的作用。事实上，俄国人第一次到达加利福尼亚并与西班牙人接触都是在美国人的斡旋之下。据统计，1803—1812 年间美俄双方共进行了十一次联合狩猎，为俄国人掌握加利福尼亚的情况提供了重要情报。期间，美俄双方由利益矛盾而产生冲突的事件比比皆是。其中，1807 年俄美公司代表思洛波契科夫与美国商人温斯普发生冲突，前者利用分成获取的毛皮购买了小帆船"尼古拉"号，并准备返回俄国移民区。途中，思洛波契科夫因不了解航行条件和航行线路而漂流至夏威夷群岛，在获得补给后返回俄属美洲。这次航行为俄美公司掌握俄国移民区至加利福尼亚/夏威夷群岛的航线提供了重要的情报。参见 Adele Ogden, "Russian Sea-otter and Seal Hunting on the California Coast, 1803 – 1841," *California Historical Society Quarterly*, Vol. 12, No. 3 (September 1933), p. 221.

③ P. A. Tikhmenev, *A History of the Russian-American Company*, pp. 110 – 111.

夏威夷国王广交欧洲人并希望他们定居夏威夷的意图"，那里物产丰富，粮食种植和家畜养殖繁荣，"温斯普的领航员克拉克和妻子、儿女曾在那里生活两年，他因曾经受到巴拉诺夫的热情款待，而在了解俄国移民区困境的基础上，多次向卡米哈米哈一世表达出俄美公司寻求贸易的渴望"，"卡米哈米哈一世对此表示欢迎，并希望有机会亲自前往俄国美洲移民区"。① 在这里，温斯普和克拉克的论述表明卡米哈米哈一世发展对俄贸易的愿景。其实质是 19 世纪初夏威夷群岛政治形势变迁的现实反映。为了增强己方的经济、政治和军事实力，卡米哈米哈一世和托马里无不积极寻求外国势力的支持。但无论初衷如何，发展双边贸易对俄美公司来说都是一个天大的好消息。巴拉诺夫对此反应积极，于 1814 年派遣"白令"号满载货物前往夏威夷。

"白令"号原本是美国商船。1812 年英美战争期间，英国海军开始在全球海洋猎捕美国船只，迫使美国商人只能将船只出售给其他国家，在第三国旗帜下进行海外贸易。期间，俄美公司购买了大量美国船只进行夏威夷群岛和加利福尼亚的探险活动。巴拉诺夫考虑到船长班尼特（Bennett）此前曾到达考爱岛，便购买下"白令"号，并雇用原班船员执行夏威夷贸易之旅。遗憾的是，"白令"号在考爱岛近岸因风暴而触礁搁浅，船上所载货物也被岛民哄抢一空。而考爱岛的实际统治者托马里坚持"一切漂流到岛上的物品都为其所有"，拒绝归还失事船只的货物，② 甚至虐待失事船只的船员，只为其分发很少量的食物。幸得美国船长史密斯的帮助，"白令"号的船员才得以离开考艾岛。③ 回到新阿尔汉格尔斯克以后，班尼特和其他两名美国船长极力鼓动巴拉诺夫向夏威夷派送军舰，以武力为后盾索要失事船只的货物。④ 实际上，这一事件成为俄美公司与夏威夷群岛双

---

① "A Report from Imperial Chamberlain Rezanov to Minister of Commerce Rumyantsev about a Voyage to Alta California in the Ship Yunona and the Situation in the Russian Colonies. ［no number］. New Archangel. 17 June 1806," James R. Gibson and Alexei A. Istomin compile and edite, with the assistance of Valery A. Tishkov, *Russian California*, 1806 – 1860: *A History in Documents*, pp. 238 – 239.

② Н. Н. Болховитинов. （ред.）. *Российско-американская компания и изучение Тихоокеанского Севера*, 1815 – 1841. М.: Наука, 2005. с. 15.

③ P. A. Tikhmenev, *A History of the Russian-American Company*, p. 121.

④ N. N. Bolkhovitinov, "The Adventures of Doctor Schaffer in Hawaii, 1815 – 1819," trans. Igor V. Vorobyoff, *Russian*, No. 1 （December 1972）, p. 58.

边关系发展史上的关键节点。巴拉诺夫早已觊觎夏威夷丰富的物产，自然不会放过打开彼此贸易的机会。而"白令"号事件似乎为俄国人进入夏威夷提供了一个适时的借口。①

此时正值俄国环球探险船"留里克"号到达俄国美洲移民区。巴拉诺夫原本希望"留里克"号船长科策布指挥舰船前往夏威夷②，然而在新阿尔汉格尔斯克期间，巴拉诺夫与科策布之间爆发了激烈的争吵，其实质是俄国商人与贵族海军军官之间矛盾的再次体现。③ 事后，科策布指挥"留里克"号径自离开新阿尔汉格尔斯克前往喀琅施塔得，只留下随船医生舍费尔。舍费尔与科策布的多次公开冲突，显然是其被留在新阿尔汉格尔斯克的主要原因。④ 而舍费尔的相似经历似乎博得了巴拉诺夫的同情，后者在人员短缺的情况下，决定雇用美国商船"伊莎贝拉"号搭载舍费尔前往夏威夷进行交涉。

舍费尔是 19 世纪初俄美公司殖民夏威夷群岛的关键人物。1779 年 1 月 27 日，舍费尔出生于德意志的巴伐利亚，是磨坊主的儿子。他先后在匈牙利和加利西亚学习，接受药剂师的教育。1804 年，舍费尔通过"医学考试"，并于 1808 年进入俄国军队服役。1813 年，舍费尔成为俄美公司

---

① 彼得·R. 米尔斯（Peter R. Mills）从考爱岛原住民的视角出发，强调收集和占有失事船只的物品是原住民社会的风俗，而非欧美商人所认识的"抢劫"行为，这一事件反映出近代太平洋区域国际交往中多元文化并存的局面。Peter R. Mills, *Hawaii's Russian Adventure: A New Look at Old History*, p. 110.

② Klaus Mehnert, "The Russians in Hawaii, 1804 – 1819," p. 22.

③ 俄国毛皮商人与海军军官的冲突贯穿于俄美公司与沙皇俄国在北太平洋扩张的始终。其中，最明显的一次案例是 1803—1805 年俄国首次环球航行期间，俄美公司监督列扎诺夫与"希望"号指挥克鲁申施特恩的激烈冲突。当然，列扎诺夫的宫廷高官身份使这次争端仅仅围绕航行指挥权问题展开。但俄国商人的平民身份决定了商人与海军军官的矛盾，以及贵族军官对平民的蔑视。尽管 18 世纪 90 年代叶卡捷琳娜二世授权海军军官进入毛皮公司服役，但俄国海军大多拒绝这一邀请。商人阶层和海军军官的矛盾对俄美公司的经营产生了不利的影响，更为甚者，1821 年沙俄敕令的出台与执行在深层次中即包括海军军官的鼓动。加拿大海军史学者格林·巴拉特对俄国海军在太平洋的活动有较为详细的论述，参见 Glynn Barratt, *Russian in Pacific Waters*, 1715 – 1825, University of British Columbia Press, 1981.

④ 有关"留里克"号在俄属美洲和夏威夷群岛活动的内容，参见 Otto Von Kotzebue, *A Voyage of Discovery, into the South Sea and Beering's Straits, for the Purpose of Exploring a North-East Passage, Undertaken in the Years* 1815 – 1818, *at the Expense of His Highness the Changellor of the Empire, Count Romanzoff, in the Ship Rurick*, Printed for Longman, Hurst, Rees, Orme, and Brown, 1821, pp. 241 – 291.

"留里克"号商船的一名随船医生。① 舍费尔所接受的良好教育与医生身份很可能影响到巴拉诺夫最后的决定。1815 年 10 月 17 日，舍费尔搭乘美国商船"伊莎贝拉"号前往夏威夷群岛。巴拉诺夫下达给舍费尔两项指令：1. 寻求卡米哈米哈一世的支持，收回失事船只"白令"号上所载公司货物，或者要求以夏威夷所产檀香木为补偿；2. 如果条件允许，尝试与国王建立贸易关系。② 从中可见，巴拉诺夫计划的核心旨在索取"白令"号上的失散货物，并适时发展俄美公司与夏威夷群岛的贸易。根据公司档案的记录，巴拉诺夫从未授权舍费尔做出超越发展双边贸易以外的过分行动③，这些要求显然与坎贝尔的论述相矛盾，可能的解释是俄美公司为摆脱殖民夏威夷失败的责任与避免周边国际关系恶化的说辞。④

事实证明，舍费尔的医生身份为其赢得卡米哈米哈一世的信任发挥了十分重要的作用。舍费尔成为卡米哈米哈一世的御医，并受封夏威夷岛和瓦胡岛的一些土地。舍费尔在 1816 年 1 月 1 日提交给俄美公司的报告中叙述了事情进展得顺利。他坦言："我相信一定能够收回失事船只中那些价

---

① Richard A. Pierce, "Georg Anton Schäffer, Russia's Man in Hawaii, 1815 – 1817," p. 398.

② P. A. Tikhmenev, *A History of the Russian-American Company*, p. 121.

③ "Excepts from 'A journal of a round-the-world voyage on the Sloop Kamchatka under the command of Captain Golovnin,' 1817 – 1819. A visit to California. 7 – 25 September 1818", in James R. Gibson and Alexei A. Istomin Compile and Edite, with the Assistance of Valery A. Tishkov, trans. James R. Gibson, *Russian California*, 1806 – 1860: *A History in Documents*, pp. 294 – 295.

④ 这里有必要对俄美公司档案的问题进行补充说明。俄美公司作为近代沙俄在美洲—太平洋区域扩张的主要力量，其核心统治区在俄属美洲（今天美国的阿拉斯加州）。19 世纪中叶，俄美公司的经营陷入困境，加之俄国全球战略重心的转移，阿拉斯加已不再具有以往的经济和政治价值。俄美公司为继续获得沙俄政府的特许状而指派公司职员季赫麦涅夫根据公司档案编撰俄美公司历史，以凸显公司以往取得的辉煌"功业"。季赫麦涅夫依据这些原始档案创作出《俄美公司历史》一书并于 1861 年在圣彼得堡出版。然而这部著作并未挽救俄美公司衰败的命运。伴随 1867 年美俄两国关于割让阿拉斯加的协议规定，俄美公司档案也一并交付美国政府，成为今天北美学者研究俄美公司相关问题的重要资源。20 世纪 70 年代美国的俄国史专家雷蒙德·H. 费希特组织专家翻译了美国国家档案馆所藏的部分俄美公司档案，并以《俄美公司移民区长官 1818 年通信录》《俄美公司记录，1802，1817—1867》等资料集的形式出版。遗憾的是，有关俄美公司首任美洲移民区长官巴拉诺夫时期（1799—1818）的档案，大部分随巴拉诺夫一并转移至圣彼得堡，其后历经沙俄政治和社会的动荡而难以存留。是故，季赫麦涅夫的这部著作就成为学界认识和研究俄美公司早期历史的重要参考资料。同时，通观整部著作，季氏还是能够相对公允地记录俄美公司的发展历程，较少对相关事件做出评价。但考虑到作者创作的初衷，维护公司利益，美化公司形象的论述自然不可避免。

值 20000 比索的货物。通过为国王和王后治疗疾病，我已经赢得了这位伟大的卡米哈米哈一世的信任与友谊。"① 随后，舍费尔开始尝试在封地修建种植园与贸易商站，还通过向土著人购买的方式，竭力扩大种植园的规模。1816 年 5 月，俄美公司的两艘商船"发现"号和"伊门娜"号先后到达夏威夷群岛。前者是巴拉诺夫派遣接收"白令"号被抢货物而来，后者则是在加利福尼亚返航途中因船身受损而前来维修。船上载有由 T. 塔拉卡诺夫率领的一队阿留申猎人。这些船只和人员无疑为舍费尔的殖民活动提供了人员和设备方面的保障。舍费尔甚至提出垄断夏威夷群岛上的檀香木贸易的要求。② 然而，卡米哈米哈一世却一直没有解决"白令"号的货物回收，舍费尔在夏威夷岛的活动还触及岛上英美商人的利益。卡米哈米哈重用英国商人约翰·扬和伊萨克·戴维斯，还与探险家温哥华结为好友，并在后者的劝说下致书英王乔治三世，希望成为英国臣民，以便将夏威夷置于英国的保护之下。只因为英国政府当时正忙于应对拿破仑战争，故拒绝了卡米哈米哈加入英国国籍的请求。③ 这些外国商人在夏威夷具有广泛的影响力。约翰·扬原本是一名英国水手，其后留在夏威夷担任国王顾问，权倾朝野，掌控了卡米哈米哈一世王国的对外贸易。此前俄国人寻求夏威夷群岛贸易的失利，在某种程度上就是这位英国人影响下的结果。面临舍费尔有关垄断檀香木贸易等主张，岛上的英美商人积极策动卡米哈米哈一世驱逐舍费尔。同时，俄国舰船与武装人员的到来也增加了卡米哈米哈的疑虑，舍费尔的活动开始受到限制。岛上政治氛围的这些变化促使舍费尔做出直接前往考爱岛进行交涉的决定，由此开启了舍费尔在夏威夷活动中最为重要的部分。

考爱岛的统治者托马里虽在名义上归顺卡米哈米哈一世，但仍然竭力维护自己的独立地位，因此迫切需要获得欧洲国家的支持。早在 1804 年里相斯基到达考爱岛之时，托马里即表达出愿意与外国商人建立贸易关系的良好愿望。舍费尔的来访更被托马里视为改善彼此关系的重要机遇。④

---

①　N. N. Bolkhovitinov, "The Adventures of Doctor Schaffer in Hawaii, 1815 – 1819," p. 59.

②　[苏] 谢·宾·奥孔：《俄美公司》，俞启骧等译，郝建恒校，第 149 页。

③　N. N. Bolkhovitinov, "The Adventures of Doctor Schaffer in Hawaii, 1815 – 1819," p. 57.

④　Peter R. Mills, *Hawaii's Russian Adventure：A New Look at Old History*, p. 112.

舍费尔在考爱岛获得了极为隆重的接待，并凭借医师身份很快赢得了托马里及其夫人的信任与厚爱。1816 年 6 月 2 日，舍费尔说服托马里签订一份协议。根据协议："白令"号所载货物将归还俄美公司，其中一部分国王迫切需要的可以用檀香木交换；国王同意每年向俄国美洲移民区提供一整船的干芋头；考爱岛上所有的檀香木贸易将为俄美公司所垄断；俄美公司可以在考爱岛的任何地方修建堡垒和商栈。舍费尔则指挥 500 名武士夺取卡米哈米哈一世统治地区，事后俄美公司将获得瓦胡岛一半的领土，托马里也将归顺俄国沙皇。① 此外，舍费尔还为托马里购买了纵帆船"莉迪亚"号（Lydia）（2.1 万卢布）和商船"埃文"号（Avon）（20 万卢布）。1816 年 9 月 18 日，舍费尔委托前往新阿尔汉格尔斯克的"埃文"号商船捎回有关舍费尔与托马里签订协议的副本。同时通过另一艘前往广州的美国商船携带向沙皇汇报相关情况的信件，请求俄国政府派遣两艘武装战舰前往夏威夷群岛。"我不能立即返回递交记录，因为忙于在国王赐予公司的土地上播种和种植各种蔬菜，烟草，棉花，甘蔗，可可树，香蕉树，芋头，土豆，西瓜，坚果，姜，葡萄，菠萝，橙子。他将很快从国王手中获得瓦胡岛上的整个一个省"，舍费尔急切地向巴拉诺夫汇报，"托马里希望获得'发现'号上的俄国国旗以便悬挂于他的住所上空。他还希望获得一套海军军官的制服"。②

此后，舍费尔继续其旨在完全占领夏威夷群岛的活动。根据托马里的命令，"赫纳莱港所在地区的头领隆重地将该地区连同三十户居民移交给了舍费尔。他视察了这一港湾、鲍格麦亚河、湖泊和整个地区，在三个高地上修建了城堡，分别命名为亚历山大堡、伊丽莎白堡和巴克莱堡"③。舍费尔在考爱岛的频繁活动产生了极大的影响，卡米哈米哈一世整日惶恐于俄国军队的入侵。然而，舍费尔一直未能等到巴拉诺夫和沙皇政府的及时回应，其活动也没有获得 1816 年到来的俄舰"留里克"号的支持。当"留里克"号到达夏威夷大岛时，卡米哈米哈一世严阵以待禁止俄舰停靠，

① P. A. Tikhmenev, *A History of the Russian-American Company*, p. 122.
② Klaus Mehnert, "The Russians in Hawaii, 1804 – 1819," p. 28.
③ ［苏］谢·宾·奥孔：《俄美公司》，俞启骧等译，郝建恒校，第 150—151 页。

并询问舍费尔的活动是否获得沙皇的授权。显然，舍费尔鼓动托马里发动内战与分享战果的做法激怒了卡米哈米哈一世，后者对俄舰的到来感到十分恐惧。但船长科策布却一再强调来访只为获取食物、水和木材补给，并做出"沙皇政府并未授权舍费尔在夏威夷的破坏活动"的答复。[①] 在这里，科策布的言论安抚了卡米哈米哈一世的惊恐，同时也使探险家舍费尔陷入极为孤立的境地。

随后，舍费尔在考爱岛上的处境急转直下。美国商人鼓动岛上的土著人对舍费尔一行人发起攻击，迫使其放弃自己的种植园和商栈。美国商人胁迫"托马里国王，如果不尽快驱赶俄国人并降下俄国国旗，五艘美国军舰正赶往考爱岛，他们将杀死包括托马里在内的岛上所有的印第安人"，1817 年 6 月 29 日舍费尔在日志中记录道，"那些被俄美公司所雇佣的美国商人也反戈一击……我们没有办法对抗我们的敌人，因为我们的力量十分薄弱"。[②] 最后，费舍尔放弃考爱岛上的一切，准备前往瓦胡岛。然而，卡米哈米哈一世却下令禁止舍费尔登岸。舍费尔船只在悬挂白旗等待了九天以后才被允许进入港口。俄船损伤严重，舍费尔最终在美国商船"潘瑟"号（Panther）船长李维斯的帮助下才得以离开夏威夷前往广州。至此，舍费尔在夏威夷群岛的殖民探险宣告结束。

# 第三节　舍费尔殖民夏威夷活动
# 失败的原因及影响

舍费尔的夏威夷殖民活动是俄美公司北太平洋扩张的重要内容，也是近代探险家殖民活动的典型案例。1799—1825 年间是俄美公司和沙皇俄国在美洲太平洋殖民扩张的黄金时代。俄美公司先后对阿拉斯加、夏威夷群岛、广州、日本和加利福尼亚等地区进行殖民，这些活动使沙俄在 19 世纪头 20 年里获得了北太平洋区域的优势地位，而商业力量和国家权力的

---

① Otto Von Kotzebue, *A Voyage of Discovery, into the South Sea and Beering's Straits, for the Purpose of Exploring a North-East Passage, Undertaken in the Years* 1815 – 1818, pp. 299 – 309.

② N. N. Bolkhovitinov, "The Adventures of Doctor Schaffer in Hawaii, 1815 – 1819," p. 62.

结合无疑是其实现上述成果的重要手段。然而，俄属美洲寒冷的气候使粮食补给问题成为阻碍俄美公司经营的主要瓶颈。正如詹姆斯·R. 吉布森所说，由于距离更为遥远，阿拉斯加必须面临较之西伯利亚更为严峻的粮食补给难题。① 在这样的历史条件下，兼具物资、战略双重价值的夏威夷群岛自然成为俄国殖民争夺的主要目标。而舍费尔作为一位胆识、野心和能力并存的优秀探险家则成为俄美公司殖民夏威夷计划的实际执行者。事实上，探险家冒险经常是早期殖民扩张的重要形式，从这个意义上说，舍费尔殖民探险的意义不仅在于体现了俄美公司殖民夏威夷活动的得失，而且揭露出殖民冒险中探险家个人、商业势力和国家政权多维度的关系。

本书认为，有三种因素影响到舍费尔殖民活动的失败。一是沙皇政府的消极政策，二是夏威夷群岛的复杂政治形势，三是舍费尔殖民过程中的急功近利。

第二和第三个方面在很大程度上仰赖第一个方面的影响。这样，沙皇政府的消极政策就成为舍费尔殖民夏威夷失败的关键因素。舍费尔曾在获得托马里的信任后致书沙皇寻求政府的有力支持，但沙皇却迟迟不予回复。事实上，出于对北太平洋国际局势的顾忌，沙皇政府一方面欣然接受舍费尔带来的实际利益，另一方面则否认俄国政府负有保护托马里及其领地的义务。② 沙俄政府的这种态度在回复舍费尔上书问题上亦有所体现。1818 年，舍费尔回到圣彼得堡，开始针对夏威夷群岛问题向沙俄内务部上了一份条陈。这份条陈对这些岛的"自然资源""贸易利益"以及"政治情况"诸方面作了评介。舍费尔还提出了在夏威夷群岛建设大规模棉花种植园的计划。他甚至主张在夏威夷群岛养殖美利奴羊，种植桑树和养蚕，将来还可开办缫丝厂和糖厂等。③ 对此，沙俄内务大臣曾征求俄美公司的意见。④ 公司肯定了维持与夏威夷通商关系在获取

① James R. Gibson, *Imperial Russia in Frontier America: The Changing Geography of Supply of Russian America*, 1784－1867, viii.

② "12 August 1819, Main Office to Governor General Hagemeister", in Raymond H. Fisher, *Records of Russian-American Company*, 1802, 1817－1867, p. 39.

③ ［苏］谢·宾·奥孔：《俄美公司》，俞启骧等译，郝建恒校，第 156 页。

④ "27 February 1819, Minister of the Interior Kozodavlev to Company Main Office", in Raymond H. Fisher, *Records of Russian-American Company*, 1802, 1817－1867, p. 39.

物资补给和开拓外贸市场方面的价值，甚至制订出伺机占领其中一个岛屿的计划。① 内务大臣则将这份条陈上奏沙皇亚历山大一世。然而，沙皇此时对在夏威夷群岛扩张早已丧失兴趣。② 亚历山大一世认为，俄美公司应将与托马里的关系限制在维持友好的商业关系，不要承担任何政治责任。尽管俄国人在夏威夷群岛的某一个岛屿建立殖民地并不会在国际关系上引起大的风波。但俄美公司如果仅仅通过友好的商业关系亦可达到同样的效果。事实上，沙皇已经彻底否定了舍费尔的夏威夷殖民计划。③ 同时期，沙皇的视线几乎完全为欧洲政治问题所左右。1815 年的维也纳会议以及俄普（普鲁士）与英奥（奥地利）围绕波兰—萨克森问题的冲突迫使沙皇尽量避免在战略价值较小的太平洋地区与英国产生外交摩擦。正如大卫·西莫潘尼克（David Schimmelpenninck）所说，维也纳会议以来沙皇总的外交趋向是一种保守政策。在西方，要小心谨慎地维护拿破仑战争以来所获取的欧洲领导地位，在南方，必须周旋于英法等宰割土耳其的竞争对手之间，在东方太平洋区域，则必须避免与其他大国的政治摩擦。④ 颇有讽刺意味的是，尽管沙皇政府与俄美公司在处理夏威夷问题上存在差异，但是二者在对待舍费尔的态度方面却惊人的一致，强调立即将其驱逐出俄美公司。⑤

　　通过对比俄美公司与沙皇对待舍费尔上书时态度的差异可以看出，俄美公司与沙俄政府在实际殖民活动中侧重点的差异性。公司倾向于经济利润的追逐，而沙皇政府则关注国际战略的平衡。其实，这一差异可以说贯

---

　　① "18 March 1820, Company's Opinion on the Proposal to Seize the Sandwich Islands", in Raymond H. Fisher, *Records of Russian-American Company*, 1802, 1817 – 1867, p. 39.

　　② "15 July 1819, Ministry of the Interior, Department of Manufacutring and Domestic Commerce, to Company Main Office", in Raymond H. Fisher, *Records of Russian-American Company*, 1802, 1817 – 1867, p. 40.

　　③ P. A. Tikhmenev, *A History of the Russian-American Company*, p. 125.

　　④ David Schimmelpenninck, "Russian foreign policy: 1815 – 1917," Dominic Lieven, edite. *The Cambridge History of Russia*, Volume 2: Imperial Russia, 1689 – 1917, Cambridge University Press, 2006, pp. 554 – 557；[苏] B. П. 波将金编：《外交史》，史源译，刘丕坤校，生活·读书·新知三联书店 1979 年版，第 625—631、633—637 页。

　　⑤ "22 March 1817, Main Office to Governor General Baranov", in Raymond H. Fisher, *Records of Russian-American Company*, 1802, 1817 – 1867, p. 25.

穿于 18 世纪末至 19 世纪头 20 年俄美公司与沙俄政府在太平洋扩张的始终，并深刻影响到俄国扩张的实际效果。俄美公司萌芽于俄国远东毛皮商人对经济利润的追求，在得到政府的支持以后逐渐承担起俄国在美洲—太平洋地区的扩张任务。① 期间，俄美公司内部商人阶层与政府官僚、海军军官等多种势力此消彼长，使俄美公司的早期扩张带有明显的商业利益与政治目标相互冲突的特征。商人阶层通常以追逐最大经济利润为最终目标，必要时甚至可以铤而走险。如俄美公司美洲事务官巴拉诺夫一直默许美国商人使用商品、粮食补给品交换公司毛皮的活动，其目的无非是获得公司所需货物，维持公司利润。然而在海军军官戈洛夫宁等人看来，这是一种卖国贼的行为。他们更为顾及的是俄国在美洲殖民地的稳定与海军影响力的扩大。

　　补给问题作为俄美公司生存与发展的命门，其实质是俄国地理环境、工商业发展水平、海洋运输与军事实力等多种因素共同作用的结果。但是不可否认，俄国特有的国家形式，即以封建贵族官僚为主的沙皇专制制度使这一情况更为复杂。这一体制下的贵族官僚虽然经历了 17、18 世纪西欧重商主义思潮的影响，而根深蒂固的等级观念使其难以认同商人阶层的地位与作用，成为导致俄国难以形成有规模的商业资本的重要原因。② 诚如苏联学者奥孔所说，由于贵族享有特权，所以在 18 世纪后半期，无论在国内贸易或者在对外贸易方面，他们与"商人阶层"相比具备许多优越条件。"俄国商人非但不会达到生意兴隆的目的，反而会加重自己的负担，因为贵族一旦享有经商权，商人必然会因此而破产。"③

---

　　① 苏联学者奥孔认为，沙俄政府是 19 世纪太平洋扩张的主力，强调俄美公司附属于帝俄扩张战略的工具性。需要说明的是，奥孔作为一名苏联马克思主义史学家，基本是带着批判近代沙俄对外殖民侵略的政治立场来考察俄美公司的历史，从某种程度来说能够较为客观的评价这段历史。但作者在注意到俄美公司的沙俄扩张帮凶角色的基础上，过分强调沙俄政府在俄美公司形成与活动方面的重要性，甚至不惜断章取义式的构建起近代帝俄在美洲—太平洋区域的扩张战略，否认以俄国毛皮商人为代表的私人商业力量的历史作用，却不免一叶障目，难以更为真实全面地还原这段历史。参见［苏］谢·宾·奥孔《俄美公司》，俞启骧等译，郝建恒校，商务印书馆1982 年版。

　　② 有关近代俄国商业史的内容，参见［俄］娜·瓦·科兹洛娃《俄国专制制度与商人：18世纪 20 年代至 60 年代初》，万冬梅、崔志宏译，社会科学文献出版社 2017 年版。

　　③ ［苏］谢·宾·奥孔：《俄美公司》，俞启骧等译，郝建恒校，第 8 页。

第二章　俄美公司与夏威夷群岛

俄国远东的毛皮产业因为地理偏僻而成为商人阶层的重要保育区。伊尔库茨克毛皮商人的财富让圣彼得堡和莫斯科的贵族官僚垂涎不已，纷纷寻求进入这一有利可图的行业。就像一枚硬币的两个面，在一个专制国家，任何商业活动的顺利开展无不需要政府的庇护，商人们必然迫切需求政府赐予的贸易垄断权。在某种程度上，正是远东商人对垄断权力的追逐使更多的政府官僚与贵族进入俄美公司。1799 年沙皇保罗一世的敕令使俄美公司成为俄国第一家由官方授权的股份公司。沙皇亚历山大一世、皇后、枢密院的贵族都可以通过购买公司股票的方式进入公司。俄美公司的运营开始成为一部俄国商人与官僚、贵族不断争夺的历史。微缩到舍费尔事件之内，我们仍不难发现代表商人利益的巴拉诺夫与体现贵族海军军官风格的科策布之间的矛盾，这一矛盾直接导致俄国军舰的擅自离去与舍费尔谈判代表身份的确立。不可否认，夏威夷群岛对于俄美公司的重要价值。沙俄政府首要考虑的却是如何以牺牲太平洋上的利益来换取自身在神圣同盟抑或巴尔干半岛上的收获，因此帝俄政府可以说一直以一种消极的态度来处理夏威夷问题。正如俄国学者 N. N. 博尔霍维季诺夫（Bolkhovitinov）所说，亚历山大一世在夏威夷问题上的态度正与 1815 年以后沙俄政府在处理北太平洋问题上的保守政策相契合。[1]对于沙俄政府太平洋政策形成的深层机制，苏联学者奥孔有十分透彻的说明，"太平洋问题也同近东问题一样，是属于从属地位的问题。但从属有两层意思。一方面，这一问题从属于反对革命的斗争任务；另一方面，——从属于争夺近东的斗争任务"[2]。

夏威夷王国复杂的政治形势也对舍费尔的殖民活动具有重要的影响。正如加拿大学者吉布森所说，不同于征服西伯利亚的过程，俄国在美洲—太平洋的扩张遭遇到外国势力的不断干涉。俄国必须面临极度复杂的国际环境。[3]15、16 世纪的航海大发现与全球殖民扩张使往昔隔绝与孤立的世界联系成为一个整体。这一过程首先发生于大西洋和印度洋，18 世纪以后

---

[1]　N. N. Bolkhovitinov, "The Adventures of Doctor Schaffer in Hawaii, 1815 – 1819," p. 66.

[2]　［苏］谢·宾·奥孔:《俄美公司》，俞启骧等译，郝建恒校，第 46 页。

[3]　James R. Gibson, *Imperial Russia in Frontier America：The Changing Geography of Supply of Russian America*, 1784 – 1867, viii.

逐渐移向太平洋。① 18 世纪白令、库克、温哥华等人的探险活动，不但探索出太平洋及沿岸地区的自然地理，而且催生出繁荣一时的毛皮贸易。正是在跨太平洋毛皮贸易的不断发展之下，越来越多的地区、岛屿被"发现"并联结。18 世纪末 19 世纪初的北太平洋早已成为一张联系紧密的贸易之网。美洲的加利福尼亚、新阿尔汉格尔斯克，亚洲的彼得罗巴普洛夫斯克、堪察加半岛、广州、澳门、长崎，太平洋上的巴达维亚、夏威夷群岛都是这张网络中的重要节点。其中，夏威夷群岛凭借丰富的物产与绝佳的地理成为太平洋贸易网络的中枢节点。外国商船频繁出现在夏威夷的各个岛屿。这里需要强调的是，夏威夷政治变动与外国势力渗透之间存在紧密的联系。夏威夷的统治者们为了稳固自己的地位而竞相获取外国势力的支持，这种政治环境无疑为舍费尔及俄美公司的介入创造了内部条件。同时，太平洋的广阔又需要殖民者彼此的合作。即使航运发达的英美商船在远离本土的情况下，也需要前往俄属美洲或澳门进行修整和补给。美国商船就经常经停新阿尔汉格尔斯克，在那里与俄美公司进行商品交换与物资补给。② 美国商船"阿斯特里亚"号（Astoria）的船长华盛顿·欧文（Irving）甚至将俄美公司美洲事务官巴拉诺夫描述为一个"强壮、苍老、友好、过度酗酒的人"。③ 事实上，许多参与太平洋毛皮贸易的美国船长都是巴拉诺夫的好朋友。

这里我们要说明的是，殖民国家间在太平洋扩张中存在着竞争与合作并存的关系。这种关系不仅发生在新阿尔汉格尔斯克，也体现于舍费尔事件的始终。俄国移民区存在的补给困难、船只短缺等问题都为美国

---

① 不可否认，前现代的欧亚贸易系统囊括了太平洋的部分地区和整个印度洋。如贡德·弗兰克所说，这条太平洋至印度洋的贸易线路不仅在欧亚非贸易史上占据重要地位，而且孕育出现代欧洲主导下的世界贸易体系和大西洋—印度洋—太平洋贸易环带。参见［德］贡德·弗兰克《白银资本：重视经济全球化中的东方》，刘北成译，中央编译出版社 2013 年版。但太平洋的地理环境使其东西两岸呈现出巨大的差异，西海岸人口稠密、经济发达，东海岸人口稀少、社会凋敝。太平洋的浩瀚无限与东亚社会的封闭则成为东西海岸交流的巨大障碍。美洲和澳洲大陆的阻隔最终使太平洋东北部成为欧美探险家最后的活动舞台。

② Mary E. Wheeler, "Empires in Conflict and Cooperation: The 'Bostonians' and the Russian-American Company," *Pacific Historical Review*, Vol. 40, No. 4 (November 1971), p. 425.

③ W. D. Alexander, "The Proceedings of the Russians on Kauai. 1814 – 1816," Read before the Hawaiian Historical Society, May 7th 1894, p. 2.

商船的介入创造了条件。一方面，公司需要美国商船运来的商品和货物，另一方面，毛皮货物的运输也要借助美国商船的运力。巴拉诺夫很可能从这些移民区的美国商人口中了解到有关夏威夷群岛的更多情报。实际上，19世纪初卡米哈米哈一世请求贸易的讯息就是通过美国商船来传递的。美国商船还承担了运送舍费尔出使夏威夷群岛的任务。同时，英美商人对俄国商业对手的敌视成为舍费尔殖民计划失败的重要原因。19世纪初，英国在夏威夷群岛具有十分重要的影响。正如拉尔夫·凯肯德尔（Ralph Kuykendall）在述及英国与夏威夷群岛的关系时所说，"从温哥华登岛（1794年）到1825年间，英国成为夏威夷人民脑海中最重要的外域国家"，夏威夷人大多"坚信自己将受到英国的庇护，认同英国臣民的身份"。① 1815年舍费尔初次抵达夏威夷群岛之际，岛上的英国人总督约翰·扬就与其他美国商人制造俄国人密谋征服夏威夷的谣言，"早已使托米—奥米（卡米哈米哈一世）和许多高贵的岛民相信，舍费尔的到来，以及期待中即将由新阿尔汉格尔斯克驶来的船只，都是俄国人搞的阴谋诡计"。并将巴拉诺夫事先呈递给卡米哈米哈一世的信件和奖章都原封不动地退还回来。其后，"他们挑拨托米—奥米（卡米哈米哈一世），甚至使他同意杀害舍费尔"。② 在考爱岛，美国商人故技重施，向托马里和岛民宣传俄国威胁论，并扬言即将到来的五艘美国军舰将杀死托马里和其他所有土著居民，最终迫使托马里下令驱逐舍费尔。而受雇于俄美公司的美国船长这时也背弃俄国人，抛下舍费尔和其他公司职员扬长而去。美国商人的上述活动正是对潜在商业劲敌的攻击。值得注意的是，早在舍费尔到达夏威夷群岛以前，英美商人即已在这里站稳脚跟。英国退役船员约翰·扬还担任夏威夷岛的总督。美国商人温斯普兄弟在夏威夷群岛拥有多个种植场和商栈。事实上，自1784年"中国皇后"号首航广州开启中美直接通商的时代开始，中美两国商贸日趋繁荣，中国的茶叶、瓷器、棉布等商品在美国拥有广阔的市场。然而，与其他欧

---

① Marshall Sahlins，"The Political Economy of Grandeur in Hawaii from 1810 to 1830"，in Emiko Ohnuki-Tierney，*Culture Through Time：Anthropological Approaches*，p. 30.

② ［苏］谢·宾·奥孔：《俄美公司》，俞启骧等译，郝建恒校，第148—149页。

美国家的境况相似①，美国商人也缺乏用于交换中国商品的货物和硬通货。正是在这样的历史条件下，西北海岸的毛皮与夏威夷群岛的檀香木成为美国商人满足中国市场的主要商品。而夏威夷群岛开始在美国对华贸易中占据重要的位置。② 此外，英美两国日益交好的国际形势已不利于俄国在夏威夷群岛的扩张。正如美国学者阿纳托利·马祖尔所说，19世纪初的国际环境和俄国实力完全有能力占领夏威夷群岛，然而1812年英美战争的结束及两国商人重返夏威夷群岛的新形势下，俄国已经丧失了占领夏威夷的有利条件。③

还有一点需要说明，舍费尔对功成名就的迫切渴望与鲁莽行动使俄国失去了进入夏威夷群岛的最后机会。19世纪初，巴拉诺夫曾以沙皇的名义向卡米哈米哈一世赠送奖章，以寻求夏威夷群岛开放贸易。然而岛上的英美商人，如埃拜什（Ebets）、贡特（Gunt）、亚当斯（Adams）和约翰·扬（John Yong）等策动卡米哈米哈一世原封退回俄国人的奖章和信件。当1809年俄美公司船只"涅瓦"号到达夏威夷期间，北美商人更是广泛宣传俄国准备武力占领群岛的谣言，一时人心惶惶，英国甚至紧急从东印度派遣一艘军舰前来调查。④ 这些英美商人大多为毛皮与檀香木贸易而来，逐步在夏威夷群岛建立起直接的利益链条。同时期，英国政府为掌握太平洋区域的海上霸权也需要夏威夷群岛作为海军中转站。这些事实表明，俄国人在夏威夷的活动势必影响到英美等国的商业和政治利益。从这个意义上看，巴拉诺夫很可能在分析夏威夷周边的国际环境后，才下达了只要求

---

① 需要说明的是，近代中西贸易的这种不对等性是造成白银向东方流动的主要原因，而太平洋毛皮贸易正是欧美国家尝试扭转对华贸易逆差所作出的努力。美国毛皮贸易史学者菲利普则注意到对华输出印度鸦片的巨大暴利，最终促使英国商人退出西北海岸至中国广州的毛皮贸易。从这个意义上，英国并未如美国一样重视夏威夷群岛和美洲西北海岸的经济、战略价值。这也解释了英王拒绝接受卡米哈米哈一世献地效忠请求的深层原因。参见 Paul Chrisler Phillips, *The Fur Trade*, Vol. II, Norman：University of Oklahoma Press, 1961, pp. 65 – 66.

② Samuel Eliot Morison, *The Maritime History of Massachusetts*, 1783 – 1860, Boston：Houghton Mifflin Company, 1921, pp. 46, 59.

③ Anatole G. Mazour, "Doctor Yegor Scheffer：Dreamer of a Russian Empire in the Pacific," *Pacific Historical Review*, Vol. 6, No. 1 (March 1937), pp. 15 – 16.

④ Klaus Mehnert, "The Russians in Hawaii, 1804 – 1819," pp. 24 – 25.

舍费尔收回公司财产并适时发展双边贸易的指令。[①]

　　然而，舍费尔作为一名冒险家，希望能够在征服夏威夷的活动中获得俄国政府的奖励与荣誉。他急切地渴望获得成功，在与托马里签订协议后，立即向巴拉诺夫和沙皇政府进行汇报。较之年轻求胜的舍费尔，老谋深算的巴拉诺夫在获得这份报告后，立即否认舍费尔的代表权，并拒绝支付其购买舰船的费用，推说自己没有批准托马里协议有效性的权力。显然，巴拉诺夫更为了解北太平洋和夏威夷群岛的国际形势，较之舍费尔的鲁莽也更为谨慎。这些举措与舍费尔一上岛就扩大俄国土地，攫取垄断权力的鲁莽行动形成鲜明的对比。后者成为英美商人关于俄国在夏威夷具有野心言论的"事实证明"。其实，同时代的俄国人大多将这次夏威夷殖民的失败归结于舍费尔个人的鲁莽行为。如海军军官戈洛夫宁认为舍费尔在行动中没有顾及外国商业和政治势力的利益，必然导致其失败的结果。[②]哈格曼斯特则强调舍费尔私自替换巴拉诺夫早先的计划直接造成俄美公司开销的扩大和最终被驱逐的命运。[③] 俄美公司经理赫列勃尼科夫则直言："假如巴拉诺夫的这个代理人不是这样操之过急，而是能谨慎行事，那么只要能稳妥而巧妙地利用各种情况，他就能成为瓦胡岛与考爱岛上最初的小种植场场主，然后再根据力量和情况去巩固，而不是扩大这些种植场。"[④]

　　舍费尔殖民夏威夷群岛活动的失败对俄美公司和沙俄政府在美洲—太平洋的殖民扩张产生十分重要的影响。俄美公司失去了开拓新的稳定粮食

---

　　① 美国学者沃尔特·麦克杜格尔在论述舍费尔冒险耗费"俄美公司23万卢布"，毁掉"公司在夏威夷群岛达成商业突破的大好机会"的同时，还将俄美公司殖民夏威夷的失败与公司美洲移民区长官巴拉诺夫因年老而丧失"判断力"相联系，强调这次探险的结果"也使巴拉诺夫信誉扫地"。[美] 沃尔特·麦克杜格尔：《激荡太平洋：大国四百年争霸史》，李惠珍、赖慈芸等译，北京联合出版公司2014年版，第148页。

　　② "Excepts from 'A Journal of a Round-the-world Voyage on the Sloop Kamchatka under the Command of Captain Golovnin,' 1817 – 19. A visit to California. 7 – 25 September 1818," James R. Gibson and Alexei A. Istomin compile and edite, with the assistance of Valery A. Tishkov, James R. Gibson translate, *Russian California*, 1806 – 1860: *A History in Documents*, p. 394.

　　③ "Apr. 6<sup>th</sup> No. 22 Report to the Main Office," Richard A. Pierce trans and edite, *The Russian-American Company: Correspondence of the Governors Communications Sent*: 1818, The Limestone Press, 1984, p. 72.

　　④ [苏] 谢·宾·奥孔：《俄美公司》，俞启骧等译，郝建恒校，第158页。

补给市场的机会。同时，美国商人对夏威夷群岛的影响与日俱增，进一步促进美洲西北海岸—广州毛皮贸易的发展，也为美国扩大在北太平洋的影响力与最终吞并夏威夷奠定了基础。而俄美公司为寻求粮食补给再次将视线转向加利福尼亚。

　　舍费尔事件后，俄美公司总管理处要求新任美洲事务官哈格曼斯特向托马里索要舍费尔遗留在考爱岛的船只和货物，并竭力恢复与夏威夷群岛的友好关系。1818 年 2 月 9 日，哈格曼斯特派遣海军中尉普希金（Podushkin）指挥"奥塔卡尔特"号（Otkrytie）前往夏威夷群岛。普希金此行的主要目标是通过解释舍费尔言行是违背俄美公司指令的方式，寻求恢复与夏威夷群岛的友好关系。同时向托马里索要公司人员的服役费用，并从瓦胡岛接收俄美公司的员工和货物。① 然而此时夏威夷群岛的政治形势已经发生了巨大的变化，卡米哈米哈一世已经逼迫托马里归隐，俄美公司索要财产的事件一时难以实现。但俄美公司一直没有放弃发展夏威夷贸易的希望，不断要求美洲事务官开拓夏威夷市场。② 随后，俄美公司与夏威夷王国的关系逐渐缓和，然而，英美势力，尤其是美国商业力量已经完全垄断夏威夷王国的对外贸易，俄美公司已很难从夏威夷贸易中获利。③ 同时期，美国政府日益关注本国的海外商业利益。1822 年 4 月，门罗总统即在演说中指出，西北海岸的毛皮贸易和夏威夷群岛的檀香木贸易对国家经济的重要性，强调政府必须承担起保护这些贸易的责任。④ 由此可见，夏威夷群岛已很难成为俄美公司解决粮食补给问题的主要途径，但在加利福尼亚贸易困难的时期，夏威夷仍然是俄

---

　　① "Feb. 9ᵗʰ No. 51 Instructions to the commander of the RAC vessel Otkrytie, fleet-Lieutenant and Cavalier Iakov Anikeevich Podushkin," Richard A. Pierce trans and edite, *The Russian-American Company: Correspondence of the Governors Communications Sent*: 1818, pp. 26 - 27.

　　② "23 January 1820 Main Office to Governor General Muraviev," Raymond H. Fisher, *Records of Russian-American Company*, 1802, 1817 - 1867, p. 51.

　　③ "15 March 1821 Main Office to Governor General MurVIEV. REPLIES TO Ianovskii's No. 73," Raymond H. Fisher, *Records of Russian-American Company*, 1802, 1817 - 1867, p. 58.

　　④ "Message from the President of the United States, transmitting the information required by a resolution of the House of Representatives of the 16th of February last, in relation to Claims set up by Foreign Governments, to Territory of the United States upon the Pacific Ocean, north of the forty-second degree of latitude, &c. April 17, 1822," *North America Review*, 1822, p. 370.

美公司临时缓解补给危机的重要选择。① 颇为有趣的是，1821 年沙俄敕令禁止外商贸易的规定，再次将俄国移民区陷入补给困境之中，俄美公司竟然利用夏威夷群岛与美国商人进行中转贸易活动，② 从某一角度展现出近代商业公司间、殖民国家间、商业公司与本国政府间在太平洋殖民扩张中的复杂关系。

# 第四节　结论

　　1815—1817 年俄美公司医生舍费尔在夏威夷群岛进行的殖民活动是 19 世纪俄国政府和俄美公司在美洲太平洋区域扩张的关键一环，也是近代欧美列强殖民争夺与太平洋国际关系变迁的生动展现。其中，舍费尔的个人野心、俄美公司的商业考量、沙俄政府的战略认识、夏威夷群岛的政治演变、英美等国的商业政治渗透共同导演了这部殖民冒险活动的历史剧。俄美公司由此错失解决移民区给养问题的宝贵机会，进而对公司日后的运营，乃至沙俄在太平洋区域的扩张产生重要的影响。美国则借此进一步巩固了在北太平洋和夏威夷群岛的经济、政治优势，为 19 世纪末吞并夏威夷群岛奠定了基础。而舍费尔殖民夏威夷的事件作为 19 世纪初俄美公司在北太平洋扩张的重要内容和殖民冒险家个人活动的典型案例，其所反映出的俄美公司商业竞争的无力，探险家与俄美公司，帝俄政府的各行其是，似乎都在某种程度上预示出沙俄这个"泥足巨人"在近代美洲—太平洋扩张中的失败命运。

　　从近代沙俄政府与俄美公司对外扩张的整体脉络中考察舍费尔的夏威夷殖民不仅可以清晰地解读事件的始末，而且有助于挖掘更深层次的历史

---

　　①　"Secret instructions from Governor Yanovsky to Agent Khlebnikov about a voyage to Alta California in the Brig Ilmena. No. 11. New Archangel. 31 May 1820," James R. Gibson and Alexei A. Istomin compile and edite, with the assistance of Valery A. Tishkov, James R. Gibson translate, *Russian California*, 1806 – 1860: *A History in Documents*, p. 417.

　　②　"Captain-Lieutenant Andrey Lazarev. An except from a journal of a visit to California during the round-the-world voyage of the Sloop Ladoga in 1822 – 24," James R. Gibson and Alexei A. Istomin compile and edite, with the assistance of Valery A. Tishkov, James R. Gibson trans, *Russian California*, 1806 – 1860: *A History in Documents*, p. 526.

皮毛与帝国：俄美公司在北太平洋地区殖民活动研究（1799—1825）

规律。1799—1825 年间是俄美公司和沙皇俄国在美洲太平洋殖民扩张的黄金时代。俄美公司先后对阿拉斯加、夏威夷群岛、广州、日本和加利福尼亚等地区进行殖民。毛皮资源—物资补给—商品市场—外商竞争构成俄美公司这一阶段活动的主要内容。而伴随英美等国的商业发展与政治渗透，北太平洋的经济问题逐渐转变为包含殖民领土、政治霸权在内的国际政治问题。俄国在美洲太平洋区域的优势地位的得失成为贯穿 19 世纪头 20 年俄美公司活动与北太平洋国际政治的一条主线。① 这一过程始于 1741 年白令－奇里科夫探险后俄国向美洲的扩张，终于 1824 年俄美协议、1825 年俄英协议的签订。俄美公司作为沙俄第一家贸易专营公司，在近代俄国扩张史上占据独特的地位。这一机构的建立可溯源于彼得大帝开启的向西欧学习的历程，其实质是沙俄在借鉴英国、荷兰等国家东印度公司经营模式的基础之上的创建。但俄美公司又绝非是西欧贸易专营公司的简单模仿，而是适应俄国对外扩张和外交战略的产物。在俄国特殊的国情下，俄美公司的经营始终贯穿着私人商业和国家政治的矛盾与争夺，其中尤以 1799—1825 年间俄美公司对外殖民活动的高峰阶段表现得最为明显。这一阶段，俄美公司在追求商业利润的导向下对外扩张，并多次威胁沙俄政府的外交利益。而在这种情况下，后者经常以牺牲俄美公司的商业利益为代价，以达成外交方面的某种妥协。伴随太平洋上俄国海军实力的增强，海军部门越来越将俄属美洲视为俄国的海外殖民地，而非商业冒险之地。海军军官不断对商人的经营活动进行攻击，最终促使沙俄政府在 1821 年以后逐步将俄美公司转变为殖民地的治理机构。

如上所述，1815—1817 年间，沙俄政府为避免与英美等国的冲突，而否认舍费尔在夏威夷群岛所取得的成果，反对俄美公司在夏威夷群岛的后续活动。这些政策显然破坏了俄美公司找寻粮食补给渠道的计划。这一过程中体现出的私人商业与国家权力的冲突，成为制约俄国向美洲太平洋地区扩张的主要原因。同时，近代欧美商业团体在殖民夏威夷群岛的过程

---

① Glynn Barratt, *Russia in Pacific Waters*, 1715–1825: *A Survey of the Origins of Russia's Naval Presence in the North and South Pacific*, i, p.339；［美］沃尔特·麦克杜格尔：《激荡太平洋：大国四百年争霸史》，李惠珍、赖慈芸等译，北京联合出版公司 2014 年版。

中，形成一种相互合作与竞争的"共同殖民"模式。在这一历史进程中，夏威夷群岛与欧美国家的联系日益紧密，原住民社会的经济与文化亦发生深刻的变革。而夏威夷群岛政治经济的变迁与太平洋地区国际形势的变换，正是近代早期中外贸易不平衡条件下的产物，从某一角度反映出东方在现代世界体系构建初期的主导地位。正如夏威夷历史学者马歇尔·萨林斯（Marshall Sahlins）所说，近代中国对西方商品的无视，迫使欧美商人开发美洲西北海岸的毛皮与夏威夷群岛的檀香木，而这一过程同样深刻改变了夏威夷群岛的政治、经济、文化，以及周边国际环境。①

---

① Marshall Sahlins，"The Political Economy of Grandeur in Hawaii from 1810 to 1830"，in Emiko Ohnuki-Tierney，*Culture Through Time：Anthropological Approaches*，p. 31.

# 第三章

# 俄美公司与远东

19 世纪初期，在商务大臣鲁缅采夫的推动下，沙俄政府多次尝试开拓中国广州和日本长崎的远东海上贸易。然而，受制于清代中国与德川日本的外贸管制政策，1804 年列扎诺夫赴日使团与 1805 年戈洛夫金使华团队均以失败告终，其实质是近代东北亚区域不同国际关系体系间冲突与碰撞的结果。俄国开拓远东市场计划的破产，使其错失改善太平洋区域贸易不利局面的关键时机。同时，清代中国与德川日本都在俄国的外交活动中感受到外域的威胁。

19 世纪初，沙俄政府为开拓远东商品市场，几乎同时向清代中国和德川日本分别派遣以戈洛夫金①和列扎诺夫为代表的国家使团，希冀通过国际条约的形式打通远东海上贸易，扩大本国的商业利益。面临严峻的挑战，清廷和幕府先后以礼仪纷争与体制差异为由拒绝俄国使团的谈判要求。长期以来，戈洛夫金和列扎诺夫使团大多被史学家定性为失败的外交。② 而俄国与中日两国在外交理念、礼仪规范、社会发展等方面的差异，则成为两次外交

---

① 需要注意的是，戈洛夫金使华目标的多元性，一方面，俄国政府迫切需要解决 18 世纪后期以来中俄两国日趋严重的边疆危机。另一方面，沙俄政府希望在稳固恰克图贸易的同时，打开中国西北边疆与南方海港的贸易孔道，扩大对华贸易规模。参见 ［俄］B. C. 米亚斯尼科夫《19 世纪俄中关系：资料与文献 第 1 卷 1803—1807》（上），徐昌瀚等译，广东人民出版社 2012 年版。

② 参见陈开科《嘉庆十年：失败的俄国使团与失败的中国外交》，社会科学文献出版社 2014 年版。Owen Matthews, *Glorious Misadventures: Nikolai Rezanov and the Dream of a Russian America*, Bloomsbury, 2013.

尝试失利的重要原因。① 现有研究多将戈洛夫金和列扎诺夫使团归入传统的中俄、日俄关系发展的谱系，视其为现代早期沙俄在远东侵略扩张的前奏。② 其实，无论戈洛夫金使华，还是列扎诺夫访日，都是近代沙俄对外贸易发展与远东整体战略的关键步骤，在更广泛的意义上，也是现代世界经济体系向全球扩张的具体表现。值得注意的是，清代中国与德川日本在面临沙俄的外交压力之下，两者在应对策略、政治规划、社会影响等方面都存在较大的差异，在某种程度上反映出中日文化的不同。本章尝试通过对 19 世纪初戈洛夫金与列扎诺夫使团相关史实的梳理，充分借鉴前人的研究成果，在近代沙俄远东扩张的整体脉络中，探查不同国际关系体系的碰撞及其对中日两国的不同影响。

## 第一节　19 世纪以前俄国与远东的贸易

16 世纪后期俄国在西伯利亚的扩张打通了俄国与远东贸易的门径。

---

① 戈洛夫金使团方面，俄国学者米亚斯尼科夫注意到俄中两国对戈洛夫金使团认识的巨大差异：俄国将之视为开拓贸易新局面的先锋，清廷则视其为俄罗斯千里朝贡的体现。换言之，俄方注重经济贸易，中方侧重政治伦理。而作为两者冲突具体表现的外交礼仪之争，正是"清廷对俄方目标的无兴趣"的外交显现。B. C. 米亚斯尼科夫：《19 世纪俄中关系：资料与文献 第 1 卷 1803—1807》（上），徐昌瀚等译，广东人民出版社 2012 年版，第 14—15 页。台湾学者陈维新同样认为正是两种不同利益目标造成的外交礼仪冲突，直接断送了戈洛夫金使团的前途。陈维新：《清代对俄外交：礼仪制度及藩属归属交涉（1644—1861）》，黑龙江教育出版社 2012 年版，第 184 页。列扎诺夫使团方面，同时代的海军军官戈洛夫宁通过对日本文化的切身感悟，认为列扎诺夫对待异质文化的态度是使团失败的重要原因。美国学者马可·拉维纳则将列扎诺夫使团失败的根本原因归结为近代沙俄与日本之间巨大的文化差异。国内学者李若愚则将近代日俄两国关系的演进视为"锁国"与"扩张"两种政策不断冲突的结果。Golownin, *Memoirs of a Captivity in Japan*, *during the Years* 1811, 1812, *and* 1813; *with Observations on the Country and the People by Captain Golownin*, *of The Russian Navy*, London: Printed for Henry Colburn And Co. 1924; Mark Ravina, "Tokugawa, Romanov, and Khmer: The Political of Trade and Diplomacy in Eighteenth-Century East Asia," *Journal of World History*, Volume 26, Number 2, June 2015, pp. 269 – 294. 李若愚：《试论日本"锁国"政策对 19 世纪以前日俄关系的影响》，载《西南大学学报》（社会科学版）2014 年第 1 期。

② 如周启乾认为列扎诺夫访日事件是沙俄为打开日本市场而进行的一系列探险活动的组成部分，事件本身对近代日俄关系的发展有着重要的影响。李凡则强调以俄方积极与日方保守为特征的早期日俄关系的发展，为日后两国间北方领土的争端埋下伏笔。参见周启乾《日俄关系简史，1697—1917》，天津人民出版社 1985 年版；李凡：《1855 年前的日俄两国关系》，《南开日本研究》，2015 年。

事实上，近代俄国的扩张，最初并非以扩充领土为目的，而是受经济利益，特别是皮毛贸易的刺激。[1] 伴随 16 世纪波罗的海贸易的兴起与英荷商人有关东方陆上商路的探寻，俄国政府逐渐萌生主导东方贸易的陆地商路的构想。而早已流传于欧洲社会的富庶与繁荣的中国与日本，自然成为沙俄积极开拓的主要目标。17 世纪中叶，俄国已经将领土推进到外贝加尔和黑龙江流域，中俄两国开始面对面地相遇了，沙皇更为急切地寻求开拓中国市场。期间，"莫斯科曾两次派遣使臣到北京来。一次是巴伊阔夫，他于 1656 年 3 月 3—13 日到达北京，同年 9 月 4—14 日才离开；另一次是摩尔达维亚人尼果赖，于 1676 年 5 月 15—25 日到达中国首都，并停留到 1676 年 9 月 1—11 日。"[2] 对此，康熙帝做出批示，"其使臣尼果赖不娴典礼，不便给与敕书，应令理藩院谕来使云，尔主欲通和好，应将本朝逋逃根忒木尔遣还，另简使臣遵中国礼行，方许照常贸易"[3]。从中可以发现，清廷在处理俄国通商请求的问题上，特别关注传统礼制，同时将对外贸易视为获取政治优势的"杠杆"。事实上，17 世纪的中俄边界民间贸易已经渐具规模。期间，中国内地商人大多通过达斡尔人、鄂温克人和蒙古人等边疆民族将货物运送到雅克萨和尼布楚等边界地区，俄国商人则到此大量购买中国商品。1689 年的《中俄尼布楚条约》在近代中俄关系史上占有十分重要的地位。根据俄方文本第五条规定："两国今既永修和好，嗣后两国人民如持有准许往来路票者，应准其在两国境内往来贸易。"[4] 这样，《尼布楚条约》以条约文本的形式正式确立起中俄两国的贸易关系。这一时期俄国对华贸易的主要形式是国家商队，而清廷则将方兴未艾的中俄贸易纳入"朝贡贸易体制"。根据清人何秋涛的记录，清廷于《尼布楚条约》签订后的第二年，颁布开放中俄贸易的法令，同时对俄国商队来华做出定制，即每隔

---

[1] 宋念申：《发现东亚》，新星出版社 2018 年版，第 78 页。
[2] ［法］加斯东·加恩：《彼得大帝时期的俄中关系史（1689—1730 年）》，江载华、郑永泰译，商务印书馆 1980 年版，第 1 页。
[3] 《清实录·圣祖实录·卷62》，中华书局 1985 年版，第 799 页。
[4] ［俄］尼古拉·班蒂什—卡缅斯基编：《俄中两国外交文献汇编（1619—1792 年）：根据外务委员会莫斯科案档馆所藏文献于 1792—1803 年辑成》，中国人民大学俄语教研室译，商务印书馆 1982 年版，第 369 页。

三年来京一次，每次商队的人数不得超过二百人且不能携带任何违禁物品，商队留京时限不得超过八十日。[①] 根据苏联学者米·约·斯拉德科夫斯基的统计，从尼布楚条约签订到 1730 年间，共计有 50 多位俄国使臣访问北京。但实际上，这一时期只有 3 个正式使团和 14 个国家商队被派往中国，其余"使臣"都是由俄国商人冒充而来。这一状况使国家商队日趋衰落。虽然俄国国家商队和私商都以毛皮为主要出口货物，但在进口商品方面却有很大的差异：国家商队从中国输入的，是专供沙皇宫廷使用的金、银、珍珠、各类宝石、贵重丝织品和其他奢侈品。而私商则主要进口西伯利亚居民所急需的棉织品、粮食等商品，[②] 显然，后者更具有市场潜力。

1728 年《中俄恰克图条约》的签订开启了俄中两国经贸的新纪元。《恰克图条约》在"准两国间自由通商"外，还添加了"可在尼布楚和色楞格之恰克图选择适当地点建盖房屋，周围墙垣栅子可酌情建造。情愿前往贸易者，均指令由正道行走，倘或绕道，或有往他处贸易者，将其货物入官"[③]。中俄两国经过协商在边界开放恰克图和祖鲁海图两个贸易市场。随后，恰克图贸易很快繁荣起来。贸易总额方面，1755—1762 年平均每年贸易额 1011129 卢布，1768—1778 年平均每年贸易额 2300122 卢布，1780—1785 年平均每年贸易额 6361612 卢布。税收方面，1755—1762 年税收总量 217323 卢布，1768—1778 年税收总量 425145 卢布，1780—1785 年税收总量 600633 卢布。[④] 在恰克图的俄国商品中，毛皮仍旧占据着主要位置，它的出口额在 1757—1784 年间约占俄国出口总额的 85%。这使得恰克图开始成为一个毛皮贸易的中心。来自西伯利亚、堪察加和阿拉斯加，甚至英美商人的毛皮都源源不断地进入恰克图市场。在 1768—1785 年期间，从国外取道俄国过境运抵恰克图

① （清）何秋涛著，李文田校注：《朔方备乘》，清光绪灵鹣阁丛书本，第 1442 页。

② ［俄］米·约·斯拉德科夫斯基：《俄国各民族与中国贸易经济关系史（1917 年以前）》，宿丰林译，徐昌瀚审校，社会科学文献出版社 2008 年版，第 144 页。

③ ［俄］尼古拉·班蒂什-卡缅斯基编：《俄中两国外交文献汇编（1619—1792 年）：根据外务委员会莫斯科档案馆所藏文献于 1792—1803 年辑成》，中国人民大学俄语教研室译，商务印书馆 1982 年版，第 391 页。

④ 米镇波：《清代中俄恰克图边界贸易》，南开大学出版社 2003 年版，第 21 页。

的毛皮，包括海狸皮 3 万—5 万张，水獭皮 0.5 万—1 万张，此外还有猞猁皮、狐皮、沙狐皮、家兔皮、麝鼠皮等。① 根据 1799 年沙皇保罗一世签署的敕令，俄美公司垄断了俄属美洲、阿留申群岛、千岛群岛和西伯利亚东海岸的贸易狩猎与经营权，成为恰克图贸易大宗皮货的主要供货商。当然，私商的毛皮走私活动一直没有停止，他们或者从公司员工手中购得毛皮，或者从英美商船那里获得毛皮，再运往恰克图或者其他中俄边境地区出售。② 私商的走私活动使俄美公司的毛皮贸易遭受不小的损失。同时，俄美公司的经营还面临物资补给与外商竞争的威胁。前者由西伯利亚的自然条件与俄国落后的航海技术而来，后者则是英美商人在海运和市场等方面优势地位的体现。

此外，俄国对华贸易还深受清廷恰克图闭市之苦。18 世纪清代中国国力的衰弱使其倚重利用经济利益实现政治目的的手段。适逢中俄两国边界军事、民事冲突之时，清廷总要以关闭恰克图—买卖城③互市相要挟。据统计自 1744—1792 年，共 "闭市" 十次，其中最后和最长的一次达七年之久（1785—1792 年），仅在乾隆朝，清廷就曾分别于乾隆二十九年（1764）、乾隆四十四年（1779）、乾隆五十年（1785）关闭恰克图贸易。④清代中国数次关闭恰克图贸易致使俄国毛皮积压，不仅造成大量毛皮的变质与损坏，而且压低了中国市场对毛皮的需求与价格。显然，"朝贡贸易体制" 只是清代中国统治者的一厢情愿，俄国政府和俄美公司绝不会甘心放弃打开广州市场。实际上，广州市场的稳定与海路交通的便捷，一直是英美商人获得商业优势的重要条件，也成为俄国政府和商业公司不断追求的战略目标。早在彼得一世时代，俄国政府就制定出利用海路从喀琅施塔得经过北冰洋到达广州的航线。而在北太平洋开发史上占据重要地位的两

---

① ［俄］米·约·斯拉德科夫斯基：《俄国各民族与中国贸易经济关系史（1917 年以前）》，宿丰林译，徐昌瀚审校，社会科学文献出版社 2008 年版，第 179—180 页。

② ［俄］特鲁谢维奇：《十九世纪前的俄中外交及贸易关系》，徐东辉、谭萍译，陈开科审校，岳麓书社 2010 年版，第 84—85 页。

③ 1727 年《中俄恰克图条约》签订后，中俄两国开始在恰克图边界地带修建商业城镇，其中俄国人的城镇修建在边界以北，称为恰克图。中国人的城镇修建在边界之南，称为买卖城。两座城镇以中俄边界为界。

④ 米镇波：《清代中俄恰克图边界贸易》，第 16—23 页。

次堪察加半岛探险，都是俄国人寻求广州航路的直接产物。同时，俄国商人也积极投入对广州市场的开拓之中。伊尔库茨克商人舍利霍夫是开拓广州市场的积极策划者。他曾向西伯利亚总督雅库比（Iakobii）提出建议，向中国港口派遣"一些悬挂适合旗帜的"船只，以扩大毛皮贸易的规模。他还多次向女沙皇叶卡捷琳娜上奏，希望政府开拓广州市场。① 伴随俄美公司的成立，商业垄断公司成为俄国与英国、美国、西班牙争夺殖民利益的隐蔽性政策的执行者。而俄美公司在美洲太平洋区域遭遇的商业竞争与英美俄等国家的殖民争夺日趋激化，最终促使俄国政府采取行动打开广州市场。

　　同时，俄国对日本市场的向往由来已久。早在1670年俄译默卡特的《宇宙志》一书中，俄国人即获得有关日本的地理位置、自然条件、行政制度、宗教信仰、风俗习惯、国际关系等方面的知识。1697年，俄国哥萨克五十人长弗拉基米尔·阿特拉索夫在堪察加半岛南部遇见因海难漂流至此的日本商人传兵卫。这是俄国人与日本人的第一次接触。阿特拉索夫将此事汇报给西伯利亚衙门和沙皇彼得一世，西伯利亚衙门对传兵卫进行了多次审讯，其供词中所谈日本盛产金银和与"中国"土地毗连的情况，似乎验证了有关日本遍地是金银的传说。② 事实上，近代俄国对日本的关注同样源于对华毛皮贸易的发展。1738—1739年斯潘别尔格对千岛群岛的观测无疑为俄国毛皮商人提供了新的目的地。千岛群岛中的很多岛屿都盛产毛皮动物，如其中的得抚岛就因盛产一种海龙皮（海狗皮）而被称为"海龙岛"。从18世纪中期开始，俄国商人从北向南逐一探查千岛群岛，巧取豪夺土著人手中的毛皮。当俄国人抵达得抚岛后，便从当地土著居民那里获得有关日本的相关消息，了解到得抚岛

---

　　① P. A. Tikhmenev, *A History of the Russian-American Company*, p. 18, p. 40.

　　② 这一传闻很可能最早来源于《马可·波罗行纪》。据《马可·波罗行纪》第一五八章"日本国岛"中记载："日本国是一岛，在东方大海中，距陆一千五百哩。其岛甚大，居民是偶像教徒，而自治其国。据有黄金，其数无限，盖其所属诸岛有金，而地距甚远，商人鲜至，所以金多无量，而不知何用。此岛君主宫上有一伟大奇迹，请为君等言之。君主有一大宫，其顶皆用精金为之，与我辈礼拜堂用铅者相同，由是其价颇难估计。复次宫廷房室地铺金砖，以代石板，一切窗楹亦用精金，由是此宫之富无限，言之无人能信。"参见《马可·波罗行纪》，冯承钧译，上海书店出版社2001年版，第387页。

临近的择捉岛上有日本人的税务所和贸易据点，经营阿伊努人与日本本土的贸易活动。1775 年，俄国远东商人舍利霍夫在行政长官皮利（Pil）的支持下，向日本秘密派遣商船，力图发展对日贸易。这次尝试最终因商船遭遇海难而失败。[1] 其后数十年间，沙俄政府先后组织了穆罗夫斯基、拉克斯曼等多次使日航行，[2] 却依然无法打开对日贸易之门，而作为商业垄断公司的俄美公司的建立及其对粮食补给、海外市场的需求必然在俄国政府中掀起一股打开日本国门的热潮。

## 第二节　戈洛夫金使华与俄舰入广贸易

恰克图贸易的波动起伏与英美商人的激烈竞争是俄国政府和俄美公司尝试开拓广州市场的主要考量。俄国商务大臣鲁缅采夫是这一计划的主要推动者。1803 年年初，鲁缅采夫呈奏沙皇亚历山大一世，陈述俄美公司"在恰克图虽苦心经营，刻意维持毛皮价格，唯英、美等国人由诺特卡—宗德群岛及夏洛特群岛将毛皮直运广州，生意上占尽先机"。进而建议"酌派一专使赴北京，以船队首航北美为由，请中国港口予以必要之友好协助；同时仿效欧人榜样，要求开展互市"，并作出"一旦大量毛皮运入广州，中国人本身定能从中获益匪浅"，所以不会加以拒绝的判断。[3] 1803 年 2 月 20 日，沙俄内阁审议通过"派官员赴日本、广州"的议案。[4] 1803 年 3 月底，鲁缅采夫首次公布向日本和中国派遣使臣的具体计划，建议"有必要为国家利益考察美洲领地，组织物产，前

---

① George Alexander Lensen，*The Russian Push Toward Japan*：*Russo-Japanese Relations*，1697 - 1875，London：Octagon Books，1971，p. 121.

② 参见 Harry Emerson Wildes，"Russia's Attempts to Open Japan，"*The Russian Review*，Vol. 5，No. 1（Autumn，1945），pp. 70 - 79.

③ 《1803 年，不晚于 2 月 13 日。商务大臣 Н. П. 鲁米扬采夫为建议派代表赴北京谈判俄国于广州开贸易事呈亚历山大一世皇帝的奏折》，［俄］В. С. 米亚斯尼科夫：《19 世纪俄中关系：资料与文献 第 1 卷 1803—1807》（上），徐昌瀚等译，广东人民出版社 2012 年版，第 1—2 页。

④ 《1803 年 2 月 20 日。内阁关于审议商务大臣 Н. П. 鲁米扬采夫奏请开广州贸易事的记录》，［俄］В. С. 米亚斯尼科夫：《19 世纪俄中关系：资料与文献 第 1 卷 1803—1807》（上），徐昌瀚等译，广东人民出版社 2012 年版，第 6 页。

赴广州开市，并重视同日本及亚洲其他地区的贸易"①。同年 11 月 3 日，鲁缅采夫向俄国国务总理大臣沃隆佐夫提出报告，"建议派遣一使臣前赴北京，宣示友好，知会吾皇登基，并询问中国政府是否同意除陆地边境恰克图外，另辟广州贸易，允许我国加入，与万国万邦一体对待"②。11 月 9 日，沃隆佐夫就亚洲司起草枢密院致理藩院文书知照清帝国一事向外务院下达指示，说明俄国使华活动的"唯一目的在于敦睦修好，通报皇帝陛下登基，并对中国皇帝登基致贺"③。11 月 16 日，俄国枢密院依照沃隆佐夫指示以告知沙皇亚历山大一世登基和祝贺清代皇帝登基为理由，知会清朝理藩院，提议向北京派遣使臣。④ 1804 年 2 月 4 日，恰尔托雷斯基下达给使团的指示主要包括两项内容："一是探听中国政府是否同意俄国在恰克图以外陆界择方便之地另辟一处通商口岸的建议；二是探听对其他国家开放的广州贸易是否也会对俄国人开放。"⑤ 1804 年 1 月 19 日，库伦办事大臣蕴端多尔济、佛尔卿额向嘉庆帝汇报俄国请求使华的计划。2 月 22 日，理藩院向俄国枢密院传达嘉庆帝意见，询问俄国使团启程和到达北京的时间，批复"着尔等准备妥当，即可成行，以示朕对远方使臣体恤赏识之意"⑥。从理藩院回复俄国枢密院的国书语态可以看出，清朝"天朝大国"的形象跃然纸上，诸如"近年来俄罗斯

---

① 《No. 3 1803 年，不晚于 3 月 27 日。商务大臣 H. П. 鲁米扬采夫就同清帝国及日本开展贸易之前景呈亚历山大一世皇帝的奏章》，[俄] B. C. 米亚斯尼科夫：《19 世纪俄中关系：资料与文献 第 1 卷 1803—1807》（上），徐昌瀚等译，第 9 页。

② 《No. 5 1803 年 11 月 3 日。商务大臣 H. П. 鲁米扬采夫为建议就派遣使臣赴清帝国事知会清国当局以及为使臣准备训令等事呈国务总理大臣 A. P. 沃隆佐夫的报告》，[俄] B. C. 米亚斯尼科夫：《19 世纪俄中关系：资料与文献 第 1 卷 1803—1807》（上），徐昌瀚等译，第 18 页。

③ 《No. 6 1803 年，不晚于 11 月 9 日。国务总理大臣 A. P. 沃隆佐夫就亚洲司起草枢密院致理藩院文书知照俄国将派使团赴清帝国一事给外务院的指示》，[俄] B. C. 米亚斯尼科夫：《19 世纪俄中关系：资料与文献 第 1 卷 1803—1807》（上），徐昌瀚等译，第 20 页。

④ 《No. 7 1803 年 11 月 16 日。枢密院为俄国政府向清帝国派遣使臣事致理藩院的文书》，[俄] B. C. 米亚斯尼科夫：《19 世纪俄中关系：资料与文献 第 1 卷 1803—1807》（上），徐昌瀚等译，第 23 页。

⑤ 陈开科：《嘉庆十年：失败的俄国使团与失败的中国外交》，社会科学文献出版社 2014 年版，第 157 页。

⑥ 《No. 18 1804 年 2 月 22 日。理藩院就嘉庆皇帝同意廷见俄国使臣事致枢密院的文书》，[俄] B. C. 米亚斯尼科夫：《19 世纪俄中关系：资料与文献 第 1 卷 1803—1807》（上），徐昌瀚等译，第 50 页，第 52 页。

国信守各项已有之协议，如今又思恢复久已中断之往来，派使臣来我国京城北京表达敬意"，"以示朕对远方使臣体恤赏识之意"等言辞无不以一种凭高"一览众山小"的姿态应对俄国赴华使团的请求。其实质是清代中国"朝贡贸易体系"中"天子"处理四方夷狄朝贡贸易的惯用方式。11月17日，理藩院正式告知枢密院，嘉庆帝考虑到"俄罗斯路途遥远，故也许今年不克遣使前来"，"无奈只好将此次出使延至来年"，同意于1805年在清廷接待俄国使团。①

然而，戈洛夫金使团直到1805年5月才从圣彼得堡出发，途经莫斯科、喀山、伊尔库茨克、恰克图，到达中国边界城市库伦。正是在库伦，俄国使团与清朝政府发生了激烈冲突，广泛涉及书信体例、限制俄国使团人数、俄国东正教布道团随行等诸多问题。1806年1月14日，戈洛夫金使团进入库伦，接下来，戈洛夫金就与库伦大臣之间围绕谁先迎接谁的问题产生了矛盾。1月15日，戈洛夫金拜访库伦大臣，库伦大臣也在二进门恭候俄国大使。而双方真正的冲突发生在次日中午的交涉之中。期间，库伦大臣坚持要求戈洛夫金在宴会开始前于正午时分面对点燃香烛的香案行三跪九叩之礼，以示谢恩，戈洛夫金则严词拒绝，双方最终不欢而散。其后，戈洛夫金使团与库伦办事大臣之间多次沟通，然而双方互不相让，陷入僵局之中。2月11日，库伦收到了嘉庆皇帝的谕旨。库伦办事大臣立即派贝子前往使团驻地宣布皇帝旨意：如果大使不在库伦履行跪拜礼，就要被驱逐。同日，库伦办事大臣即致函戈洛夫金，以书面文件形式向使团宣布嘉庆皇帝的谕旨：如果戈洛夫金不在库伦演习跪拜礼，那么"自戈洛夫金以下使团全体人员，既无福享受我圣明皇上之恩典，只能谨遵圣命，带着你们的贡物，即刻回国，无需继续交涉"②。

根据鲁缅采夫的计划，俄美公司将利用沙俄首次环球航行之机，运载公司毛皮前往广州销售，已达到呼应北方戈洛夫金使团，迫使清廷批准开

① 《满文译本 大清国理藩院知照俄罗斯枢密院文书》，［俄］B. C. 米亚斯尼科夫：《19世纪俄中关系：资料与文献 第1卷 1803—1807》（上），徐昌瀚等译，第105页。
② 陈开科：《嘉庆十年：失败的俄国使团与失败的中国外交》，第331—347页。

放广州贸易的既成事实。① 1805 年 11 月 21 日，俄国船只"希望"号在船长克鲁申施特恩的率领下到达澳门港口，由此拉开了俄中两国人员在中国南方广州的较量。克鲁申施特恩考虑到船上"除了有很少一点东西外，没有中国人要的货物"，便做出向澳门海关谎称"希望"号为兵船，以期"在澳门等候'涅瓦'号"。② 12 月 3 日，"涅瓦"号到达澳门。由于"涅瓦"号上载有大量的毛皮，"希望"号再次改称"商船"得以进入黄埔。③ 1805 年 12 月 14 日，西成行以"保商"身份派驳船到黄埔运载皮货。12 月 18 日，粤海关监督延丰到黄埔视察"涅瓦"号，并于次日向嘉庆帝奏明俄罗斯船只来广贸易，请旨办理。④ 但延丰未等到嘉庆帝的旨意，就允许俄船卸货贸易。延丰在奏折中阐述了自作主张的理由有两点：一是俄商请求贸易的夷禀十分恭顺，且远道而来，殊不容易；二是为了体现皇上"柔怀远夷之至意"。⑤ 随后，军机处谕令两广总督吴熊光、广东巡抚孙玉庭、粤海关新任监督阿克当阿查明俄船是商船还是国家派遣？俄船前来广州贸易是否途经那些国家或地区，是否与其他西洋国家联系合谋？并要求粤海关当局不可放行俄船，静待军机处谕令。⑥ 随后，按照俄美公司代表

---

① 鲁缅采夫在呈送亚历山大一世的奏章中论述，"俄美公司无法保持皮货的价格，是因为英国人和美国人从诺特卡—宗德和夏洛特群岛把皮货运往广州，而俄美公司却是将皮货经由艰难的鄂霍次克通道运往恰克图。故而前者在这个市场总是占尽先机，而后者至今犹未能有机会涉足广州。……为此目的，特委派环球考察队中的一艘船只试到广州开市，但为了更有把握，也为了尽可能多地开辟销售西伯利亚和美洲产品的新途径，商务大臣认为有必要指示奉命出使中国朝廷的官员说服该国政府，既然广州对所有国家都能开放，那俄国理应抱有很大希望，相信它的臣民在这个问题上不会遇到障碍"。鲁缅采夫的话清晰地显示出俄国寻求开拓广州市场的因由，策略和目标，为人们了解 19 世纪初戈洛夫金使华与俄美公司广州贸易之间的内在联系和总体目标提供了原始文献的支持。参见《No. 53 1805 年 1 月 16 日。商务大臣 Н. П. 鲁米扬采夫呈亚历山大一世皇帝的奏章，报告发展俄中贸易的计划和出使清帝国使团的目的》，［俄］В. С. 米亚斯尼科夫：《19 世纪俄中关系：资料与文献 第 1 卷 1803—1807》（上），徐昌瀚等译，第 125—126 页。
② 伊·费·克鲁森什特恩：《俄船首航广州》，载伍宇星编译：《19 世纪俄国人笔下的广州》，大象出版社 2011 年版，第 2 页。
③ 伊·费·克鲁森什特恩：《俄船首航广州》，伍宇星编译：《19 世纪俄国人笔下的广州》，第 7 页。
④《粤海关监督延丰奏俄罗斯夷船来广贸易折 十年十月二十九日》，故宫博物院辑：《清代外交史料·嘉庆朝》，成文出版社 1968 年版，第 85—86 页。
⑤《粤海关监督延丰奏俄罗斯夷船来广贸易折 十年十月二十九日》，故宫博物院辑：《清代外交史料·嘉庆朝》，第 85 页。
⑥《军机处寄两广总督吴熊光晓谕嘅咭唎夷商该国贸易向有定界不可轻易旧章著即将船驶回本国上谕 十年十二月十五日》，故宫博物院辑：《清代外交史料·嘉庆朝》，第 101—102 页。

与西成行黎颜裕协商的结果，俄美公司用9万皮亚士收购茶叶，其余资金用于购买瓷器、丝绸等土特产品。1806年1月中旬，正当俄船加紧装货、准备返航之际，从黎颜裕处获知此清廷禁止放行俄船的规定，遂积极奔走，寻求英国东印度公司留粤代办杜雷蒙德。杜雷蒙德随后利用英国东印度公司在广州政商两界的影响，先后组织以十三行首官潘启官——潘有度为首的行商请愿团向新任两广总督吴熊光请求放行俄船，尤其强调俄国地处极北，如果不及时返航，航路冻结，必须在广州留守半年之久。最后，新任两广总督吴熊光、广东巡抚孙玉庭及新任粤海关监督阿克当阿决定，"因思抚恤外夷，自应示之以信，既经准其卸货，似又未便久阻归期，致失怀柔远人之意"，[①] 对俄船发放红牌，准以放行。[②] 1806年2月9日，"希望"号和"涅瓦"号启航回国。至此，俄美公司商船在广州虽然屡遭阻碍，但最终完成了广州出售毛皮的计划。然而，作为俄国开拓广州市场的整体计划却以失败告终。

# 第三节　列扎诺夫访日事件

1803年沙俄第一次环球航行即将启航之际，商业大臣鲁缅采夫奏请沙皇借此机会向日本派遣一位外交使节，尝试开拓俄日贸易之门。[③] 2月20日，鲁缅采夫在俄罗斯帝国大臣委员会上宣读了有关开拓日本贸易与中国广东贸易的报告。报告内容得到了沙皇亚历山大一世的批准。[④] 事后，鲁缅采夫还曾多次向沙皇陈述北美丰富的毛皮资源与彼得大帝以来俄国对外开拓的功业，说明打开日本市场对解决俄美公司补给与贸易方面困境的重

---

① 《No. 269 1806年1月26日。两广总督吴熊光关于批准 И. Ф. 克鲁森什特恩及 Ю. Ф. 利相斯基两人船只回国原因的奏折》，［俄］B. C. 米亚斯尼科夫：《19世纪俄中关系：资料与文献 第1卷 1803—1807》（上），徐昌瀚等译，第833—834页。

② "两广总督吴熊光奏准令嘶咇夷船开行回国缘由折 十年十二月十八日"，故宫博物院辑：《清代外交史料·嘉庆朝》，第105—106页。

③ 《No. 3 1803年，不晚于3月27日。商务大臣 H. П. 鲁米扬采夫就同清帝国及日本开展贸易之前呈亚历山大一世皇帝的奏章》，［俄］B. C. 米亚斯尼科夫：《19世纪俄中关系：资料与文献 第1卷 1803—1807》（上），徐昌瀚等译，第8页。

④ 寺山恭輔、畠山禎、小野寺歌子编，平川新监修，『ロシア史料にみる18—19世纪の日露関係』第1集，32页。

要作用。① 显然，鲁缅采夫对发展俄日贸易的热情是彼得大帝、叶卡捷琳娜大帝以来俄国政府对日本与远东贸易追求的延续，尤其深受俄国远东当局与商人群体不断诉求的影响。早在 1792 年，叶卡捷琳娜大帝即批准伊尔库茨克总督以地方名义向日本派遣出拉克斯曼使团。这次使团活动虽未实现俄日两国全面通商的目标，却也获得允许一艘俄国船只进入长崎港的批复，为日后俄国继续开拓日本市场创造了重要的条件。② 俄美公司的成立与沙俄向美洲—太平洋区域的扩张更坚定了沙俄打开日本国门的决心。早在 1800 年，沙皇保罗就已经明确将建立俄日两国联系的任务委托给俄美公司，③ 俄国政府最终选择承担赴日使团的所有费用。沙皇亚历山大一世选择尼古拉·列扎诺夫作为首位俄国赴日使节，尝试与日本皇帝签订友好条约，打开俄日经济贸易的新局面。俄国政府对列扎诺夫日本之行的目标作了如下规定：第一，依据拉克斯曼使团获得的进入长崎港贸易的凭信开通俄日两国的贸易；第二，往返日本期间，注意探测千岛群岛、萨哈林岛、阿穆尔河河口，以及鞑靼海峡；第三，调查西伯利亚东部海岸，并进行政府出访。④ 显然，俄国政府对日本市场的开拓，与探测北太平洋岛屿、黑龙江流域等多重目标相联系，在某种程度上体现出沙俄在远东扩张的整体性。

作为俄国向日本派遣的首批国家使团，列扎诺夫使团深受沙皇政府的重视。沙皇亚历山大一世不仅授予列扎诺夫皇室侍从长、四等文官、圣安娜一等爵位等显赫地位，而且亲笔致信日本国皇帝，说明俄日两国具有发展经济贸易的天然优势，希望借此开拓俄日两国商贸的大门。⑤ 1804 年 8 月 22 日，搭载列扎诺夫在内共 85 名人员的"希望"号驶向日本列岛。直

---

① 寺山恭輔、畠山禎、小野寺歌子編，平川新監修，『ロシア史料にみる18—19 世紀の日露関係』第 1 集，35 頁。

② 有关拉克斯曼使日的内容参见 David N. Wells edite and translate, *Russian Views of Japan*, 1792 – 1913: *An Anthology of Travel Writing*, New York: Routledge, 2004.

③ George Alexander Lensen, *The Russian Push Toward Japan*: *Russo-Japanese Relations*, 1697 – 1875, p. 122.

④ George Alexander Lensen, *The Russian Push Toward Japan*: *Russo-Japanese Relations*, 1697 – 1875, p. 128.

⑤ 寺山恭輔、畠山禎、小野寺歌子編，平川新監修，『ロシア史料にみる18～19 世紀の日露関係』第 1 集，69 頁。

至 9 月 26 日，“希望”号才到达日本海岸。9 月 28 日，列扎诺夫与日本代表正式举行会谈。列扎诺夫向日方呈送了同时用俄文、满文和日文书写的亚历山大一世国书，说明俄国使团此行的目标。日本官员却以国书中的日文无法识别为由，要求先将信件译为荷兰文之后再予答复。随后，列扎诺夫使团开始了在长崎港长达半年的等待。期间，日本对俄国使团的活动进行了严格的限制，先是要求俄舰和使团成员解除武装，但允许列扎诺夫及随从保留配身短剑。日本人还不允许荷兰人与俄国人会面，不允许日方工作人员向俄国人透露任何有关日本政治与社会方面的内容，不允许俄舰进行礼仪性鸣炮，不允许俄国使团人员进入长崎港。[①] 11 月 2 日，长崎官员通知俄国使团日方将提供免费的补给品，但俄方人员不得进行任何交易活动。同时告知荷兰船只即日离港，将鸣炮致礼，此乃荷兰国家风俗，要求俄舰不得鸣炮。这一要求很快遭到列扎诺夫的激烈反抗，后者认为日方此举侮辱了俄舰悬挂的俄罗斯帝国军旗。[②] 列扎诺夫还向日方人员申诉：感觉自己并不是被看作一位朋友，而是一名被关押的囚犯。列扎诺夫要求日方能够允许自己登岸养病。这一要求获得日方许可。日本官员在长崎港岸边的一个小的半岛上修建了一所房屋，长 50 米，宽 40 米，周围的草木都被拔除，房子周围是两层用竹子搭建的栅栏，配有一条狭窄的孔道和两扇带锁的铁门，周围驻有大量日本武士。日方要求俄方每晚登岸人员不得超过 9 人。列扎诺夫及使团主要成员就是在这样的阴暗、潮湿、寒冷的条件下度过驻留日本的大部分时间。这种环境不但继续危害着列扎诺夫的身体[③]，也使他和其他成员的脾气变得更为暴躁。正如随行医生朗斯多夫所描述的那样：“寒冷和暴风雨增加了疾病，船上的每一个灵魂都因虚度时

---

① Owen Matthews, *Glorious Misadventures*：*Nikolai Rezanov and the Dream of a Russian America*, Bloomsbury, p. 102.

② George Alexander Lensen, *The Russian Push Toward Japan*：*Russo-Japanese Relations*, 1697 – 1875, p. 149.

③ 列扎诺夫身体状况的恶化发生于从俄国喀琅施塔得到日本的航行中。由于沙皇和俄国官员对列扎诺夫与克鲁申施特恩职责与权限的模糊界定，使二者在航行中多次发生争执，直接导致克鲁申施特恩将列扎诺夫囚禁在船长室中，在密闭的环境下，列扎诺夫的身体大为虚弱，这一状况在一定程度上减弱了列扎诺夫对处理对日事件的判断力和忍耐力。参见 Glynn Barratt, *Russia in Pacific Waters*, 1715 – 1825：*A Survey of the Origins of Russia's Naval Presence in the North and South Pacific*, University of British Columbia Press, 1981.

间而暴躁。"① 这样的局面一直维持到 1805 年春。

由户田氏教担任首席老中的德川幕府，采纳儒官林述斋和柴野栗山的建议，继续坚守锁国的祖法，反对开展对外贸易，决定拒绝俄方提出的一切要求，即禁止俄国使节前来江户，不接受国书和赠品，拒绝通商和通信。1805 年初，幕府除将这一见解通知长崎奉行外，并派遣目付远山景晋携带晓谕前往长崎。在给长崎奉行的通知中，幕府指示其应质问对方，为何违反当年在晓谕的内容而带来国书，并将信牌收回，但仍依前例，提供粮食、燃料及淡水。② 4 月，远山景晋等在长崎三次会见列扎诺夫。第一次的会谈非常短暂。远山质问俄方为何在拉克斯曼使团被拒绝后仍然携带国书而来，强调拉克斯曼所获长崎贸易凭信是允许一艘俄国商船前来贸易而非允许俄国派遣使团，并指责俄方为何在获得特许证十余年后方才前来。列扎诺夫利用事先准备好的答案做了应答。不久，远山景晋与列扎诺夫进行了第二次会谈。远山向俄方传达了幕府致俄罗斯帝国皇帝的信件，说明锁国政策乃是日本延续数百年的故例，当下日本与朝鲜、中国、荷兰、琉球的贸易关系因为早已存在而获得保留，因为日本对外国商品并没有特别的需求，所以无法允许俄方提出的通商要求。俄方应立即返回，不得再来。③ 日方的这些言论激起了列扎诺夫的强烈不满，他大声咆哮，"你们怎么能够拒绝俄罗斯皇帝致日本皇帝的国书！"列扎诺夫甚至扬言要书写俄罗斯帝国对日本的战书。④ 4 月 19 日，俄日双方再次会谈，基本确定了前两次会谈的结果。日本为俄舰免费提供补给品，但拒不接受俄方的国书和礼品。4 月 21 日，日方接收俄舰带来的日本漂流民。4 月 28 日，列扎诺夫获得幕府致沙皇国书的荷兰语版。同日，俄舰接到日方通知，要求其尽快驶离长崎港。4 月 30 日俄舰"希望"号驶离长崎港，列扎诺夫使日最终以失败告终。

"希望"号离开长崎后，于 1805 年 6 月返回堪察加半岛。正是在这次航

---

① Georg Heinrich von Langsdorff, *Voyages*, *Discoveries and Correspondence*, St Petersburg, 1890, p. 288.

② 周启乾：《日俄关系简史》，天津人民出版社 1985 年版，第 62 页。

③ George Alexander Lensen, *The Russian Push Toward Japan*: *Russo-Japanese Relations*, 1697 – 1875, p. 155.

④ Owen Matthews, *Glorious Misadventures*: *Nikolai Rezanov and the Dream of a Russian America*, p. 109.

行中，列扎诺夫注意到日本海防的薄弱，为日后制订劫掠日本的计划奠定了基础。1805 年 7 月 30 日，列扎诺夫上书沙皇亚历山大一世，说明"日本民众对俄日两国贸易之渴望，希望通过武力打开日本贸易大门"。随后他任命在俄美公司任职的海军军官赫沃斯托夫上尉和达维多夫少尉，指令，"摧毁松前的日本人定居点，将日本人赶出萨哈林岛，并对日本海岸发动攻击，使其无法继续进行捕鱼，最终迫使其同意俄日两国贸易活动"。① 然而，此时正值欧洲拿破仑战争时期，沙皇的注意力完全被欧洲事务所吸引，列扎诺夫一直没有获得沙皇的答复。1806 年 8 月，列扎诺夫含糊其辞地大胆指示赫沃斯托夫和达维多夫前进至日本海域，对海岸目标发动攻击。1806 年 10 月间，俄舰"尤诺娜"号先后对库页岛和南千岛的部分日本据点进行攻击。俄舰对南千岛群岛、库页岛和北海道的攻击促使日本政府增强对北部边防的危机意识。1807 年初，幕府把箱馆奉行改称松前奉行，官署从箱馆迁至松前，这样，就完全废止了松前藩对虾夷地的统治，而将其列为幕府的直辖领地，这是一个对付俄国人袭击的对策。幕府还向在沿海拥有领地的大名和小名发出指示说："今后无论在何处海面发现俄船，应即严加驱逐，如敢靠岸，则应迅即扣留或击沉，一切应根据情况处理。"②日俄两国随后再次发生日方扣留戈洛夫宁与俄方逮捕高田屋嘉兵卫的冲突，但日俄两国考虑到本国所面临的国内外形势，最终采取交换人质的息事宁人的态度，这场由列扎诺夫使团失败而挑起的俄日两国边界争端才宣布告一段落。③

## 第四节　19 世纪初俄国开拓远东海上贸易活动的历史影响

19 世纪初俄国政府与俄美公司联合开拓中国广州与日本长崎的活动是

---

① George Alexander Lensen, *The Russian Push Toward Japan*: *Russo-Japanese Relations*, 1697 – 1875, p. 161.

② ［日］信夫清三郎：《日本政治史：第一卷 西欧的冲击与开国》，周启乾译，上海译文出版社 1982 年版，第 125 页。

③ 有关戈洛夫宁被俘事件的内容，参见 Captain Golownin, *Memoirs of a Captivity in Japan*, *during the Years* 1811, 1812, *and* 1813; *with Observations on the Country and the People*, London: Printed for Henry Colburn and Co., 1824.

近代俄国在远东太平洋区域政治、商业扩张链条中的两个环节，二者具有惊人的相似性。戈洛夫宁使华与列扎诺夫赴日都以失败告终，而双方在礼仪文化与外交体制方面的冲突成为两次外交活动失败的关键因素，其实质是西欧国际体系与朝贡体制、大君外交制度等东亚传统国际体系的冲突，更是俄国与中日两国间商业经济与农本经济的激烈对抗。戈洛夫金使华作为俄国更改中国传统贸易体制①的尝试。其失败的命运不仅体现出清代中国"朝贡"理念的顽强生命力，而且显现出中华世界秩序与欧洲国际体系的巨大差异。正如美国学者康灿雄所说，东亚区域独特的历史发展，赋予朝贡制度成为解读该区域国际关系与政治经济状况的有效路径。② 戈洛夫金使团对华外交的失利具有重要的历史影响。一方面，俄国对华贸易被长期限制在恰克图口岸，直接导致俄美公司与沙俄政府在远东的商贸活动受到遏制。另一方面，戈洛夫金使团的气势与英国在东南海疆活动的频繁促使清廷感受到外域的强大与威胁。但总的来看，清代中国失去了一次重新审视国际大势，调整自身贸易外交体系的机会，而俄舰入广的经历无不揭示出清代地方官吏、海关管理，以及外贸体制的腐败与无能。

　　另外，列扎诺夫使团的失败正是日俄两国社会整体发展态势中差异性的集中体现，这种差异既反映在日俄两国异质文化的矛盾方面，又是现实政治层面国际关系体制之间的冲突。列扎诺夫叩关日本对俄日双方亦有深

---

　　① 清代中国的外贸体制源于 15 世纪初明成祖根据魏晋南北朝时期华夷秩序观念发展而来的朝贡体系，即以商贸利益为诱惑吸引万国来朝的盛世局面，"朝贡贸易体制"初步形成，早期的朝贡包含较大的君主"德化"与明王朝的政治军事实力。清军入关后基本沿袭下明朝的"朝贡贸易体系"，其实质是证明政权合法性的重要手段。18 世纪后期，伴随清代中国国力的衰微，"朝贡国"越来越注重"朝贡贸易"中的经济效益而非政治意义，而清朝统治者则仍然沉醉于"万邦来朝"的虚幻状态之中，并且在政治军事力量难以实现目标的时候选择利用"朝贡贸易"的经济手段获得政治目标。如乾隆时期三次关闭中俄恰图边界贸易以迫使沙俄政府在蒙古和新疆问题做出妥协。嘉庆皇帝为在万邦朝贡使节面前显示大俄罗斯对自己的"臣服"而拟定戈洛夫金使华的时间等。有关"朝贡贸易体制"的内容参见［美］费正清编《中国的世界秩序》，杜继东译，中国社会科学出版社 2010 年版；［日］信夫清三郎编：《日本外交史》，天津社会科学院日本问题研究所译，商务印书馆 1980 年版；米镇波：《清代中俄恰克图边界贸易》，南开大学出版社 2003 年版；陈维新：《清代对俄外交礼仪体制及藩属归属交涉（1644—1861）》，黑龙江教育出版社 2012 年版。

　　② ［美］康灿雄：《西方之前的东亚：朝贡贸易五百年》，陈昌煦译，社会科学文献出版社 2016 年版，第 1—6 页。

远的影响。日本方面，加强海防与开发北部边界的思想日益兴盛。这一思想发源于近代西方国家在北太平洋区域的扩张，并伴随俄国拉克斯曼使团与列扎诺夫使团的到来得以不断强化。东亚史学者德祖卡通过对 19 世纪初期德川幕府对库页岛、北海道和南千岛群岛海洋资源开发历程的梳理，注意到幕府的北疆开发与沙俄威胁的紧密关联。[①] 同时，列扎诺夫叩关日本还强化了幕府推行锁国政策的力度。如幕府颁布"俄船驱逐令"对靠岸的俄船进行驱逐，无论其是否遭遇海难或缺乏燃料补给。此外，幕府开始将对外贸易的对象限定于中国、朝鲜、荷兰东印度公司和琉球等传统通商国家，在某种程度上使日本日益走向锁国状态之中。俄国方面，列扎诺夫使团的失败成为沙俄向远东—北太平洋地区扩张的重大挫折，深刻影响到俄国的远东扩张战略与实践。期间，日本政府的强硬态度、有效的军事部署都使沙俄感觉到日本作为一个动员力极强的国家，远非西伯利亚和阿拉斯加那些易于被征服的鞑靼汗国和部落，必须慎重行事。同时，克鲁申施特恩等人对库页岛和黑龙江流域地理环境的误判则直接影响到沙俄远东政策的制定与施行，客观上推迟了近代远东黑龙江问题的出现。

需要说明的是，尽管戈洛夫金与列扎诺夫使团皆因"礼仪冲突"而失败，中、日、俄三国不同的社会发展态势与国际关系体系，则是左右东北亚区域国际关系的深层动因。近代俄国深受欧洲重商主义的影响，国家和君主致力于拓展对外贸易。事实上，正是近代欧洲制帽产业的发展及其对毛皮资源的需求，直接促成俄国对新的毛皮产区的追逐与向西伯利亚的扩张。反观同时期的中日两国，尽管社会商业亦获得一定的发展，但整体都是以农为本的封建经济。近代西欧国家引领的世界贸易作为历史发展的潮流，清代皇帝与德川幕府都曾从国内外贸易中获益，然而为延续专制统治，两者又都限制自由贸易与交流。而传统的朝贡贸易体系与大君外交体制，正是中日两国处理国内与周边关系的柱石。从这个意义上说，欧洲国际体系的侵蚀与朝贡贸易体系/大君外交体制的破坏，必然会危及清代皇帝和德川幕府的统治根基，后者对其的激烈抵制自然也在情理之中了。实

---

① Kaoru Tezuka, "Ainu Sea Otter Hunting from the Perspective of Sina-Japanese Trade," *Senri Ethnological Studies* 72：125.

第三章　俄美公司与远东

际上，欧洲国家和商业公司作为传统亚洲体系的介入者，如何处理与这些区域传统的贸易与外交的关系问题成为其各自生存与发展的关键问题。而由于现代早期欧洲国家在亚洲区域政治、军事实力的有限，更增加了这一进程的复杂性。显然，传统的以欧洲国际体系为蓝本的使团外交难以实现既定的商业和政治目标。反观荷兰东印度公司在德川日本的成功与马戛尔尼使团与戈洛夫金使团的失败，其融入传统外交系统与挑战既有体制的选择，在很大程度上决定了各自使团的不同命运。①

此外，中日两国在应对沙俄外交压力的过程中存在一定的差异性，而这种差异性似乎在明治维新前即已昭示出近代中日两国不同的发展命运。俄国使臣在中日两国同样因为礼仪体制问题而受到阻碍，但交涉期间粤海关当局的诚惶诚恐、清廷与广东地方的政策差异、统治者对事件的处理、事件对本国政策的影响等方面都与德川日本的坚定决绝、上下一致、事件对官僚、社会各界的震动相差异，这些应对方面的差异必然对 19 世纪后中日两国的历史发展产生深远的影响。② 正如日本学者信夫清三郎在论及近代中日两国应对西方冲击时的不同反应问题时所说："清朝的异民族统治与日本的幕藩体制不同，特别是幕藩体制以封建割据为原则，承认多种思想的存在；其次的原因在于华夷秩序把中国以外的世界看作是'夷'，当作'羁縻'的对象，绝不承认是平等的关系，而大君外交体制则由于是在中华秩序的外缘形成的关系，一开始就不把自己的国际秩序当作唯一的、绝对的东西，而认为是若干国际秩序之一。"③ 同时应该看到，两次事

---

① 以荷兰东印度公司在德川日本的外交交涉为例，其先后历经"荷兰执政""巴达维亚的荷兰总督"等域外主权的交涉与"臣属与融入传统的德川幕藩体制"的阶段性转变，最终获得德川幕府的认可与公司对日贸易的延续。同样的事例适用于英国东印度公司对莫卧儿帝国传统秩序的融入过程。参见［澳］亚当·克卢洛《公司与将军：荷兰人与德川时代日本的相遇》，朱新屋、董丽琼译，中信出版社 2019 年版，第 30—151 页。

② "俄舰入广"期间，粤海关和广东地方当局一直处于一种犹豫不决的状态之中，一方面，俄国作为北陆通商之国，入广贸易有违既定规章；另一方面，朝廷下达给粤海关的税收压力、地方官员的徇私舞弊传统，直接促成广东地方当局的默许态度与俄舰贸易计划的完成。而清廷内务府广泛参与恰克图与广州的外贸活动并从中获益，反映出清廷对外贸易与交流的复杂态度。有关清代广州体制问题的研究，参见［美］范岱克《广州贸易：中国沿海的生活与事业（1700—1845）》，江滢河、黄超译，社会科学文献出版社 2018 年版。

③ ［日］信夫清三郎：《日本外交史》（上册），天津社会科学院日本问题研究所译，商务印书馆 1980 年版，第 45—46 页。

件的结果在某种程度上还是中国和日本成功抵制俄国殖民入侵的生动体现。

# 第五节　结论

近代重商主义思想的发展与欧洲各国对华贸易的争夺成为 16 世纪末俄国向西伯利亚和远东扩张的重要背景。伴随俄国远东对华贸易的发展与美洲太平洋区域的商业殖民，沙皇政府迫切需要进一步拓宽中国广州和日本长崎的贸易市场。19 世纪初的戈洛夫金使华与列扎诺夫访日正是沙俄政府尝试打开远东市场的重要行动。其实质是近代欧洲国家寻求全球市场与追求商业利润的组成部分，也是沙俄国家对外殖民扩张的关键步骤。这两次外交使团最终因为礼仪纷争而宣告失败，其结果对近代东北亚国际关系产生了重要的影响。一方面，沙俄缘起于西伯利亚的扩张受到遏制，另一方面，俄国使团的气势与行动无疑增加了中日两国的地缘政治压力。从历史发展的长时段出发，19 世纪初俄国使团与中日两国的冲突正是近代欧洲国际体系与东亚传统的朝贡贸易或大君外交体制的碰撞与对抗。而中、日、俄三国社会发展状态的差异，则成为这一外交后果的根本原因。值得注意的是，两次外交交涉过程中，中方与日方在中央与地方具体态度和政策上的差异，俄舰在广州的"得逞"与在长崎的"完败"的巨大反差，以及事件过后清廷对涉事官吏的严惩与幕府开发北部边疆的规划，无不体现出中日两国在应对域外威胁时的不同反应。而这种外交态度与策略上的差异，在某种程度上，成为近代中日两国不同发展历程的具体展现。

# 第四章
# 俄美公司与美洲西北海岸

　　美洲西北海岸在俄美公司的经营活动与近代太平洋毛皮贸易历史上都占据十分重要的地位，不仅成为俄美公司与英美毛皮商人商业博弈的主要区域，而且演变为英美俄西等殖民国家政治角逐的"火药桶"。早在俄国毛皮商人初次踏上阿拉斯加海岸之时，南部的美洲西北海岸便成为毛皮商业开发的后备基地。舍利霍夫、列扎诺夫、巴拉诺夫等商业精英无不设想构建起纵贯阿拉斯加、美洲西北海岸和北部加利福尼亚的美洲太平洋毛皮帝国。俄美公司建立后即开始筹备南部海岸的探险与征服运动。然而，伴随列扎诺夫、库什克夫等人对美洲西北海岸商业探险的失利，尤其是英美两国在此区域的捷足先登，迫使俄美公司只能在更为遥远的北部加利福尼亚建立新殖民地。而英美商业、政治势力在美洲西北海岸的活动，及其不断向俄属美洲的渗透，最终引发 19 世纪 20 年代以沙俄敕令为导火索的美洲西北海岸外交危机。这是一场自 18 世纪 90 年代英国与西班牙的努特卡海角危机以来最为重要的美洲西海岸外交事件，通过 1824 年美俄协议与 1825 年英俄协议，俄国势力被限制在 54′40″N 以北的阿拉斯加，成为俄美公司与沙俄政府在美洲殖民扩张走向终结的重要节点，而此次外交谈判中英美两国政府的战略利益冲突，继续影响到 19 世纪 20 年代以后美洲西海岸国际政治格局的演进。

## 第一节　美洲西北海岸毛皮贸易与
## 俄美公司的向南扩张

　　美洲西北海岸在地理上一般指俄属美洲（阿拉斯加）与西班牙加利福

尼亚殖民地之间的区域，大致包括今天美国西海岸的华盛顿州、俄勒冈州和加利福尼亚州北部区域，以及加拿大西海岸的英属哥伦比亚省等地区。美洲西北海岸在地理上距离欧洲最为遥远，加之美洲大陆和太平洋的阻隔，成为近代欧美探险家和地理学家探索活动的最后舞台。而欧洲社会广为讹传的从欧洲直达亚洲的东北航道和西北航道的传说，则成为推动欧洲国家在美洲西海岸探险与殖民的主要动力。正如海洋史学者唐纳德·B.弗里曼所说，欧洲人侵入的动力在于神秘和误解，但它们导致了非常实用主义的行动，包括吞并殖民的新土地、垄断贸易、征服人民、利用自然资源和劳动力供给、攫取战略优势、获取有可能赚钱的科学知识。① 15世纪末达·伽马和哥伦布对东印度航线和美洲大陆的开拓开启了人类历史的新纪元，一方面，全球规模的商品贸易网络日益成型，资本主义性质的现代世界体系开始从西欧向世界其他地区扩展；另一方面，欧美国家为抢夺和垄断商业贸易利润，纷纷提出对"新发现"土地的所有权，由此将欧洲国家内部的竞争推向全球范围之内。事实上，早在西欧开辟新航路和新大陆的起始阶段，面临商业竞争与垄断的压力，西班牙和葡萄牙两国即展开激烈的争夺。直到1494年西班牙和葡萄牙两国通过《托德西利亚斯条约》最终划定两国在非天主教世界的势力范围。而根据这一条约，包括美洲西北海岸在内的整个美洲西海岸成为西班牙的势力范围。1513年西班牙探险家维斯克·巴尔沃亚跨越达连地峡，首次到达太平洋，将其命名为"南海"，并宣布西班牙对此区域的所有权。在随后的百余年间，新西班牙殖民政府在美洲西海岸组织起一系列的航海探险活动。如1543年巴托洛梅·费雷尔（Bartolome Ferrer）到达今日美国加利福尼亚州和俄勒冈州交界的42′N海岸。1564年亚伯拉罕·奥特里乌斯（Abraham Ortelius）首次在绘制的地图中添加了位于美洲北部的阿尼安海峡（Strait of Anian），这条海峡的传说曾深刻影响欧洲知识界长达200年之久。② 然而，西班牙人并未在美洲西海岸发现墨西哥或者南美蕴藏的丰富黄金、白银，也没有找到

---

① ［美］唐纳德·B.弗里曼：《太平洋史》，王成至译，中国出版集团2015年版，第84页。
② Robin Inglis, *Historical Dictionary of the Discovery and Exploration of Northwest Coast of America*, Lanham：The Scarecrow Press, Inc, 2008, xxix–xxxiv.

富裕的土著王国，西班牙殖民者开拓美洲西海岸的热情自然逐渐消减。

然而，伴随欧洲对东方贸易，尤其是对中国和印度贸易的增长，寻求一条能够从欧洲港口直达中国广州和印度港口的新航路的问题日益被欧洲各国政府和商人提上日程，引发出欧洲国家进行美洲太平洋探险的热潮，包括白令两次堪察加半岛探险、库克三次太平洋航行、温哥华探险、亨德里克－格雷探险、库什克夫探险等一系列海外探险活动。而其中尤以18世纪70、80年代英国探险家库克的第三次太平洋航行最为著名。18世纪70年代，英国已经开启工业革命的历史进程，工业资本主义的发展要求寻找更为广阔的海外市场和更加便捷的商业通路。英国政府积极鼓励私商和探险家从事寻找东北航道和西北航道的探险活动，库克第三次太平洋航行的主要目标即为寻找美洲北部地区的航海新通道。应该说，库克的这次探险具有十分重要的世界地理意义，不仅系统考察了加利福尼亚以北美洲西海岸的自然地理和物产状况，而且"发现"了美洲与亚洲之间的白令海峡，论证出北冰洋航线的不可通航性，彻底推翻了主导欧洲知识界数世纪之久的阿尼安海峡假说。而库克这次探险最为重要的一个结果竟是发现了美洲西北海岸与中国广州之间存在的具有巨大商业潜力的海洋毛皮贸易。航行期间，库克船队的船员为抵御不断向北航行所带来的高寒、潮湿天气，而在温哥华岛西海岸的努特卡海角与印第安人交换海獭毛皮。在堪察加半岛考察期间，当地的俄国商人竞相以高价收购船员们的海獭毛皮，一部分船员在这里出售了自己的毛皮，而另一部分船员则在中国广州的港口发现了海獭毛皮具有的更高商业价值。很快，美洲西北海岸至中国广州之间极具商业价值的海獭毛皮贸易的商机开始广泛在中国广州、印度、欧洲和美国的商人中间广泛传播。这一状况因关于库克第三次太平洋航行的相关航海记录的出版而日益突出。1785年第一位美洲西北海岸的毛皮贸易者詹姆斯·汉娜到达美洲西海岸，由此开启美洲西北海岸的毛皮贸易历史。英美等国的毛皮贸易商船不断涌向美洲西北海岸。截至18世纪90年代，美国的新英格兰商人逐渐取代英国商人而成为美洲西北海岸毛皮贸易的主导力量。18世纪80、90年代，美国商人资助的亨德里克－格雷船队到达美洲西北海岸，开启美国商人从事西北海岸毛皮贸易的历程。精明的美国商人还发展出一条连接新英格兰商品生产、美洲西北海岸毛皮资源、中国广州毛皮倾销和土特产品出口的"黄金循环"。这样的一次航行就能够为新英格兰的毛皮商人带来数次增加利润的机会，为美国早期的资本原始积累创造了有利的条件，然而也对北部地区俄美公司和俄国毛皮商人的经营带来巨大的挑战。

实际上，早在俄国毛皮商人开拓美洲西海岸的毛皮资源伊始，即将视线投向阿拉斯加以南的美洲西海岸。舍利霍夫、列扎诺夫、巴拉诺夫等人都曾将美洲西北海岸作为俄属美洲毛皮资源的重要补充。而伴随俄属美洲的狩猎困境，俄美公司迫切需要再次向南拓展狩猎基地和殖民据点。伴随公司狩猎规模的扩大而来的是本区域毛皮动物的枯竭，为保证公司能够获得持续的经营利润，公司美洲移民区长官巴拉诺夫必须不断扩展公司移民区以找寻新的毛皮动物富集地。1799—1801年间，巴拉诺夫先后在锡特卡岛和阿拉斯加大陆的基奈湾、楚加奇湾等地建立移民区。截至1803年，这些移民区已经广泛分布于阿拉斯加沿岸及其附近岛屿。① 而俄国人在这些地区的狩猎活动却并不顺利，不断遭到特林吉特人（俄国人称为科洛什人）、基奈人等原住民的敌视与攻击。1802年，锡特卡岛上的特林吉特人在英美商人的怂恿下对俄美公司的新阿尔汉格尔移民区发动进攻，杀害了包括移民区长官梅德韦尼科夫（Medvednikov）在内的20名俄国人和130名阿留申人，掠夺了3000张海獭皮及其他毛皮，焚毁正在修造的船只，彻底摧毁了这块移民区。② 锡特卡岛及阿拉斯加沿岸特林吉特人的敌视成为俄美公司向美洲大陆内部与北部岛屿扩展移民区和狩猎地的主要障碍。

而外国商船，尤其是美国商船在美洲西北海岸的活动更加剧了俄国移民区的经营困境。1787年美国商船"哥伦比亚"号和"华盛顿夫人"号到达美洲西北海岸，在获得足够毛皮以后前往中国广州销售，由此拉开美国商人参加新英格兰—美洲西北海岸—中国广州这条商贸之旅的序幕，大量美国商船蜂拥而入，争相从印第安人手中购买毛皮，进而对俄美公司的狩猎活动构成巨大的挑战。俄美公司经理赫列勃尼科夫注意到美国商人在

---

① P. A. Tikhmenev, *A History of the Russian-American Company*, Richard A. Pierce and Alton S. Donnelly Translate and Edit, p. 81.

② P. A. Tikhmenev, *A History of the Russian-American Company*, Richard A. Pierce and Alton S. Donnelly Translate and Edit, p. 65.

交换印第安人毛皮时所具有的优势：美国人买一张毛皮，就付给特林吉特人"五、六条大毯子，外加一些糖浆、面包干和谷米等，而我们却不能付出这样的数目。因为这比规定价格高一倍，有时也因为我们没有足够的商品"。据公司统计，在俄属移民区沿岸通航期间，每年平均有十五艘外国船只运走一万到一万五千张海獭皮。[①] 这样的竞争情势之下，俄美公司获取毛皮的渠道被严格限制在移民区自身的狩猎活动，使其更容易受到狩猎区毛皮动物数量减少的影响。而美国商人为提高印第安人，主要是特林吉特人的贸易热情，毫无顾忌地向其出售火枪、烈酒等威胁俄国美洲移民区稳定与安全的商品，更加激化了移民区与周边特林吉特人的矛盾。巴拉诺夫曾多次向美国商人提出抗议，但对方却以"漂泊 1 万 5 千英里的路程来寻求贸易，必须运载获利最佳之商品"为由而拒绝。[②] 此后，俄美公司总管理处还曾求助俄国政府通过外交渠道交涉这一问题，却屡屡遭到美国政府的托词而无法解决。[③] 外国商船的"走私"活动成为俄美公司商业经营中的挥之不去的"幽灵"，直至 19 世纪 60 年代末俄美公司和移民区的最后出售之时也尚未得到解决。

事实上，除了移民区毛皮动物的迁移与减少、特林吉特人的敌视与攻击、外国商船的走私"贸易"之外，移民区最为严重的问题莫过于粮食的缺乏。阿拉斯加寒冷的气候限制了移民区农牧业的发展，而北太平洋密布的浓雾、暗礁无疑增加了运输船只失事的风险。1805 年"圣伊丽莎白"号来到科迪亚克岛，才打破俄国美洲移民区长达五年时间里没有一艘补给船只的困局。1805 年锡特卡岛上新阿尔汉格尔的 200 个工人每天只能获得一磅面包，到 10 月 1 日以后更只能依靠鱼干、海狮或海豹肉、甚至墨鱼、乌鸦和老鹰维持生存。而只有病人才能食用混有蜂蜜和冷杉球果啤酒汁的麦饼。[④] 正是

---

① ［苏］谢·宾·奥孔著，俞启骧等译，郝建恒校：《俄美公司》，商务印书馆 1982 年版，第 67 页。

② P. A. Tikhmenev, *A History of the Russian-American Company*, Richard A. Pierce and Alton S. Donnelly Translate and Edit, p. 62.

③ Nikolai N. Bolkhovitinov, *The Beginnings of Russian-American Relations* 1775 – 1815, Elena Levin translate, Cambridge：Harvard University Press, 1975, pp. 255 – 256.

④ James R. Gibson, *Imperial Russia in Frontier America：The Changing Geography of supply of Russian America*, 1784 – 1867, p. 175.

在这样的条件下，移民区开始使用贮存的毛皮与美国商人换取食物和其他补给品，造成公司向国内运送毛皮数量的巨大损失。显然，俄美公司的商业利润与移民区的运行维护都迫切需要寻找新的毛皮动物富集地。

1806 年春，新阿尔汉格尔斯克再次面临生存危机，移民区有八个人死于坏血病，六十人患病卧床不起，而到夏季才会再有美国商船前来，移民区严峻的饥饿状态迫使列扎诺夫做出前往距离最近的加利福尼亚获取粮食的计划。[1] 列扎诺夫选定霍沃斯托夫为船长，船员则由 18 名健康员工和 15 名患病较轻的员工组成。1806 年 2 月 25 日，"朱诺"号离开锡特卡岛驶往加利福尼亚。[2] 3 月 14 日，"朱诺"号到达哥伦比亚河口附近。面临过半船员病倒和食物淡水紧缺的状况，列扎诺夫下令船只在哥伦比亚河口停泊。其实，哥伦比亚河早已在"俄罗斯北太平洋帝国"的蓝图中占据十分重要的位置，[3] 列扎诺夫当然不会放过这次直接考察的机会，派遣随船医生兰斯托夫指挥小艇沿哥伦比亚河逆流而上，兰斯托夫注意到岸边的沙土上树木茂密，海湾尽头处有几缕炊烟，进而判断该区域已经有人定居。[4]但哥伦比亚河湍急的水流和繁多的暗滩迫使其提前终止这次探险，"朱诺"

① P. A. Tikhmenev, *A History of the Russian-American Company*, Richard A. Pierce and Alton S. Donnelly Translate and Edit, p. 96.

② Owen Matthews, Glorious Misadventures: Nikolai Rezanov and the Dream of a Russian America, p. 140.

③ "A report from Imperial Chamberlain Rezanov to Minister of Commerce Rumyantsev about a Voyage to Alta California in the Ship Yunona and the Situation in the Russian Colonies. [no number]. New Archangel. 17 June 1806.", James R. Gibson and Alexei A. Istomin compiled and edited, Russian California, 1806 – 1860: A history in documents, Volume I, James R. Gibson translate, The Hakluyt Society, 2014, p. 189.

④ "Anonymous. 'An Extract of Lieutenant Khvostov's Journal of the Voyage of the Ship Yunona from the Port of New Archangel to [Alta] California and Back in 1806'. 24 January-9 June 1806", James R. Gibson and Alexei A. Istomin compiled and edited, Russian California, 1806 – 1860: A history in documents, Volume I, James R. Gibson translate, The Hakluyt Society 2014, p. 183. 事实上，1806 年列扎诺夫使团的加利福尼亚之行的主要人物，如列扎诺夫、兰斯托夫和霍沃斯托夫等人在事后都留有涉及这一事件的书信、日记或航海日志，这些材料因为来源、版本和翻译的多元而略有差异，参见 Richard A. Pierce edited, Rezanov Reconnoiters California, 1806: A new translation of Rezanov's letter, parts of Lieutenant Khvostov's log of the ship juno, and Dr. Georg von Langsdorff observations, The Book Club of California San Francisco 1972; Thomas C. Russell, Langsdorff's narrative of the Rezanov voyage to Nueva California in 1806, San Francisco: The Private Press of Thomas C. Russell, 1927; Hubert Howe Bancroft, History of California, San Francisco: The History Company, Publishers, 1886.

号径直驶向圣弗朗西斯科港。有趣的是，"朱诺"号停泊在哥伦比亚河期间，来自不同方向的另外一支探险队——刘易斯—克拉克探险队恰巧也在这里停留。刘易斯—克拉克探险队可谓美国人太平洋扩张的急先锋，既是这一扩张思想的最初实践，更为日后向这一区域的殖民奠定基础。而路易斯安娜的购买者杰斐逊正是美国早期太平洋扩张思想以及刘易斯—克拉克探险的积极推动者。1804 年，杰斐逊邀请两位在俄亥俄谷底对印第安人战争中的英雄——刘易斯上尉和克拉克中尉率领一支探险队从路易斯安那的圣路易斯出发，沿密苏里河而上，跨越贯穿大陆的河流，一直行进到太平洋沿岸，以便更好地发展与亚洲的贸易。经过近两年的艰难旅程，探索密苏里河和哥伦比亚河，刘易斯—克拉克探险队终于在 1805 年 11 月抵达太平洋。他们还在哥伦比亚河干流以南几英里的内图河建立叫作科拉特索普城堡（Fort Clatsop）的冬营。而正当列扎诺夫准备对哥伦比亚河进行探测的同时，刘易斯—克拉克团队正准备拔营返回美国东海岸。[1] 列扎诺夫船只的黯然离去与刘易斯—克拉克探险队的捷足先登似乎已经预示出俄美两国在哥伦比亚河争夺的最终结果。1808 年 3 月，巴拉诺夫在给库什科夫的信件中写道，"我经常思考新阿尔比恩，现在我将向公司总管理处和财政大臣鲁缅采夫报告，请求他们慎重考虑这一问题，采取行动对其进行占领。"[2] 同年秋，巴拉诺夫为探险队装备了两艘船只，"科迪亚克"号和"尼古拉"号，要求他们详细描述新阿尔比恩的海岸，寻找新的毛皮产地，并在途径地区广泛埋设象征俄国所有权的"铁牌"。还应尽可能避免与他国势力的冲突，并在新阿尔比恩寻找适合地点修建简易的堡垒。[3] 10 月，

---

[1] Elin Woodger and Brandon Toropov, *Encyclopedia of the Lewis and Clark Expedition*, Infobase Publishing, 2004, p. 150; Owen Matthews, *Glorious Misadventures: Nikolai Rezanov and the Dream of a Russian America*, pp. 141 – 142.

[2] "An except from a Memorandum from Governor Baranov to Assistant Governor Kuskov about an Expedition to New Albion. No. 182. Kodiak. 24 March 1808," James R. Gibson and Alexei A. Istomin compile and edite, with the assistance of Valery A. Tishkov, trans. By James R. Gibson, *Russian California, 1806 – 1860: A history in Documents*, p. 246.

[3] 详细内容参见 "A directive from Governor Baranov to Prikazchik Tarakanov about a Voyage to the Coast of New Albion in the Brig [Sv.] Nikolay. [no number]. [New Archangel]. 18 September 1808," James R. Gibson and Alexei A. Istomin compile and edite, with the assistance of Valery A. Tishkov, trans. By James R. Gibson, *Russian California, 1806 – 1860: A history in Documents*, pp. 256 – 269.

"科迪亚克"号和"尼古拉"号从新阿尔汉格尔斯克启程，其中，"尼古拉"号在哥伦比亚河口附近触礁搁浅，[①] 彼得罗夫船长指挥的"科迪亚克"号则顺利地考察了特立尼达岛、博迪加湾，以及圣弗朗西斯科海湾，并捕获了超过 2000 张海獭皮。尽管这次探险喜忧参半，但俄美公司大致掌握了从阿拉斯加至加利福尼亚的航线，为公司在加利福尼亚的后续活动打下基础。

# 第二节　1821 年沙俄敕令的缘起

1821 年沙俄敕令是俄、美两国在美洲西北海岸长期商业冲突的产物。敕令因涉及俄属美洲的领土边界划分与航海贸易管制，而受到英、美两国政府的联合反对，由此引发出美洲西北海岸外交危机。俄美英谈判基本围绕各自商业利益而展开，美国政府则通过干涉俄、英边界划分议题，寻求在有利条件下解决俄勒冈问题，实现自己的地缘战略目标。美国政府的上述活动成为俄、美、英外交谈判由三边会谈转向双边条约的根本原因。1824 年俄美协议与 1825 年俄英协议的签订使这场大国角逐的外交危机暂时获得平息。根据协议，俄国放弃限制外商航行贸易的要求，成为俄国失去北太平洋优势地位的关键节点。同时，俄英两国在西北海岸的边界划分获得解决，北美西海岸的政治区划与国际格局日渐清晰。伴随太平洋商业冲突的升级与美国大陆扩张的高涨，西北海岸的经济问题逐渐转变为政治问题。从这个意义上，19 世纪 20 年代西北海岸危机可被视为俄、英两国对北美大陆新的地缘政治形势的积极应对。而这次外交危机中呈现的商业掠夺与移民拓殖两种殖民方式的较量，在某种程度上预示出 19 世纪以后北美大陆地缘政治演进的历史形态。

---

① 美国学者肯尼斯·N. 欧文斯在论及"尼古拉"号探险失利的影响时指出，"巴拉诺夫的资金短缺，海军薄弱，人员缺乏决定其及后继者难以实现在较长时段维持俄国在北美的扩张。但如果 1808 年'圣尼古拉'号和'科迪亚克'号的探险达到列扎诺夫的预期效果，俄国人一定可以在同美国人和英国人的竞争中占据战略优势。布雷金船只的毁坏与船员被放逐，无疑对未来俄国在北美太平洋沿岸的影响力具有不小的打击。"参见 Kenneth N. Owens edit，*The Wreck of the Sv. Nikolai*，Alton S. Donnelly translate，Lincoln：University of Nebraska Press，2001.

第四章　俄美公司与美洲西北海岸

　　1821 年 9 月，沙皇亚历山大一世发布敕令，授权俄美公司在"温哥华岛北岬（51°N）至白令海峡及其北部的美洲西海岸、阿留申群岛、西伯利亚东海岸、厄鲁普岛南岬（45°50′N）以北的千岛群岛"等区域从事狩猎与捕鱼活动的专营权，禁止外国船只在俄国势力范围内的"海岸、岛屿登陆，或在沿岸 100 意大利里海域内航行"，严格限制"外国商船与俄美公司职员或上述区域内的原住民进行贸易"。① 同年 10 月，"阿波罗"号军舰从喀琅施塔得前往美洲，以巡查俄国美洲殖民地的外国商船活动。② 沙俄政府的这些外交主张与武装行动，不仅危及英美国家在美洲西北海岸的商业利益，而且挑战了以英国为代表的"自由贸易"的权利主张，由此引发英美两国的联合抗议与俄美英围绕西北海岸问题的外交谈判。伴随 1824 年俄美协议与 1825 年俄英协议的签订，这场波及甚广的西北海岸危机才获得暂时的平息。1821 年敕令最初引起学界广泛关注就是从"美洲非殖民原则"形成的重要背景开始的，③ 逐渐扩散到美俄关系史④、英美

---

　　① "Ukase of September 13，1821，Renewing Privileges of the Russian-American Company"，in Alaska Boundary Tribunal，*The Case of the United States before the Tribunal Convened at London*，p. 27；"Ukase of September 4，1821"，in Alaska Boundary Tribunal，*The Case of the United States before the Tribunal Convened at London*，p. 25.

　　② "22 February 1822，Main Office to Governor General Muraviev"，in Raymond H. Fisher，*Records of the Russian-American Company*，1802，1817 – 1867，p. 68.

　　③ 1823 年 12 月 2 日，美国总统詹姆斯·门罗在年度咨文中强调，美俄两国围绕"美洲西北海岸的各项权力和利益的协商"，促进这样一个原则的形成，自由而独立的美洲将不再是"任何欧洲势力在未来寻求殖民的对象"。自此，1821 年沙俄敕令便以"非殖民原则"形成的重要背景而进入学术界视野。如苏联史学家 B. П. 波将金认为，1821 年敕令是美国政府"形成'门罗主义'的直接理由或者毋宁说借口"。美国学者克拉伦斯·海恩斯（Clarence Hines）则强调围绕 1821 年敕令进行的谈判与门罗宣言的出台有着密切关联。参见 "Seventh Annual Message to the Congress of the United States，December 2，1823"，in Stanley S. Jados，*Documents on Russian-American Relations：Washington to Eisenhower*，Washington，D. C.：The Catholic University of America Press，1965，p. 5；［俄］B. П. 波将金：《外交史：第一卷，从古代到十九世纪七十年代初》，史源译，刘丕坤校，生活·读书·新知三联书店 1979 年版，第 664 页。Clarence Hines，"Adams，Russia and the Northwest Trade，1824，" *Oregon Historical Quarterly*，1935，No. 4，pp. 348 – 358.

　　④ 俄国学者尼古拉·N. 博尔赫维蒂诺夫侧重从俄美两国商业—政治外交关系构建的整体脉络中探查西北海岸危机及外交谈判的历史价值。美国学者霍华德·I. 库什纳认为，1821 年敕令是美俄两国在西北海岸商业、政治等领域长期冲突的产物，而帝俄政府在谈判中态度的转变正是美国大陆扩张压力下的被动调整。参见 Nikolai N. Bolkhovitinov，*The Beginnings of Russian American Relations*，1775 – 1815，trans. Elena Levin，Cambridge：Harvard University Press，1975，pp. 256 – 257；Howard I. Kushner，*Conflict on the Northwest Coast：American Russian Rivalry in the Pacific Northwest*，1790 – 1867，Westport：Greenwood Press，1975，pp. 48，62.

关系史①、俄美公司史②等领域。以往关注 1821 年沙俄敕令者并不少，学界所理解的 19 世纪初西北海岸外交谈判，就是俄美英围绕本国商业利益的争夺与博弈，美国则利用英俄两国矛盾渔翁得利。不过敕令目标与谈判结果的鲜明反差以及与当事国对此评价的内在逻辑联系，未见有说服力的探查和阐释。实际上，19 世纪是北美大陆政治格局成形与稳定的关键时期。一方面，美洲西北海岸的主权归属与政治区划问题逐渐获得确立。另一方面，欧洲的战略收缩与美国的领土扩张交相辉映，成为北美大陆历史进程的主旋律。从历史发展的长时段出发，1821 年沙俄敕令及其外交谈判正是上述两种时代趋势交织作用的生动体现。而英、俄两国在应对美国大陆扩张中的无力，正是商业掠夺与移民拓殖两种殖民方式相互竞争的必然结果。

　　18 世纪是人类探索和认识太平洋的关键时期。其中，白令的第二次堪察加探险与库克的第三次太平洋航行占据十分重要的地位。这两次探险不仅丰富了欧美社会对太平洋区域地理的认识，而且促进了太平洋毛皮贸易的发展。太平洋毛皮贸易是近代欧美国家对华贸易的天然产物。近代欧美社会对茶叶、瓷器、丝绸、棉布等中国商品日益高涨的需求，以及中国市场的商品和金银硬通货的匮乏，都推动毛皮成为对华贸易的重要商品。18 世纪下半叶，太平洋毛皮贸易渐具规模并形成南北两条贸易线路。北部线

---

　　① 加拿大学者格林·巴勒特认为，英国参与 1820 年代外交谈判的出发点在于拉拢俄国，以阻挡美国向太平洋沿岸的扩张。美国学者伊比·尼科尔斯则注意到潜藏于俄国英谈判中的英美矛盾，强调英国外交大臣乔治·坎宁选择单独谈判的目的在于避开美国的扩张锋芒，而坎宁口中的"门罗宣言"不利于对俄谈判的论述，则仅仅是一种外交辞令。参见 Glynn Barratt, *Russian Shadows on the British Northwest Coast of North America*, 1810 – 1890: *A Study of Rejection of Defense Responsibilities*, University of British Columbia Press 1983, pp. 14 – 15; Irby C. Nichols. Jr. and Richard A. Ward, "Anglo-American Relations and the Russian Ukase: A Reassessment," *Pacific Historical Review*, Vol. 41, No. 4 (Nov., 1972), pp. 444, 459.

　　② 俄美公司作为俄国在美洲西北海岸经济和政治势力的代表，与 1821 年敕令及其谈判都有紧密的联系。帝俄时代史学家季赫麦涅夫在谈及 1824 年俄美协议与 1825 年俄英协议的影响时，强调这些协议"不仅使俄国美洲移民区陷入经营困境，就连俄美公司本身的存在都成为问题"。苏联学者奥孔则认为，俄美公司与美国商人竞争的无力，以及俄国政府与美国政府协商的失利，最终成为 1821 年沙俄敕令出台的主要原因。而俄国政府在美英联合压力下签订的 1820 年代诸协议，正是俄国政府以牺牲俄美公司的经济利益为代价，换取欧洲大陆战略利益的生动体现。参见 P. A. Tikhmenev, *A History of the Russian American Company*, translated and edited by Richard A. Pierce and Alton S. Donnelly, University of Washington Press, 1978, p. 164；［苏］谢·宾·奥孔：《俄美公司》，俞启骧等译，郝建恒校，商务印书馆 1982 年版，第 68—70、84 页。

路以美洲西北海岸为起点，途经阿留申群岛、堪察加半岛、鄂霍茨克海和东西伯利亚，到达恰克图。以俄美公司为代表的俄国商业势力是这条线路的主导力量。南部线路同样以西北海岸为始发站，途经夏威夷群岛而横跨北太平洋，抵达中国广州。航运发达的英美西班牙等国是跨太平洋毛皮贸易的主要参与者。据统计，1743年以后的近60年间，大约有40家俄国商业公司从事太平洋毛皮贸易，[①] 而1793—1818年，一共有超过100艘美国商船参与美洲西北海岸的海獭贸易。[②]

　　太平洋毛皮贸易还成为美洲西北海岸国际争端的导火索。18世纪中后期，俄国毛皮商人在阿拉斯加海岸的活动，唤醒了西班牙王室对美洲西海岸所有权的关注。西班牙人随后在西海岸先后组织起数次军舰巡航，最终引发西班牙与英国在努特卡角的武装冲突。[③] 事后，英国和西班牙逐渐退出西北海岸毛皮贸易。[④] 这样，美俄两国成为美洲西北海岸毛皮贸易的主要竞争者。俄国不仅是太平洋毛皮贸易的开拓者，而且拥有市场和地域的天然优势。1784年，伊尔库茨克商人舍利霍夫在阿拉斯加沿岸的科迪亚克岛建立定居点，由此拉开俄国商人进军美洲大陆的序幕。为规范美洲贸易秩序、增强本国商业竞争力，沙皇保罗一世于1799年授权成立俄美公司。俄美公司的建立提升了俄国的商业竞争力，仅在1803年，公司美洲事务官巴拉诺夫就向国内运送了超过1.5万张海獭皮和大约28万张海豹皮，总价值高达250万卢布。[⑤] 然而，美国商人凭借发达的航运、制造业和广

---

　　① P. A. Tikhmenev, *A History of the Russian American Company*, translated and edited by Richard A. Pierce and Alton S. Donnelly, p. 9.

　　② Paul Chrosler Philips, *The Fur Trade*, volume II, p. 57.

　　③ 关于英—西努特卡海角争端及谈判的内容，参见 James Bland Burges, *A Narrative of the Negotiations Occasioned by the Dispute Between England and Spain in the Year 1790*, London: s. n., 1891.

　　④ 英国退出西北海岸毛皮贸易的因素很多，经济的，政治的，不一而足，但学界普遍认可东印度公司与南海公司的贸易专营权冲突，以及更有诱惑力的鸦片贸易是其中最重要的因素。西班牙方面则存在新西班牙与马尼拉的贸易主导权争夺、毛皮获取渠道狭窄等因素的影响。参见 Barry M. Gough, *The Northwest Coast: British Navigation, Trade, and Discoveries to* 1812, Vancouver: University of British Columbia Press, 1992, pp. 56 – 126; Paul Chrosler Philips, *The Fur Trade*, Volume II, pp. 40 – 48, p. 66; Adele Ogden, *The California Sea Otter Trade, 1784 – 1848*, Berkeley: University of California Press, 1941, pp. 15 – 32.

　　⑤ P. A. Tikhmenev, *A History of the Russian American Company*, translated and edited by Richard A. Pierce and Alton S. Donnelly, p. 68.

州市场的便捷，① 后来居上，据估算，美国商人每年从特林吉特人手中获得1000—2500张河狸皮。每年向广州市场输入1.5万张海獭皮和5000张河狸皮。② 更为甚者，美国商人为最大限度地获取商业利润，经常将枪支、火药和烈酒作为商品与土著居民交换毛皮，③ 甚至不惜鼓动俄国移民区内的原住民部落武装暴动。④

　　1808年，俄美公司转向求助沙俄政府，美洲西北海岸的经济竞争逐渐上升到政治角逐的层次。1809年夏，俄国赴美代表达什科夫（Dashkov）和帕连（Pahlen）首次向美国政府提议管制美商的非法贸易问题。⑤ 然而，19世纪初的美国政坛是民主党一统天下的时代，詹姆斯·麦迪逊（James Madison，1809—1817）和詹姆斯·门罗（James Monroe，1817—1825）一致奉行杰斐逊式的"小政府"政策，反对政府干涉私人商业活动。⑥ 1810年1月4日，达什科夫正式向美国国务卿罗伯特·史密斯递交第一份官方文件，由此启动俄美两国围绕限制美国商船在俄国移民区活动的谈判。在

---

　　① 需要说明的是，俄国对华贸易的口岸曾长期固定在中俄边界的恰克图。中俄两国的贸易源远流长，早在1689年《尼布楚条约》中，即有"两国今既永修和好，嗣后两国人民如持有准许往来路票者，应准其在两国境内往来贸易"。随后签订的1728年《中俄恰克图条约》则在"准两国自由通商"外，还添加了"可在尼布楚和色楞格之恰克图选择适当地点建盖房屋，周围墙垣栅子可酌情建造。情愿前往贸易者，均指令由正道行走，倘或绕道，或有往他处贸易者，将其货物入官"。自此，中俄贸易被限制在恰克图。而西洋国家则追随"祖制"，只能在广州口岸贸易。参见［俄］尼古拉·班蒂什－卡缅斯基编：《俄中两国外交文献汇编（1619—1792）：根据外务委员会莫斯科档案馆所藏文献于1792—1803年辑成》，中国人民大学俄语教研室译，商务印书馆1982年版，第369页；［俄］米·约·斯拉德科夫斯基：《俄国各民族与中国贸易关系史（1917年以前）》，宿丰林译，徐昌瀚审校，社会科学文献出版社2008年版，第144页。有关清代朝贡制度的情况，参见［美］费正清编《中国的世界秩序》，杜继东译，中国社会科学出版社2010年版。
　　② Nikolai N. Bolkhovitinov, *The Beginnings of Russian American Relations*, 1775 - 1815, trans. Elena Levin, Cambridge: Harvard University Press, 1975, p. 173.
　　③ "A report from Imperial Chamberlain Rezanov to Minister of Commerce Rumyantsev about a voyage to Alta California in the Ship Yunona and the situation in the Russian Colonies. New Archangel. 17 June 1806," James R. Gibson and Alexei A. Istomin compiled and edited, *Russian California. 1806 - 1860: A History in documents*, volume I, James R. Gibson trans, Published by Ashgate for The Hakluty Society, 2014, p. 240.
　　④ "The Chevalier de Poletica to the Secretary of State, Wahington, February 28, 1822," *Alaska Boundary Tribunal: The Case of the United States before the Tribunal Convened at London*, Government Publishing Office, 1903, p. 35.
　　⑤ Nikolai N. Bolkhovitinov, *The Beginnings of Russian American Relations*, 1775 - 1815, trans. Elena Levin, p. 255.
　　⑥ Daniel L. Schlafly Jr. , "The First Russian Diplomat in America: Andrei Dashkov on the New Republic," *The Historian*, Vol. 60, No. 1 (Fall 1997), p. 42.

这次交涉中，美国政府首次提出有关俄国美洲移民区边界的问题。[①] 从中可见，俄属美洲的边界问题溯源于俄、美两国有关西北海岸贸易争端的交涉过程，在某种程度上揭示出太平洋毛皮贸易争端与 1821 年沙俄敕令形成的密切关联。随后的谈判中，史密斯再次以达什科夫未获得商谈俄国移民区南部边界的授权而拒绝谈判。[②] 事后，达什科夫被迫转向美国私商，尝试通过与阿斯特公司的合作，以制止美商猖獗的走私活动。[③] 这一方案因 1812 年英美战争的爆发而终止。1815 年英美和解后，美国商人卷土重来，俄美两国围绕西北海岸商业利益的争端愈演愈烈。[④] 同时，美俄两国在西北海岸存在的竞争与合作关系，[⑤] 进一步增加了事件的复杂性，而俄国移民区对美商粮食等补给的依赖成为影响沙俄敕令执行与俄美英谈判的重要因素之一。作为一枚硬币的两个面，俄美公司在西北海岸推行的贸易管制[⑥]必然遭到美国毛皮商人的抵制。以阿斯特为代表的毛皮商人开始与约翰·弗洛伊德（John Floyd）、托马斯·阿特·本顿（Thomas Hart Benton）等国会议员相联合，向美国国会施压"占领哥伦比亚河流域"，"在河口修建港口"，并制定"与国内通行的财政制度"。[⑦] 1821 年 1 月 26 日，

---

① "To the Secretary of State［Robert Smith］September 5, 1810", in Worthington Chauncey Ford, edit. *Writings of John Quincy Adams*, *Vol. III*, 1801 – 1810, New York: The Macmillan Company, 1914, pp. 486 – 493.

② Nikolai N. Bolkhovitinov, *The Beginnings of Russian American Relations*, 1775 – 1815, trans. Elena Levin, pp. 256 – 257.

③ "John Jacob Astor to Thomas Jefferson, 14 March 1812," https: //founders. archives. gov/documents/Jefferson 2019 – 09 – 09.

④ "6 April 1817［Main Office］to Governor General Baranov", in Raymond H. Fisher, *Records of the Russian-American Company*, 1802, 1817 – 1867, Washington: The National Archives, 1971, p. 22.

⑤ 有关俄美公司与美国商人的竞争与合作关系，参见 Mary E. Wheeler, "Empires in Conflict and Cooperation: The 'Bostonians' and the Russian-American Company," *Pacific Historical Review*, Vol. 40, No. 4（November 1971）, pp. 419 – 441.

⑥ "3 August 1820, Main office to Governor General Muraviev", in Fur Seal Arbitration. *Proceedings of the Tribunal of Arbitration*, *convened at Paris*, *under the treaty between the United States of America and Great Britain concluded at Washington February* 20, 1892, *for the determination of questions between the two Governments concerning the jurisdictional rights of the Unites States in the Waters of Bering Sea*. Volume VIII, Government Printing Office, 1895, p. 321.

⑦ "A Bill to authorize the occupation of the Columbia River, and to regulate the intercourse with the Indian tribes within the United States and territories thereof," 16th Congress, 2nd Session, A Century of Lawmaking for a New Nation: U. S. Congressional Documents and Debates, 1774 – 1875, The Library of Congress, https: //memory. loc. gov/2019/09/04.

《国家情报员》（*National Intelligencer*）上刊发了威廉姆·大卫·鲁滨逊
（William David Robinson）写给国会的信件，呼吁"美国政府在北太平洋沿
岸建立一个移民区，以阻止俄国人的扩张"①。美国国会和报刊舆论的这些
"反俄"导向，成为沙俄政府出台1821年敕令的直接诱因。②

　　1821年9月4日，沙皇亚历山大一世发布敕令，宣称俄属美洲的商业
利益深受外国走私活动的破坏，俄国政府迫切需要出台有关俄属美洲边界
和规范沿岸航行的制度。③ 当天，俄国政府发布关于俄属东西伯利亚海岸、
美洲西北海岸、阿留申群岛、千岛群岛和其他岛屿的航海限制和贸易规定
的公告。其中最为值得关注的有三项条款，分别规定俄属美洲的南部以北
纬51°为界，俄属领地海岸100意大利里的领海权，以及严厉禁止外国商
船与俄属美洲境内土著居民进行贸易。④ 这项敕令发布后不久便在西北海
岸拥有巨大利益的美英等国引起巨大反响，一场大国在西北海岸的角逐缓
缓地拉开了序幕。

# 第三节　西北海岸危机与俄美英外交谈判

　　1821年沙俄敕令的出台与实施在俄美英等大国间引发严重的西北海岸
危机。1821年10月3日，美国驻俄公使米德尔顿首次向国务卿昆西·亚
当斯汇报有关1821年沙俄敕令的情况。米德尔顿分析，敕令中限制贸易
的内容"几乎损害了所有航海国家的利益"，而边界方面的要求则"特别
危及英国的领土"。⑤ 沙俄敕令正巧在1821年12月第17届国会会议期间

---

①　Howard I. Kusher, *Conflict on the Northwest Coast：American-Russian Rivalry in the Pacific Northwest*, 1790 - 1867, pp. 26 - 30.

②　"Russian America", in *Niles' Registers*, December 29, 1821, p. 279, https：//babel. hathitrust. org/cg 2019 - 09 - 09.

③　"Ukase of September 4, 1821, Edict of his imperial Majesty, Autocrat of all the Russians", in Alaska Boundary Tribunal, *The Case of the United States before the Tribunal Convened at London*, p. 25.

④　"Rules Established for the Limits of Navigation and Order of Communication Along the Coast of the Eastern Siberia, the Northwestern Coast of America, and the Aleutian, Kurile, and other Lands", in Alaska Boundary Tribunal, *The Case of the United States before the Tribunal Convened at London*, p. 26.

⑤　"Mr. Middleton to Mr. Adams, St. Petersburg, 3d Oct. , 1821", in Alaska Boundary Tribunal, *The Case of the United States before the Tribunal Convened at London*, p. 31.

传到美国国内，引起国会议员和报刊媒体的广泛关注。1821 年 12 月 29 日，《奈尔斯周刊》（*Nile's Weekly Registers*）刊发题为"俄属美洲"的文章，简要介绍了 1821 年沙俄敕令的内容以及欧美报刊对此的报道，强调沙俄政府的主张严重损害了美国在西北海岸的所有权。① 1822 年 2 月 11 日，俄国驻美公使波列提卡正式将 1821 年敕令的文本传递给昆西·亚当斯，同时说明敕令出台的目标旨在限制外国商船的走私活动，维护俄美公司的商业利益。② 2 月 16 日，议员弗洛伊德提案，要求门罗总统就沙俄是否侵占美国西海岸领土问题发表公开声明，③ 进一步激化国会内的反俄情绪。随后，国务卿昆西·亚当斯在与英国驻美大使斯特拉福德·坎宁（Mr. Stratford Canning）的会谈中，首次表达出美国政府对 1821 年敕令的态度："不承认俄国对所要求领土的所有权"，"尤其反对敕令中针对大范围海域内禁止外国商船航行的规定"。④ 显然，敕令中有关限制航行—贸易的规定，损害了美商在西北海岸的经济利益。更为严重的是，沙俄在 1821 年敕令中有关航海—贸易权限的规定，很可能被英国这个世界海洋霸主所继承，进而对美国的海外贸易造成巨大的破坏。⑤ 2 月 25 日，亚当斯致函俄国公使，对 1821 年敕令中所涉及的俄国领海和领土方面的要求正式提出抗议，并且要求俄方对这些要求的事实依据做出解释。⑥ 4 月 17 日，门罗总统针对弗洛伊德的提案发表演说，论述美国在西北海岸拥有"不可忽

---

① "Russian America", in *Niles' Registers*, December 29, 1821, p. 279, https://babel. hathitrust. org/cg 2019 - 09 - 09.

② "Mr. Poletica to Mr. Adams, Washington, February 11, 1822", in Alaska Boundary Tribunal, *The Case of the United States before the Tribunal Convened at London*, p. 31.

③ Seventeenth Congress. -First Session: Comprising the Period from December 3, 1821, to May 8, 1822. *The Debates and Proceedings in the Congress of the United States; with An Appendix, Containing Important State Papers and Public Documents, and All the Laws of a Public Nature; with a Copious Index*, Washington: Printed and Published by Gales and Seaton, 1855, p. 1074.

④ "Mr. Stratford Canning to the Marquis of Londonardy, Washington, February 19, 1822", in Alaska Boundary Tribunal, *The Case of the United States before the Tribunal Convened at London*, p. 13.

⑤ "Inclosure No. 1 -Prepared, but not Delivered", "Mr. Middleton to Adams, St. Petersburg August 8, 1822", in Alaska Boundary Tribunal, *The Case of the United States before the Tribunal Convened at London*, p. 44.

⑥ "Mr. Adams to Mr. Poletica, Washington, February 25, 1822", in Alaska Boundary Tribunal, *The Case of the United States before the Tribunal Convened at London*, p. 32.

视的经济价值"，否认"俄国在西北海岸所有权的合法性"，进而强调
1821 年敕令是"较之西北航道探查和努特卡海角争端更为严重的外交事
件"。① 同年 5 月，昆西·亚当斯再次指示美国驻俄公使米德尔顿，要求其
向俄国政府发表明确声明："美国对沙皇敕令中涉及到的损害美国国家权
利或美国公民权利的相关内容，是一刻也不能容忍的。"② 时任俄国驻美公
使的波列提卡注意到美国政府对待 1821 年敕令中有关禁止外国商船贸易
的规定十分恼火，甚至扬言不惜武力，通过战争的方式维护美国公民的
权益。③

英国同样对 1821 年沙俄敕令的内容持否定态度。1821 年 11 月 12
日，俄国驻英公使尼古拉向英国伦敦侯爵传达沙俄敕令文本，并再三解
释敕令出台的目标在于禁止美国商人在俄国美洲移民区的非法贸易活
动。④ 11 月 17 日，俄国外交大臣内塞尔罗杰再次向英国驻俄公使巴格
特（Bagot）表示，1821 年敕令是俄国政府维护俄美公司商业利益与俄
国美洲移民区政治稳定的必要手段。⑤ 11 月 29 日，俄国外交官里拉
（Lieren）致函伦敦侯爵，内附内塞尔罗杰写给里拉的信件，强调"制
止外国商人在俄属西北海岸从事非法贸易"的外交宗旨。⑥ 俄国政府的
这些解释在一定程度上减缓了英国政府的疑虑，加之英国在西北海岸的
利益有限，因此，英国政府的态度有所缓和。同时，英国政府陆续向皇

---

① "Message from the President of the United States, transmitting the information required by a resolu-
tion of the House of Representatives of the 16th of February last, in relation to Claims set up by Foreign Gov-
ernments, to Territory of the United States upon the Pacific Ocean, north of the forty-second degree of lati-
tude, &c. April 17, 1822," North America Review, 1822, pp. 370 – 372. https://
babel. hathitrust. org/cgi/ls? field 2019 – 09 – 09.

② "Mr. Adams to Mr. Middleton, Washington, 13 May, 1822", in Alaska Boundary Tribunal,
*The Case of the United States before the Tribunal Convened at London*, p. 39.

③ "Cheralier de Poletica to Mr. Adams, Washington, 2, April (21 March), 1822", in Alaska
Boundary Tribunal, *The Case of the United States before the Tribunal Convened at London*, pp. 36 – 37.

④ "Baron Nicolay to the Marquis of Londonderry, London, November 12, 1821", in Alaska
Boundary Tribunal, *The Case of the United States before the Tribunal Convened at London*, pp. 96 – 97.

⑤ "Sir C. Bagot to the Marquis of Londonderry, St. Petersburg, November 17, 1821", in Alaska
Boundary Tribunal, *The Case of the United States before the Tribunal Convened at London*, p. 101.

⑥ "Count Lieren to the Marquis of Londonderry", in Alaska Boundary Tribunal, *The Case of the U-
nited States before the Tribunal Convened at London*, p. 99.

家法学会①、捕鲸行业商会②、哈德逊湾公司③等涉事部门征求有关1821 年沙俄敕令的合理性问题。1822 年 1 月 18 日，伦敦侯爵致函俄国外交代表里拉伯爵，表明英国不承认俄国所要求的领土与领海权利的合法性。④ 10 月 17 日，威灵顿公爵再次向内塞尔罗杰伯爵传达英国政府的强硬态度："现在我们能够证明英国人的西北公司和哈德逊湾公司在许多年以前就在落基山脉中，以及北纬 49°—60°间的太平洋沿岸——新卡利多尼亚（New Caledonia）建立起堡垒和商站。"⑤ 到了此时，英国政府意识到沙皇敕令对其利益的危害，为了维护本国商人在美洲西北太平洋海岸既得利益不受到侵犯，其态度转向强硬自然也在情理之中了。值得注意的是，英美这两个昔日的商业—政治竞争对手，在面临 1821 年敕令问题上却拥有共同的利益。英美两国的联合反对很可能使俄国陷入绝对孤立的境地，西北海岸的国际形势日益恶化。

同时，1821 年敕令的实施使俄国美洲移民区陷入更为严重的危机之中。如前所述，沙俄政府颁布敕令旨在保护俄美公司的商业利益，维护俄国美洲移民区的稳定。然而，俄国在美洲太平洋区域薄弱的海军，难以有效阻止外国商船在本国移民区海域的航行与贸易行为，却加剧了移民区粮食和商品的匮乏状态。这里有必要说明俄国美洲移民区的补给问题。补给问题作为俄美公司生存与发展的命门，其实质是俄国地理环境、工商业发展水平、海洋运输与军事实力等多种因素共同作用的结果。但是不可否认，俄国特有的国家形势，即以封建贵族官僚为主的沙皇专制制度使这一情况更为复杂。在环球航行耗资巨大、加利福尼亚和夏威夷群岛贸易时断时续、远东—太平洋运输线路漫长艰巨等客观条件下，美国商船逐渐在俄

①　"The King's Advocate to the Marquis of Londonderry, November 20, 1821", in Alaska Boundary Tribunal, *The Case of the United States before the Tribunal Convened at London*, p. 102.

②　"Board of trade to Foreign Office, London, January 7", in Alaska Boundary Tribunal, *The Case of the United States before the Tribunal Convened at London*, pp. 103 – 104.

③　"Hudson's Bay Company to the Marquis of Londonderry, London, March 27, 1822", in Alaska Boundary Tribunal, *The Case of the United States before the Tribunal Convened at London*, pp. 106 – 107.

④　"The Marquis of Londonderry to Count Lieren, January 18, 1822", in Alaska Boundary Tribunal, *The Case of the United States before the Tribunal Convened at London*, pp. 104 – 105.

⑤　Alaska Boundary Tribunal, *The Case of the United States before the Tribunal Convened at London*, p. 19.

国移民区补给问题上占据重要地位。颇具讽刺意味的是，1821年敕令不仅对美国商船与原住民的贸易活动无能为力，反而有效地禁止了俄美公司获取美国商品的渠道，导致移民区陷入物资极度短缺的境地。更为严重的是，俄美公司一方面难以供应原住民部落对各种商品的需求，同时还严厉禁止原住民与外国商船的贸易活动，激起原住民部落的仇视与反抗。① 在这样的历史条件下，俄美公司转而寻求俄国政府重新恢复公司与外国商人的贸易，② 其实质是近代欧美国家在美洲太平洋区域扩张中形成的竞争与合作关系的生动体现。事实上，美国驻俄公使米德尔顿在获知1821年敕令的相关内容后，即认识到在缺乏强大的太平洋海军的条件下，沙皇新的美洲政策注定难以为继。③

西北海岸的危机迫使俄国政府重新调整自己的美洲政策。1822年7月，沙俄政府在征询俄美公司意见的过程中，首次表达出避免与英美两国冲突继续恶化的意愿，并放缓海军巡航的执行力度，甚至有意取消敕令相关规定。④ 1823年，俄国政府提议英国政府授权驻俄公使查尔斯·巴格特、美国政府授权本国驻俄公使拉什，以全权在圣彼得堡与俄国代表进行谈判。⑤ 英美两国政府先后同意了俄方这一要求。⑥ 这样，围绕1821年敕令及其外交危机，俄、美、英尝试通过三边会谈的形式加以解决。沙俄政府则在谈判期间主动放缓有关航行—贸易管制的实施。⑦

---

① ［苏］谢·宾·奥孔：《俄美公司》，俞启骧等译，郝建恒校，第78—79页。

② "27 February 1824, Main Office to Governor General Muraviev", in Raymond H. Fisher, *Records of the Russian-American Company*, 1802, 1817–1867, p. 87.

③ "Mr. Middleton to Adams, St. Petersburg August 8, 1822", in Alaska Boundary Tribunal, *The Case of the United States before the Tribunal Convened at London*, p. 42.

④ "Officers of the ministry of finance, 2nd division, 3rd table, to the chief manager of the Russian-American Company", in Alaska Boundary Tribunal, *The Case of the United States before the Tribunal Convened at London*, pp. 40–41.

⑤ "Baron Tuyll to Mr. Adams, Washington. April 24, 1823"; "Count Lieren to Mr. G. Canning, London, January 31, 1823", in Alaska Boundary Tribunal, *The Case of the United States before the Tribunal Convened at London*, pp. 46–47, 118.

⑥ "Mr. G. Canning to Sir C. Bagot, Foreign Office, February 5, 1823", "Mr. Adams to Baron Tully, Washington, May 7, 1823", in Alaska Boundary Tribunal, *The Case of the United States before the Tribunal Convened at London*, pp. 47, 118–119.

⑦ "Count Nesselrode to Count Lieren, St. Petersburg, 1823", in Alaska Boundary Tribunal, *The Case of the United States before the Tribunal Convened at London*, pp. 122–123.

# 第四节　美国的领土要求与俄美英
# 谈判的双边转向

　　1821年沙俄敕令中关于航海—贸易管制的规定成为英美联合的重要基石。1823年7月，亚当斯在写给米德尔顿的信中表达出美国政府对待航海—贸易管制的基本立场，强调美国人自建国伊始即已航行于美洲太平洋沿岸，航海与贸易已经成为美国人不可剥夺的权利。① 事实上，早在1822年初，亚当斯就向英国驻美公使斯特拉特福德·坎宁（Stratford Canning）表明美国政府反对沙俄政府有关领海范围和贸易垄断权的立场。② 威灵顿公爵认为1821年敕令违背了万国公法，损害了英国商业和贸易的利益。③英国外交大臣乔治·坎宁在下达给威灵顿公爵的函件中述及沙俄敕令对"自由航行原则"与"国际法权利"的侵犯，④ 要求将沙俄敕令作为英国代表在维罗纳会议上谈论的主要内容。⑤ 1822年11月28日，威灵顿公爵正式致函俄国政府，反对俄国单方面限制航行的规定，强调"一个国家可以通过行动或法令而放弃在某一海岸的航行权利"，但是"没有权力限制其他国家进行航行"。⑥ 同时，英国商船协会亦活跃于议会，希望乔治·坎宁迫使俄国取消有关限制外国船只航行的法令。⑦ 1823年5月3日，斯特

① "Mr. Adams to r. Middleton, Washington, July 22, 1823", in Alaska Boundary Tribunal, *The Case of the United States before the Tribunal Convened at London*, p. 48.

② "Mr. Stratford Canning to the Marquis of Londonderry, Washington, February 19, 1822", in Alaska Boundary Tribunal, *The Case of the United States before the Tribunal Convened at London*, p. 106.

③ "Memorandum by the Duke of Wellington, September 11, 1822", in Alaska Boundary Tribunal, *The Case of the United States before the Tribunal Convened at London*, p. 108.

④ "Mr. G. Canning to the Duke of Wellington, Foreign Office, September 27, 1822", in Alaska Boundary Tribunal, *The Case of the United States before the Tribunal Convened at London*, p. 112.

⑤ "Earl Bathurst to the Duke of Wellington. Downing Street, September 14, 1822, inclosure. Memorandum", in Alaska Boundary Tribunal, *The Case of the United States before the Tribunal Convened at London*, p. 108.

⑥ "The Duke of Wellington to Count Lieren, Verona, November 28, 1822", in Alaska Boundary Tribunal, *The Case of the United States before the Tribunal Convened at London*, p. 117.

⑦ "Shippwners' Society to Mr. G. Canning, New Broad Street, June 11, 1823", in Alaska Boundary Tribunal, *The Case of the United States before the Tribunal Convened at London*, p. 121.

拉福德·坎宁向乔治·坎宁传达美国国务卿昆西·亚当斯提议的英美两国联合对俄谈判的计划。其中最重要的判断是，美国政府只希望涉及敕令中自由航行与自由贸易的内容，并不准备牵涉西北海岸的领土纠纷。① 7月12日，乔治·坎宁致函驻俄公使巴格特，论述美国政府的视线可能更关注海洋航行权限，首次谈及英美联合谈判的可能性。② 对此，巴格特通过与美国驻俄公使米德尔顿的交谈，推测美国政府在谈判中不会对俄国施加过大的压力，可能的手段是尽可能维持俄国政府的尊严。同时，巴格特赞同乔治·坎宁提议的英美联合的谈判策略，但是需要向俄国政府要求在涉及俄属美洲的边界问题时，举行单独的谈判。③ 到了此时，俄美英围绕1821年敕令而展开的三边会谈格局正式形成。三边会谈开始后，英国代表巴格特很快意识到，在对待北太平洋的航海特权问题上，俄国政府的态度并不坚定。④ 期间，尽管俄美公司不断要求维持航行和贸易的垄断权，⑤ 沙俄政府在英美两国的压力下很快书面同意取消1821年敕令相关规定。⑥ 这样，俄、美、英三边会谈在促使俄国政府取消航海—贸易限制方面，发挥出一定的积极意义。

俄美英外交谈判的另一项重要议题是领土划分问题。根据1821年敕令的文本，俄国人独享51°N以北地区的美洲西北海岸领土。不难看出，这项内容仍然旨在扩大和维护俄美公司的经济利益，在很大程度上，是19世纪以来俄美公司和沙俄政府的美洲南部殖民计划的延续。需要注意的是，限制外商航行贸易与俄国领土要求之间的紧密联系。如前文所述，美

① "Mr. S. Canning to Mr. G. Canning, Washington, May 3, 1823", in Alaska Boundary Tribunal, *The Case of the United States before the Tribunal Convened at London*, p. 120.

② "Mr. G. Canning to Sir C. Bagot, Foreign Office, July 12, 1823", in Alaska Boundary Tribunal, *The Case of the United States before the Tribunal Convened at London*, p. 123.

③ "Sir C. Bagot to Mr. G. Canning, St. Petersburg, August 31, 1823", in Alaska Boundary Tribunal, *The Case of the United States before the Tribunal Convened at London*, pp. 125–126.

④ "Sir C. Bagot to Mr. G. Canning, St. Petersburge, October 29, 1823", in Alaska Boundary Tribunal, *The Case of the United States before the Tribunal Convened at London*, p. 130.

⑤ "M. Poletica to Count Nesselrode, St. Petersburg, November 3, 1823", in Alaska Boundary Tribunal, *The Case of the United States before the Tribunal Convened at London*, p. 138.

⑥ "Count Lieren to Mr. Canning, Ashburnham House, November 26, 1823", in Alaska Boundary Tribunal, *The Case of the United States before the Tribunal Convened at London*, p. 143.

俄两国在西北海岸的商业冲突由来已久，英国也曾短暂参与。1808 年以后，西北海岸的商业竞争成为美俄两国交涉的重要内容。期间，以国务大臣鲁缅采夫为代表的俄国政府多次要求美国政府出台阻止本国商人在俄国美洲移民区的非法贸易和政治鼓动，以促进两国在西北海岸的经济合作。然而，以国务卿昆西·亚当斯为代表的美国政府则表示，难以实现对美国商人在海外商业活动的控制。因为美国商人有权在未被殖民的区域从事贸易活动。可以说，美国政府的论述让俄国政府意识到限制非法贸易与确立殖民领土边界的内在联系。①

沙俄敕令中的领土要求直接威胁到英国在北美的殖民利益。正如美国驻英公使米德尔顿所说，这项条款"特别损害了英国的领土利益"。② 英国政府坚决反对俄国人的领土主张，③ 否认俄国在西北海岸的所有权。④ 值得注意的是，英国在反对俄国敕令的同时，更为警惕美国在西北海岸的扩张。如哈德逊湾公司提醒本国政府注意俄美两国在西海岸的扩张活动，尤其强调美国对西北海岸的领土野心。⑤ 英国代表巴格特直言，英国拥有对 59°N 以南美洲西北海岸的所有权，但 57°N 也在可以接受的范围内。同时，巴格特特别防范美国政府介入领土划分问题，强调西北海岸的领土谈判仅仅涉及英、俄两国的实际利益。⑥ 由此可见，西北海岸的领土问题不仅表现出英俄两国的势力划分，更成为英美两国角逐美洲西海岸的重要战场。

---

① "Abstract of diplomatic communications between the United States and Russia on the subject of the trade of the northwest coast", in Alaska Boundary Tribunal, *The Case of the United States before the Tribunal Convened at London*, pp. 63 – 65.

② "Mr. Middleton to Mr. Adams, St. Petersburg, 3d Oct., 1821", in Alaska Boundary Tribunal, *The Case of the United States before the Tribunal Convened at London*, p. 31.

③ "The Marquis of Londonderry to Count Lieren, Foreign Office, January 18, 1822", in Alaska Boundary Tribunal, *The Case of the United States before the Tribunal Convened at London*, p. 105.

④ "Hudson's Bay Company to Mr. George Canning, Hudson's Bay House, London, September 25, 1822", in Alaska Boundary Tribunal, *The Case of the United States before the Tribunal Convened at London*, p. 110.

⑤ "Hudson's Bay Company to the Marquis of Londonderry, Hudson's Bay House, London, March 27, 1822", in Alaska Boundary Tribunal, *The Case of the United States before the Tribunal Convened at London*, pp. 106 – 107.

⑥ "Sir C. Bagot to Mr. G. Canning, St. Petersburg, October 29, 1823", in Alaska Boundary Tribunal, *The Case of the United States before the Tribunal Convened at London*, pp. 129 – 130.

事实上，沙俄敕令引发的领土谈判为美国提出西北海岸的领土要求创造了条件。敕令出台伊始，美国国务卿昆西·亚当斯即强调应该通过条约的形式确立美俄两国在西北海岸的边界问题。亚当斯认为俄国在59°N以南的美洲大陆没有任何移民区，而57°N的西特卡岛移民区不足以支持俄国的土地所有权。美国则先后通过1818年英美协议与1819年美西横贯大陆条约，确立起对北美西海岸的所有权。① 同时，美国政府积极介入西北海岸的领土谈判，并提出以55°N为界的谈判方案。显然，较之英国在57°N的要求，符合1799年沙皇敕令的55°N划分更容易为俄国政府所接受。其实质是美国政府希望通过领土方面的妥协换取俄国对美商管制问题上的让步。此时，美洲整体国际形势动荡，拉美爆发独立运动，神圣同盟准备武装干涉，英国则筹划重新殖民拉美。在这样的历史条件下，俄国在西北海岸的领土扩张很可能危及美国在美洲的整体战略。另一方面，美国政府也希望以此为契机，发表独立的美洲政策。事实上，正是在俄、美、英谈判过程中，亚当斯提出了反对欧洲在美洲殖民的声明，成为1823年底出台的"美洲非殖民原则"的最初蓝本。②

面对美国政府干涉领土谈判的企图，英国政府予以坚决抵制。外交大臣乔治·坎宁依据哈德逊湾公司提供的资料，认为在涉及领土问题上，美国的介入没有任何益处和法理依据。英国不希望同时解决英属北美西海岸南、北两条边界的划分。另外，坎宁指出美国单方面提议51°N为英美西海岸边界的做法，无疑是以英国的领土为代价换取本国的商业利益，其实质是美国政府一以贯之地削弱美洲英国势力方针的延续。最后，坎宁还表现出对"非殖民原则"的无视态度，强调英国享有在美洲任何地区殖民的权利。③ 随后，坎宁以门罗宣言有碍领土谈判为由，倡议英俄两国单独在

---

① "Mr. Adams to Mr. Poletica, Washington, February 25, 1822"; "Mr. Adams to M. de Poletica, Washington, March 30, 1822"; "Mr. Adams to Mr. Middleton, Washington, July 22, 1823"; "Mr. Adams to Mr. Rush, Washington, July 22, 1823", in Alaska Boundary Tribunal, *The Case of the United States before the Tribunal Convened at London*, pp. 32, 36, 48, 52–53.

② John T. Morse, *John Quincy Adams*, Boston: Houghton, Mifflin and Company, 1882, p. 1233.

③ "Mr. G. Canning to Sir C. Bagot, Foreign Office, January 15, 1824", in Alaska Boundary Tribunal, *The Case of the United States before the Tribunal Convened at London*, p. 144.

伦敦谈判西北海岸的领土问题。[①] 而英国政府甚至愿意放弃俄国移民区内的航行贸易权利，以换取俄国在领土问题上的让步。[②] 英国政府由重视航海贸易自由到愿意牺牲自由原则换取领土的转变，既体现出哈德逊湾公司和南部捕鲸产业的商业利益对英国政策的重要影响，从某一角度也反映出俄美英外交谈判的复杂性。至此，俄、美、英三边会谈开始转变为俄英、俄美之间的双边谈判。

# 第五节　19 世纪 20 年代外交协议及其历史影响

从 1824 年开始，俄英、俄美双边会谈同时展开。其中，英、俄两国的谈判基本围绕本国商业公司的利益展开。事实上，商业公司的申诉与材料往往成为本国政府相关谈判目标形成的基础。如哈德逊湾公司即向英国政府建议，该公司"沿马更些河（Mackenzie River）的一系列贸易站最远可以到达北纬 67°"，而俄国人在锡特卡岛的统治，"并不能为其占有对面的海岸提供任何法律上的依据"。进而强调，查塔姆海峡（Chatham Straits）以西的岛屿可以让与俄国人，但海岸和内地则需要保留。[③] 以此为基础，英国政府先后提议以 57.5°N 或 57°N 作为俄属美洲的南部边界，以尽可能地将边界向西压缩，设法保留住马更些河及其支流。[④] 如果按照英方的要求，俄国甚至将失去其在西北海岸最重要的锡特卡港口，还要从 1799 年敕令规定的领土中撤出两个纬度，显然难以为俄国所接受。[⑤] 同

---

① "Mr. G. Canning to Sir C. Bagot, Foreign Office, January 15, 1824"; "Mr. S. Canning to Mr. G. Canning, St. Petersburg, February 13, 1825", in Alaska Boundary Tribunal, *The Case of the United States before the Tribunal Convened at London*, pp. 149, 212.

② "M. Poletica to Count Nesselrode, St. Patersburg, November 3, 1823", in Alaska Boundary Tribunal, *The Case of the United States before the Tribunal Convened at London*, p. 142.

③ "Hudson's Bay Company to Mr. G. Canning, Hudson's Bay House, London, January 8, 1824", in Alaska Boundary Tribunal, *The Case of the United States before the Tribunal Convened at London*, p. 150.

④ "Sir C. Bagot to Mr. G. Canning, St. Petersburg, August 31, 1823"; "Sir C. Bagot to Mr. C. Canning, St. Petersburg, March 29, 1824", in Alaska Boundary Tribunal, *The Case of the United States before the Tribunal Convened at London*, pp. 127, 155.

⑤ "Sir C. Bagot to Mr. C. Canning, St. Petersburg, March 29, 1824", in Alaska Boundary Tribunal, *The Case of the United States before the Tribunal Convened at London*, p. 154.

时，俄美公司则呼吁沙俄政府应切记中俄尼布楚谈判的软弱立场对国家利益的巨大破坏。① 根据俄美公司的利益诉求，俄国政府建议俄属美洲南部以 55°N、东部则以 139°W 为界，以阻挡哈德逊湾公司向西，或南部海岸的渗透，以保留上述区域内丰富的毛皮资源。②

此后，英、俄双方又进行了多次谈判，但仍然不能达成一致意见。期间，英国政府关注的重点从自由贸易原则转变为领土要求。哈德逊湾公司经理佩利坦言："俄国人不应该到俄属美洲边界以南的沿海或内陆地区进行贸易，英国人也不会到边界以北地区进行贸易。"③ 英国政府甚至宣称俄国在俄属美洲制定禁止外国商船的行为，完全是其自身应该具有的权利。④ 从这一方面来说，英国愿意牺牲贸易自由来换取领土利益，美国则希望牺牲领土权益获得自由贸易，这种关注点的差异也是英美两国走向分裂的重要原因。当然，美国选择牺牲的是英国的领土利益。俄国政府则认识到英、美之间的矛盾，而竭力拖延俄、英谈判的进程。伴随 1824 年美俄协定的签订，美国首先承认俄国在 54°40′N 以北地区的权益，这一结果无疑增加了英国政府在谈判过程中的压力。

俄美、俄英双边谈判的成果是 1824 年俄美协议⑤与 1825 年俄英协议⑥的签订。俄、美、英三国在俄属美洲的边界划分和航行贸易两个方面达成共识：俄属美洲的南部边界固定在 54°40′N。同时，俄属

---

① 阿穆尔河，即黑龙江的俄罗斯名称。有关 1689 年《中俄尼布楚条约》是对俄国不利的不平等条约的说法盛行于帝俄、苏联和俄罗斯学者的著作之内，其实质是一种帝国主义视角。"Admiral Mordrinof to Count Nesselrode, 3 March, 1824", in Alaska Boundary Tribunal, *The Case of the United States before the Tribunal Convened at London*, pp. 152 – 153.

② "M. Poletica to Count Nesselrode, St. Petersburg, November 3, 1823", in Alaska Boundary Tribunal, *The Case of the United States before the Tribunal Convened at London*, p. 137.

③ "Hudson's Bay Company to Mr. G. Canning, Hudson's Bay House, London, January 8, 1824", in Alaska Boundary Tribunal, *The Case of the United States before the Tribunal Convened at London*, p. 150.

④ "M. Poletica to Count Nesselrode, St. Petersburg, November 3, 1823", in Alaska Boundary Tribunal, *The Case of the United States before the Tribunal Convened at London*, p. 142.

⑤ "Treaty between The United States and Russia relative to navigation, fishing, and trading in the Pacific Ocean and to Establishments on the Northwest Coast, concluded April 17, 1824", in Alaska Boundary Tribunal, *The Case of the United States before the Tribunal Convened at London*, pp. 8 – 12.

⑥ "Treaty between Great Britain and Russia, signed at St. Petersburg February 28, 1825", in Alaska Boundary Tribunal, *The Case of the United States before the Tribunal Convened at London*, pp. 14 – 16.

美洲的海岸线及内河将在十年内向英美商人开放，两国的船只或公民可进行自由的通航与贸易。1820年代的俄美英外交谈判及其成果不仅缓和了美洲西北海岸的外交危机，而且对该区域国际格局的变化产生重要的影响。伴随俄国放弃限制外商航行贸易的要求，私人商业与国家权力相结合的扩张模式走向瓦解，俄国逐渐失去在北太平洋的扩张力量与优势地位。同时，俄英两国在西北海岸的边界划分获得解决，北美西海岸的政治区划与国际格局日渐清晰。英美两国则获得西北海岸的巨大商业利益。

值得注意的是，谈判国家都在不同程度上对协议内容表示满意。俄国外交大臣内塞尔罗杰坦言对谈判结果"非常满意"，认为俄美协议中的相关规定不仅有利于制止西北海岸的非法贸易，而且首次通过国际条约的形式确立起俄属美洲的统治权。如条约第一款规定，美国商人不准向俄国移民区的原住民出售烈酒和武器；第二条款要求美国商人在未获俄国当局批准的情况下，不得擅自进入俄国移民区。美国政府则在第三条款承认俄国拥有从北极海面到54°40′N海岸地带的势力范围，俄国不应在该线以南建立移民区，罗斯移民区除外。① 内塞尔罗杰也将俄英两国的交涉评价为"一次成功的谈判"。② 英国政府同样认为1825年协议在严格意义上符合英帝国的意愿，因为英国的两项基本主张都能够在条约中有所体现。③ 美国政府亦对外交谈判的结果表示满意。期间，美国政府不仅纠正了沙俄敕令对本国在西北海岸商业利益的破坏，而且在一定程度上扩展了美国在该区域的商业利益。

然而，通过对谈判各国的既定目标与实际效果的比较，不难发现，俄美英各国在谈判过程中都不同程度地做出妥协。俄国方面，1821年敕令的出台旨在维护俄美公司的商业利益，而俄美协议与俄英协议虽然对外国商

---

①　"Count Nesselrode to Nikolas Semenoritch Mordrinof", in Alaska Boundary Tribunal, *The Case of the United States before the Tribunal Convened at London*, pp. 168 – 169.

②　"Mr. Middleton to Mr. Adams, St. Petersburg, 1 March, 1825", in Alaska Boundary Tribunal, *The Case of the United States before the Tribunal Convened at London*, p. 225.

③　"Mr. S. Canning to Mr. G. Canning, St. Petersburg, March 1, 1825", in Alaska Boundary Tribunal, *The Case of the United States before the Tribunal Convened at London*, p. 223.

人在俄国移民区的活动做出一些限制，但是有关英美商船十年之内自由航行与贸易的规定，无疑使俄美公司陷入更为严峻的困境之中。俄美公司经理莫尔德维诺夫（Mordvinov）曾不无夸张地说，如果俄国政府不尽快限制美国商人在俄属美洲的活动，那么"俄国人在太平洋西北海岸的统治将走向终结"。① 实际上，俄国政府态度的转变是多种因素交互作用下的产物。首先，1821 年敕令并未取得明显的效果。正如苏联学者奥孔所说："采取如此坚决之措施的结果，只不过是制止向外商购买商品以供应移民区之需要而已，而外国人与土著居民的走私贸易却依然非常活跃。"② 其实质是俄国在太平洋缺乏强大的海军，而俄美公司也不具备独立执行沙皇法令的能力。这一情况迫使沙皇只能从欧俄派遣巡洋舰队，不仅耗费时日，而且花费高昂，日益加重俄国政府早已恶化的财政状况。③ 同时，沙俄政府也未能获得英、美两国政府的有力支持。其次，俄国美洲移民区危机日益激化。粮食补给问题一直是制约俄美公司经营的主要瓶颈。正如加拿大历史地理学家詹姆斯·R. 吉布森（James R. Gibson）所说："粮食补给困境已经成为俄国在远东扩张与统治的关键因素，也是俄国在北太平洋的毛皮贸易发展及其与英、美等国家竞争中的重要问题。"④ 这里我们要说明的是，殖民国家间在太平洋扩张中还存在着竞争与合作的复杂关系。俄国移民区存在的补给困难、船只短缺等问题都为美国商船的介入创造了条件。一方面，公司需要美国商船运来的商品和货物；另一方面，毛皮货物的运输也要借助美国商船的运力。1821 年沙俄敕令不仅使移民区深陷粮食匮乏的困境中，而且引起早已依赖于欧洲商品的原住民的不满。俄美公司总管理处被迫请求沙皇允许外商在新阿尔汉格尔斯克港口的贸易。⑤ 亚历山大一世迫于压力，在 1824 年 2 月 27 日，即俄美协议签订以前，授权恢复新阿尔

① Howard I. Kusher, *Conflict on the Northwest Coast*: *American-Russian Rivalry in the Pacific Northwest*，1790 - 1867，pp. 64 - 65.

② ［苏］谢·宾·奥孔：《俄美公司》，俞启骧等译，郝建恒校，第 74 页。

③ Antatole G. Mazour, *The first Russian Revolution 1825*: *The Decembrist Movement*，*its Origins*，*Development*，*and Significance*，Redwood City: Stanford University Press，1937，p. 1.

④ James R. Gibson, *Feeding the Russian Fur Trade*: *Provisionment of the Okhotsk Seaboard and the Kamchatka Peninsula 1639 - 1856*，xviii.

⑤ ［苏］谢·宾·奥孔：《俄美公司》，俞启骧等译，郝建恒校，第 78 页。

汉格尔斯克的俄美公司与外国商船的贸易活动。① 最后，私人商业与国家权力间的合作与冲突同样影响到沙俄政府的谈判立场。俄美公司作为沙俄第一家半官方性质的殖民贸易公司，在很大程度上获得沙俄政府的坚定支持，这也是其能够长期主导太平洋毛皮贸易的重要保障，而沙俄也从俄美公司的殖民贸易中确立起北太平洋区域的优势地位。这种私人商业与国家权力的合作生动体现于1808年开启的俄美两国政府围绕西北海岸商业争端的交涉之中，在某种程度上，1821年敕令正是这一过程的发展和延续。然而，私人商业和国家权力间还存在着相互冲突的一面。在俄美公司前后矛盾的诉求、公司职员卷入十二月党人叛乱、英美两国联合反对，尤其是1815年维也纳会议以来俄国保守外交政策的合力作用下，沙俄政府更倾向于以俄美公司的经济利益为代价，而尽可能地避免与其他大国之间的政治摩擦。②

　　同时，英国在谈判目标与组织形式等方面亦发生显著的变化。英国外交大臣乔治·坎宁在谈判伊始即强调，交涉的目标在于纠正1821年沙俄敕令的不当要求，突出航海自由与贸易自由原则的重要性。③ 事实上，坎宁的主张体现出英国对外政策的重要转向，即以自由航海、自由贸易为原则的现代性质的经济掠夺。18世纪60年代后工业革命的展开与以亚当·斯密为代表的自由主义思想的盛行，都促使英国开始将寻求海外市场和原料产地作为对外政策的重点。较之同时期反对西班牙殖民统治的拉丁美洲，西北海岸在人口、资源和市场等方面显然处于次要的地位。故而，卡斯尔雷和乔治·坎宁都将沙俄敕令对航海贸易的限制作为反对的出发点。伴随哈德逊湾公司、太平洋捕鲸商业协会、伦敦商船协会等利益集团的游说，英国政府逐渐将谈判的重心转向领土问题，甚至不惜以航海—贸易自

---

　　① "27 February 1824, Main Office to Governor General Muraviev", in Raymond H. Fisher, *Records of the Russian-American Company*, 1802, 1817 – 1867, p. 87.

　　② "David Schimmelpenninck, Russian Foreign Policy: 1815 – 1917", in Dominic Lieven edited, *The Cambridge History of Russia*, Volume 2: *Imperial Russia*, 1689 – 1917, Cambridge University Press 2006, pp. 554 – 557；[苏] B. П. 波将金编：《外交史》，史源译，刘丕坤校，生活·读书·新知三联书店1979年版，第625—631、633—637页。

　　③ "Mr. G. Canning to Mr. S. Canning, Foreign Office, December 8, 1824", in Alaska Boundary Tribunal, *The Case of the United States before the Tribunal Convened at London*, pp. 209, 212.

由原则换取俄国在领土方面的妥协，[1] 其缘由即在于此。而期间美国政府不断主张西北海岸主权与参与领土谈判的行为，也在很大程度上促成了英国谈判策略与目标的转变。实际上，无论是哈德逊湾公司，还是英国当局都一直认为美国，而非俄国，是对英国在美洲西北海岸利益的最大威胁。[2]

美国则通过英美联合施压与介入英俄谈判的交替运用，最大限度地维护了本国在西北海岸的商业利益。根据 1824 年美俄协议，美商不仅获得了在俄属美洲贸易的"合法"权利，而且增加了包括内河航运、大陆探险等内容，这就为美国势力向西北海岸的进一步渗透创造条件。正如美国学者霍华德·库什恩所说，"1824 年、1825 年的外交协议显露出俄国维护美洲殖民地力量的薄弱"，昆西·亚当斯所取得的胜利，极大地鼓舞了美国社会有关"天定命运"的扩张思想。[3] 然而，美国太平洋沿岸领土扩张的计划却并不顺利。谈判期间，美国假借西北海岸领土纷争来解决俄勒冈问题的企图，因为英国政府的激烈抵制而未能成功。需要注意的是，亚当斯与门罗政府倡导的"美洲非殖民原则"与 1824 年俄美协议对俄国美洲殖民地的认可形成鲜明反差，其实质正是美国宏大的美洲战略与相对薄弱的政治军事实力间相互矛盾的体现。正如乔治·坎宁在谈及门罗宣言时所指出的，门罗宣言如同 1821 年沙俄敕令一样，都是在没有充分政治军事保障条件下的一纸空文。[4] 综上所述，19 世纪 20 年代的俄美英外交谈判缘起于美洲西北海岸的商业冲突与 1821 年沙俄敕令，历经俄、美、英三边会谈到俄美、俄英双边条约的转变，其实质是欧美国家在美洲太平洋区域商业掠夺与殖民扩张的生动展现。

---

① "M. Poletica to Count Nesselrode, St. Petersburg, November 3, 1823", in Alaska Boundary Tribunal, *The Case of the United States before the Tribunal Convened at London*, p. 142.

② "Hudson's Bay Company to the Marquis of Londonderry, Hudson's Bay House, London, March 27, 1822", in Alaska Boundary Tribunal, *The Case of the United States before the Tribunal Convened at London*, p. 107; Glynn Barratt, *Russian shadows on the British Northwest Coast of North America*, 1810 – 1890: *A Study of Rejection of Defence Responsibilities*, pp. 1 – 21.

③ Howard I. Kushner, *Conflict on the Northwest Coast: American-Russian Rivalry in the Pacific Northwest*, 1790 – 1867, pp. 60 – 62.

④ Richard Allen Ward, Great Britain and the Russian Ukase of September 16, 1821, Master. thesis, North Texas State University, 1970, pp. 42 – 44.

# 第六节　结论

从世界历史的维度出发，1821 年敕令及其外交谈判正是美洲西北海岸区域格局变迁与北美内陆经济—政治演进交相作用的产物。美洲西海岸的开发与太平洋贸易的兴起以及现代早期世界体系的形成密切相关。海外探险的先行者西班牙凭借早期美洲太平洋探险与 1494 年的《托德西拉斯条约》获得美洲西海岸主权的法理基础。事实上，16 世纪西属美洲至马尼拉/中国广州的白银运输是现代早期跨太平洋贸易的重要活动。[①] 然而，美洲西北海岸匮乏的金银矿藏与艰巨的航行条件，使其长期远离西班牙当局的视线，[②] 制造了首次发现与实际占有等国际法界定的错节，成为 18 世纪末西北海岸主权争端的溯源。18 世纪的白令第二次堪察加探险与库克第三次太平洋航行在太平洋贸易发展史与美洲西北海岸区域变迁中占有重要地位。前者促成俄国商人逐渐沿阿留申群岛向阿拉斯加海岸的扩张，后者则引发出英美西等国商人广泛参与的美洲西北海岸至中国广州的毛皮贸易的繁荣。太平洋毛皮贸易的发展直接促成 18 世纪以后欧美国家在美洲西北海岸的殖民扩张。实际上，欧美国家在殖民扩张中还形成一种私人商业与国家权力相结合的隐秘模式。以西北海岸为例，英、美、俄等国政府纷纷出台有利于本国毛皮商业的政策，而毛皮商人的冒险活动又会促进本国政府在边远地区的扩张。如 1784 年俄国商人舍利霍夫在科迪亚克岛的移民区标志着俄属美洲的诞生。1778 年库克对温哥华岛努特卡角的考察成为英国宣称所有权的重要论据。而 18 世纪末格雷在哥伦比亚河的探测则被美国视为对该区域权利的法理证据。可以说，欧美各国的这些商业据点的分布基本成为美洲西海岸政治区划的主要依据。同时，西北海岸毛皮贸易的激烈竞争又导致各国政府的广泛关注与介入。正是在这样的历史条件下，

---

[①]　有关 16—17 世纪美洲至中国广州（途经马尼拉中转）的跨太平洋白银贸易的内容，参见［美］贡德·弗兰克《白银资本：重视经济全球化中的东方》，刘北成译，中央编译出版社 2013 年版，第 134—140 页。

[②]　Barry M. Gough, *Distant Dominion: Britain and the Northwest Coast of North America*, 1579 - 1809, pp. 3, 8.

西北海岸的商业冲突逐渐升级为国际政治问题。

　　商业竞争与政治角逐的冲击必然打破美洲西海岸原有的政治秩序，而霸权的易手往往造成剧烈的政治动荡。西班牙作为传统的美洲西海岸"所有者"，自然不会甘心外国势力对自身权利的肆意践踏。这样，西北海岸的国际冲突首先发生于俄、美、英等后发国家与老牌殖民国家西班牙之间。而1789年英国与西班牙在努特卡角的冲突则成为西班牙失去西北海岸所有权的关键节点。英国在谈判中宣传海洋自由与实际占有的主张，不仅在现实政治层面否认了西班牙对努特卡角地区的占有，而且从国际法角度瓦解了西班牙在美洲西海岸和太平洋区域的所有权，首次撼动了美洲太平洋地区的传统秩序。① 伴随西班牙美洲殖民帝国的衰弱，俄国、英国、美国先后通过单边行动、国际冲突、外交谈判等途径从西班牙手中获取42°N以北区域美洲西部的所有权，② 发展为西北海岸国际角逐的主要参与者。③ 事实上，1808年开启的俄美两国关于西北海岸商业冲突的谈判，1818年英美两国关于哥伦比亚河流域所有权问题的协商，无不反映出俄美英等国在西北海岸的激烈角逐。从这个意义上来说，1741年的白令－奇里科夫探险、1778年的库克太平洋航行、1784年的科迪亚克移民区、1789年的英西努特卡角争端、1799年的俄美公司特许状、1812年的英美哥伦比亚河口冲突、1818年的英美俄勒冈谈判、

---

　　①　William Ray Manning, *The Nootka Sound Controversy*, Washington：Government Printing Office 1905, pp. 284 – 285.

　　②　事实上，国际竞争也是现代早期欧美列强在美洲西北海岸扩张的重要因素。18世纪后半期，俄国人在美洲殖民的消息广泛流传于欧洲各国宫廷，西班牙正是出于阻止俄国扩张的考虑，在18世纪中后期先后组织起一系列的西北海岸探险活动，确立起在加利福尼亚地区的统治。然而，19世纪以来西班牙美洲帝国的瓦解与美国日益强烈的扩张势头，迫使西班牙在1819年《亚当斯－奥尼斯条约》中放弃对42°N落基山脉以西至太平洋之间领土的所有权。有关西班牙在加利福尼亚探险与确立统治的内容，参见 Raymond Kenneth Morrison, Luis Antonio Arguello First Mexican Governor of California, Master Thesis, University of Southern California, 1938；有关西班牙、俄国、英国、美国在北美西北海岸权利的论述，参见 " Observations upon the rights and claims of Spain, of Russia, of England, and of the United States, relative to the west coast of North America；and upon the u-kase of September 4 (16), 1821", in Alaska Boundary Tribunal, *The Case of the United States before the Tribunal Convened at London*, pp. 59 – 63.

　　③　Barry M. Gough, *Distant Dominion*：*Britain and the Northwest Coast of North America*, 1579 – 1809, Preface.

1819 年的美西纵贯大陆条约，以及本书所关注的 1821 年沙俄敕令及其外交谈判，都是对美洲太平洋沿岸传统秩序的一次次爆破，共同构建了西北海岸政治格局逐渐走向清晰和稳定的历史进程。这一进程始于 18 世纪欧美航海探险家对西北海岸的探查，终于 19 世纪 60 年代英国在北美的主导权向美国的转移。①

值得注意的是，无论现代早期太平洋贸易的发展，还是欧美列强在美洲西北海岸的角逐，在某种程度上，都是东西方贸易，尤其是中西贸易发展的产物。正是西方社会对茶叶、瓷器、棉布等中国商品的巨大需求与中国市场对外国商品需求有限的鲜明反差，造成近代中西贸易的严重失衡，而太平洋毛皮贸易正是欧美国家尝试扭转对华贸易逆差所做的努力。正如美国环境史学者谢健在述及现代早期商品消费与自然环境的互动关系时所指出的，"在从内陆亚洲到东南亚，从太平洋到美洲的跨地区贸易中，中国消费者处于支点的位置"②。

同时，19 世纪上半期北美中西部的政治经济状况亦发生深刻的变革。经济方面主要表现为英美两国毛皮公司的激烈争夺。随着毛皮贸易的发展，哈德逊湾公司、西北公司、美国毛皮公司纷纷向中西部地区探险与深入，借以扩大毛皮狩猎范围、增加商业利润。如西北公司的商业代表马更些在 1793 年 7 月 17 日在贝拉库拉河岸到达太平洋海岸，首次横跨北美大陆到达太平洋，以此确立起英国在西北海岸的所有权。③ 同时，英美等国的毛皮公司还积极进行商业整合，以提升自己的商业竞争力。如 1821 年哈德逊湾公司与西北公司实现合并，成为北美大陆实力最雄厚的毛皮公司。美国政府则暗中支持纽约商人阿斯特的美国毛皮公司抢夺北美大陆毛皮贸易的垄断权。19 世纪初，阿斯特为垄断北美毛皮贸易，先后组织起陆路和海路在远西部和太平洋沿岸的探险，这些活动对于加强美国在上述地

---

① Glynn Barratt, *Russian shadows on the British Northwest Coast of North America*, 1810 - 1890: *A Study of Rejection of Defence Responsibilities*, x.

② ［美］谢健：《帝国之裘：清朝的山珍、禁地以及自然边疆》，关康译，北京大学出版社 2018 年版，第 154 页。

③ 有关西北公司向北美中西部地区贸易与探险的内容，参见 Revised Edition, *The Fur Trade in Canada: An Introduction to Canadian Economic History*, Toronto: University of Toronto Press, 1956, pp. 166 - 262.

区的影响力有着重要的作用，<sup>①</sup> 在某种角度上生动展现出现代早期国家权力与私人商业间相互合作的隐秘逻辑。

此外，美国的大陆扩张是 19 世纪上半期北美大陆政治发展的主旋律。美国"大陆帝国"的构想源远流长，其中，托马斯·杰斐逊绝对是美国太平洋扩张思想的重要推动者。杰斐逊不仅亲自策划了 19 世纪初的刘易斯—克拉克探险和路易斯安那购买，而且积极支持利亚德、阿斯特等商人向北美远西部和太平洋沿岸的冒险活动。正如美国传记专家斯蒂芬·安布罗斯所说："对于创立一个横跨两大洋的自由帝国，杰斐逊比其他人所作的贡献都要大。"<sup>②</sup> 同时期，"天定命运"的思想广泛流行于美国政界、国会议员与新闻媒体，<sup>③</sup> "自然的指引"（the finger of nature）成为美国实现大陆帝国梦想的重要理论支撑。<sup>④</sup> 根据 1818 年英美协议与 1819 年美西横贯大陆条约的规定，美国与英国分享了 42°N 以北落基山脉以西至太平洋沿岸土地的所有权，最终将领土扩张到太平洋。事实上，美国大陆扩张的每一次成功，都意味着欧洲殖民国家在北美的退却。从 1783 年《巴黎条约》至 1819 年《美西横贯大陆条约》间的 40 余年间，美国先后从西班牙、英国和法国等欧洲殖民国家手中获取东西佛罗里达、路易斯安那和密西西比河东岸的大片土地，并逐渐将贪婪的视线移向太平洋沿岸。正是在这个意义上，1821 年沙俄敕令及其外交谈判可被视为英俄两国对美国不断增强的地缘政治压力的积极应对。期间，美国更是提出旨在彻底驱逐欧洲殖民势力的"美洲非殖民原则"，并尝试利用英俄领土纷争的有利时机，获取本国在俄勒冈地区的最大利益。

那么，作为一个新兴国家的美国，缘何一直在与传统欧洲殖民国家的

---

① 有关阿斯特毛皮公司活动的内容，参见 Peter Stark, *Astoria, John Jacob Astor and Thomas Jefferson's Lost Pacific Empire: A Story of Wealth, Ambition, and Survival*, Ecco, 2014.

② ［美］斯蒂芬·安布罗斯：《美国边疆的开拓：刘易斯和克拉克探险》，郑强译，译林出版社 2017 年版，第 3 页。

③ 有关美国官员、国会议员、报纸媒体鼓动美国向太平洋扩张与对外采取强硬态度的内容，参见 Howard I. Kushner, *Conflict on the Northwest Coast: American-Russian Rivalry in the Pacific Northwest*, 1790 – 1867, pp. 25 – 47.

④ "Mr. Adams to Mr. Rush, Department of State, Washington, July 22, 1823", in Alaska Boundary Tribunal, *The Case of the United States before the Tribunal Convened at London*, p. 54.

较量中居于优势？这显然是一个值得思考的历史课题。如前所述，1821年沙俄敕令的重要宗旨是维护俄美公司的商业利益。而俄美英外交谈判的主要议题亦围绕各国毛皮公司的经济利益展开。正如加拿大学者巴里·M.高夫（Barry M. Gough）在谈到英国政府处理北美问题的政策时所说，英国在西北海岸的"贸易重于统治"。[①] 事实上，欧洲国家在美洲的殖民大多以经济掠夺为主要目的，这一状况既体现在西班牙对秘鲁和墨西哥金银矿藏的掠夺，也表现为哈德逊湾公司、西北公司、俄美公司等贸易公司对北美动植物资源的开发。而美国的大陆扩张则兼顾商业与移民，领土扩张与西进运动同时展开，日益扩充为美国广阔的领土。可以说，美国所具有的这种移民开拓模式与地缘政治优势，是其能够在北美战胜欧洲竞争对手的重要保障。这里我们要说明的是，欧洲国家的"经济掠夺"在应对美国的"移民拓殖"上的无力，不仅体现在1821年沙俄敕令及其外交谈判之中，而且贯穿于19世纪北美大陆政治格局的演进过程。当然，1824年俄美协议对俄属美洲统治权的承认与尝试解决俄勒冈问题的失败，都在某种程度上反映出美国国家实力的相对薄弱与新旧殖民主义更迭过程的曲折。

---

① Barry M. Gough, *Distant Dominion*: *Britain and the Northwest Coast of North America*, 1579 - 1809, p. 151.

# 第五章

# 俄美公司与加利福尼亚

　　19 世纪前半期，俄美公司以罗斯河流域为重点，在加利福尼亚进行了长达四十余年的探险和征服运动。罗斯拓殖以狩猎、贸易和土地为目标，并依沙俄政策与地区形势的变化而调整。在国内外因素的综合作用下，俄美公司最终放弃这块"边缘之地"。罗斯殖民不仅是俄美公司商业扩张的自然延伸，同时作为引发北美西海岸国际秩序震荡的重要事件，展现出近代美洲太平洋殖民历史中商业扩张与政治角逐的辩证关系。而围绕"边缘之地"的经济开发与政治交涉，从某种程度上，正是加利福尼亚融入正在形成中的现代世界体系的生动体现。

　　俄美公司是近代俄国第一家贸易垄断公司，在 19 世纪沙俄的北太平洋扩张中占据重要地位。加利福尼亚曾作为西班牙美洲帝国的遥远边疆，而流传于欧洲知识界。在彼得大帝与毛皮富商的美洲太平洋扩张蓝图中，加利福尼亚早已成为帝国扩张与毛皮贸易的天然边疆。伴随太平洋毛皮贸易的发展，加利福尼亚不仅作为美洲西北海岸毛皮贸易的资源补充，而且成为俄国"美洲太平洋帝国"的补给基地。正是在这一过程中，加利福尼亚开始融入现代世界经济与政治体系，并深刻影响到该体系的运转与发展。而罗斯移民区的拓殖与演变，在某种程度上，正是近代加利福尼亚经济、政治和社会变迁的重要缩影。有关俄国在加利福尼亚殖民的历史与遗迹，一直深受国外学界的广泛关注，不仅体现为加州罗斯博物馆的建设与各种纪念活动，① 而且

---

　　① 美国加利福尼亚州索诺玛郡的罗斯堡历史公园，不仅注重整理有关罗斯堡历史的资料，而且经常承办相关课题的研讨会和纪念活动，成为当地政府与居民传播特色历史文化的重要阵地。参见 https：//www.fortross.org.

表现在不断涌现的各类学术成果方面。① 国内学界对这一课题却鲜有提及。有鉴于此，本书在充分借鉴已有成果的基础上，尝试将 19 世纪上半期俄国殖民加利福尼亚的活动，放入美洲太平洋历史发展与俄美公司殖民扩张的整体脉络之中，注重狩猎、贸易、殖民三个维度的内部联系，揭示俄美公司在美洲太平洋区域的殖民活动，及其与周边国家、地区互动的内在理路，以求教于各位方家。

## 第一节　俄美公司拓殖加利福尼亚的缘起

近代俄国在征服西伯利亚的过程中逐渐形成一种商业团体与国家权力相结合的扩张模式。这种哥萨克、毛皮猎人与毛皮商人征服在先，沙皇代理人和政府机构治理在后的模式，在俄国征服西伯利亚的进程中发挥出巨大的效力。② 18 世纪 40 年代，俄国商业势力已扩张至美洲太平洋区域。然而，面临俄商内部的争夺，英美商人的竞争，以及印第安人的反抗，沙俄

---

① 欧美学者受西方中心论及史学碎片化的影响，大多忽视俄国在近代美洲太平洋区域开发中的作用，现有研究主要包括毛皮贸易和罗斯移民两个方面。美国学者阿黛尔·奥格登注意到俄美公司对加利福尼亚毛皮贸易的重要影响。玛利·E. 惠勒通过分析美俄两国商业团体间的竞争与合作模式，揭示加利福尼亚毛皮贸易的复杂性。参见 Adele Ogden, *The California Sea Otter Trade 1784 – 1848*, Berkeley: University of California Press, 1941; Mary E. Wheeler, "Empires in Conflict and Cooperation: The 'Bostonians' and the Russian-American Company," *Pacific Historical Review*, Vol. 40, No. 4 (Nov., 1971), pp. 419 – 441. 罗斯移民方面，E. O. 埃西格概述了罗斯移民区酝酿、规划、建设与发展的历史脉络。肯特·G. 莱特福特等学者则运用文化人类学与历史学的跨学科方法，探究当地印第安人对待俄国殖民者和罗斯移民区的态度，这种"原住民"视角有助于拓宽罗斯移民的研究视野。参见 E. O. Essig, "The Russian Settlement at Ross," *California Historical Society Quarterly*, Vol. 12, No. 3 (Sep., 1933), pp. 191 – 209; Kent G. Lightfoot, Thomas A. Wake and Ann M. Schiff, "Native responses to the Russian Mercantile Colony of Fort Ross, Northern California," *Journal of Field Archaeology*, Vol. 20, No. 2 (Summer, 1993), pp. 159 – 175. 苏联/俄罗斯学者对这一问题的研究主要围绕殖民主导权问题展开。苏联学者奥孔认为罗斯拓殖与同时期俄美公司的其他活动一样，都是在沙俄政府主导下的侵略行径。俄罗斯学者彼得洛夫则强调沙皇政府与商业资本在俄美公司活动中的不同作用。参见谢·宾·奥孔《俄美公司》，俞启骧等译，郝建恒校，商务印书馆 1982 年版；А. Ю. Пемров. Российско-Американская Компания: Деятельность На Отечественном И Зарубежном Рынках (1799 – 1867). Москва 2006. 总的来看，国外学者相对忽视俄国殖民活动对近代美洲西海岸国际政治变迁、环太平洋经济体系形成的历史影响。

② 有关俄国征服西伯利亚的历史内容，参见徐景学编《俄国征服西伯利亚纪略》，黑龙江人民出版社 1984 年版；[俄] М. И. 齐保鲁哈：《征服西伯利亚》，杨海明译，中国社会科学出版社 2017 年版。

政府迫切需要重组本国的商业和政治殖民力量。1799 年，沙皇保罗授权组建俄罗斯美洲公司（以下简称俄美公司），公司凭特许状享有在阿拉斯加、阿留申群岛、千岛群岛，以及东西伯利亚海岸的毛皮狩猎、对外贸易、移民拓殖、宗教传播等权利与义务。[①] 这些活动基本构成两次鸦片战争以前沙俄在远东太平洋区域活动的主要内容。俄美公司有效提升了俄国的商业竞争力，每年从阿拉斯加的狩猎区获取巨额的商业利润。[②]

然而，伴随美洲狩猎范围的扩大，粮食补给困境日趋严重，成为制约俄美公司经营的主要瓶颈。正如加拿大历史地理学家詹姆斯·R. 吉布森所说："粮食补给的困境，已经成为俄国北太平洋毛皮贸易及其与英、美等国竞争的重要问题。"[③] 同时，俄美公司与阿拉斯加原住民的冲突，更加剧了移民区的艰难处境。因为面临装备精良的特林吉特人，公司职员在堡垒附近的猎鹿或捕鱼活动，都要冒着极大的危险。[④]

正是在这样的历史条件下，俄美公司总监督官列扎诺夫组织了对加利福尼亚的商业探险。1806 年 2 月 25 日，列扎诺夫搭乘"朱诺"号商船前往加利福尼亚。[⑤] 一个月后，"朱诺"号到达圣弗朗西斯科港湾。随后，列扎诺夫与阿里拉加、阿盖洛、圣方济各修道士等加利福尼亚的政教上层人物，进行了频繁而密切的接触，在诸如俄国威胁论、开放双边贸易、惩治美商走私等议题上进行交流。期间，列扎诺夫明确宣布俄国对西班牙美洲殖民地不抱任何政治野心，"因为维护这些殖民地的成本所带来的有限好处，远远不如彼此贸易而来的利益"，呼吁通过发展双边贸易的方式来维

---

① 有关 1799 年沙皇敕令的内容，参见 The Bering Sea fur seals arbitration, Fur Seal Arbitration. *Proceedings of the Tribunal of Arbitration*, Volume VIII, Government Printing Office, 1895, pp. 13 – 14.

② 仅在 1801 年，美洲狩猎区就向鄂霍次克港运回 1.5 万张海獭皮和大约 28 万张海豹皮，总价值高达 250 万卢布。参见 P. A. Tikhmenev, *A History of the Russian-American Company*, trans. By Richard A. Pierce and Alton S. Donnelly, Seattle：University of Washington Press, 1978, p. 68.

③ James R. Gibson, *Feeding the Russian Fur Trade：Provisionment of the Okhotsk Seaboard and the Kamchatka Peninsula* 1639 – 1856, Madison：The University of Wisconsin Press, 1969, xviii.

④ Kenneth N. Owens, Alexander Yu. Petrov, *Empire Maker：Aleksandr Baranov and Russian Colonial Expansion into Alaska and Northern California*, Seattle：University of Washington Press, 2016, pp. 213 – 214.

⑤ Owen Matthews, *Glorious Misadventures：Nikolai Rezanov and the Dream of a Russian America*, New York：Bloomsbury, 2011, p. 140.

护殖民地的长治久安。① 列扎诺夫正是凭借高超的外交手腕，成功化解了加利福尼亚社会的"恐俄"情绪。列扎诺夫甚至坦言："我们需要粮食，我们本可以从广州弄到，但加利福尼亚距我们较近，而且尚有销售不出去的余粮。"② 这些论述基本符合加利福尼亚的实际情况。作为西班牙美洲帝国的"边缘之地"，加利福尼亚不仅在地理上远离新西班牙殖民地的行政中心墨西哥城，而且由于严格的贸易禁令而长期处于商品的极度匮乏状态。③ 谈判伊始，加利福尼亚人近乎是以欢迎的态度，接受俄国人的贸易请求。加利福尼亚行政长官阿里拉加直言："你们仅仅需要贵国政府的坚持，因为同一位数年前反对贸易的政府官员，可能会逐渐意识到与中立国贸易，对于在战争时期从美洲向欧洲转移比索的重要价值。"④

最终，列扎诺夫利用"朱诺"号运载的商品，换取到包括470普德猪油，100普德的盐和谷物在内的4500普德的货物。⑤ 5月11日，"朱诺"号离开圣弗朗西斯科港口返航俄国美洲移民区。列扎诺夫的这次探险，不仅搜集到加利福尼亚的地理环境、社会经济、政治军事等地方舆情，而且通过发散礼物、私人交好、政治友谊等外交手段，营造出俄美公司与加利福尼亚交好的政治氛围，对俄美公司在该地区的后续活动具有深远影响。

同时，加利福尼亚丰富的海獭资源同样吸引着俄美公司的视线。18世纪

---

① "A Report from Imperial Chamberlain Rezanov to Minister of Commerce Rumyantsev about a Voyage to Alta California in the Ship Yunona and the Situation in the Russian Colonies. [no number]. New Archangel. 17 June 1806", in James R. Gibson and Alexei A. Istomin compile and edite, with the assistance of Valery A. Tishhov, trans. James R. Gibson, *Russian California*, 1806 – 1860: *A History in Documents*, Volume I, Farnham : Ashgate Pub Co, 2014, pp. 195 – 196.

② "A report from Imperial Chamberlain Rezanov to Minister of Commerce Rumyantsev about a Voyage to Alta California in the Ship Yunona and the Situation in the Russian Colonies. [no number]. New Archangel. 17 June 1806", p. 196.

③ "A report from Imperial Chamberlain Rezanov to Minister of Commerce Rumyantsev about a Voyage to Alta California in the Ship Yunona and the Situation in the Russian Colonies. [no number]. New Archangel. 17 June 1806", p. 218.

④ "A report from Imperial Chamberlain Rezanov to Minister of Commerce Rumyantsev about a Voyage to Alta California in the Ship Yunona and the Situation in the Russian Colonies. [no number]. New Archangel. 17 June 1806", p. 219.

⑤ "A report from Imperial Chamberlain Rezanov to Minister of Commerce Rumyantsev about a Voyage to Alta California in the Ship Yunona and the Situation in the Russian Colonies. [no number]. New Archangel. 17 June 1806", p. 200.

80 年代英国探险家库克对美洲太平洋的探险，及其有关海獭毛皮在东方市场巨大商业价值的描述，直接引发美洲西北海岸至中国广州的跨洋毛皮贸易的发展。伴随西北海岸毛皮资源的减少，美国商船往返于加利福尼亚各港口之间，从地方官吏、修道士、印第安人手中换购毛皮，而西班牙殖民当局的贸易禁令则成为这种商业冒险的最大障碍。1803 年 10 月，美国商人约翰·奥凯恩与俄美公司长官巴拉诺夫达成协议，由美方提供海上运输和食物补给，俄方则负责具体狩猎，最后双方均分狩猎成果。这次合作为奥凯恩和巴拉诺夫各自带来 1100 张海獭皮毛的分红。另外，奥凯恩还从加利福尼亚印第安人手中换取到 700 张毛皮。这次美俄联合狩猎可谓十分成功。① 据统计，1803—1813 年间，美国商人与俄美公司共进行了至少 9 次加利福尼亚联合狩猎，双方分享的海獭皮数量高达 1.5 万张。② 正是通过联合狩猎，俄国人逐渐认识到加利福尼亚的海獭资源、温暖气候与丰富物产。

事实上，加利福尼亚一直是俄国毛皮商人意识中"毛皮帝国"的天然边疆。从这个意义上说，巴拉诺夫的南下扩张计划正是舍利霍夫、列扎诺夫等公司前辈思想的延续。1808 年 3 月，巴拉诺夫在给库什科夫的信件中写道："我经常思考新阿尔比恩，现在我将向公司总管理处和财政大臣鲁缅采夫报告，请求他们慎重考虑这一问题，采取行动对其进行占领。"③ 同年秋，巴拉诺夫为探险队装备了两艘船只，"科迪亚克"号和"尼古拉"号，要求他们详细描述新阿尔比恩的海岸，寻找新的毛皮产地，并在途经地区广泛埋设象征俄国所有权的"铁牌"。还应尽可能避免与他国势力的冲突，并在新阿尔比恩寻找适合地点修建简易的堡垒。④ 10 月，"科迪亚

---

① Adele Ogden, *The California Sea Otter Trade* 1784 – 1848, pp. 45 – 46.

② James R. Gibson and Alexei A. Istomin compiled and edited, trans. James R. Gibson, *Russian California*, 1806 – 1860: *A History in Documents*, p. 55.

③ "An except from a Memorandum from Governor Baranov to Assistant Governor Kuskov about an Expedition to New Albion. No. 182. Kodiak. 24 March 1808", James R. Gibson and Alexei A. Istomin compile and edite, with the assistance of Valery A. Tishkov, trans. James R. Gibson, *Russian California*, 1806 – 1860: *A History in Documents*, p. 246.

④ 参见 "A directive from Governor Baranov to Prikazchik Tarakanov about a Voyage to the Coast of New Albion in the Brig [Sv.] Nikolay. [no number]. [New Archangel]. 18 September 1808", in James R. Gibson and Alexei A. Istomin compile and edite, with the assistance of Valery A. Tishkov, trans. James R. Gibson, *Russian California*, 1806 – 1860: *A History in Documents*, pp. 256 – 269.

克"号和"尼古拉"号从新阿尔汉格尔斯克启程，"尼古拉"号在哥伦比亚河口附近触礁搁浅，[①] 彼得罗夫船长指挥的"科迪亚克"号则顺利地考察了特立尼达岛、博迪加湾，以及圣弗朗西斯科海湾，并获得了超过2000张海獭皮。尽管这次探险喜忧参半，但俄美公司大致掌握了从阿拉斯加至加利福尼亚的航线，为公司在加利福尼亚的后续活动打下基础。值得注意的是，同时期的美国政客和商人也十分重视北美西海岸所蕴藏的政治与商业价值。杰斐逊政府先后购买下路易斯安那，组织刘易斯—克拉克对美洲西部和太平洋沿岸的探险，并鼓励毛皮商人阿斯特在哥伦比亚河口建立固定商栈。美国人愈演愈烈的太平洋扩张势头，无疑加快了俄美公司及巴拉诺夫创建加利福尼亚殖民地的进程。

1811年，库什科夫选择在38°N、123°W的博迪加湾附近修建俄国移民区。移民区位于海拔110米的海岸小山之上。由于移民区周边海岸礁石密布，只能依靠罗斯河下游的小博迪加湾进行运输，[②] 公司总管理处与移民区当局围绕移民区的选址问题而产生较大的分歧。总管理处认为新移民区选址境内并无天然良港，且位于悬崖之上，给移民区人员和物资的运输带来极大的不便。但包括公司经理季赫麦涅夫、海军军官戈洛夫宁在内的熟悉新移民区情况的人士则注意到："所有这些不利条件，只是在俄国人迫不得已，只能在最初占领的那些地方移民时，才显露出来。如果按照巴兰诺夫（巴拉诺夫）和库斯科夫（库什科夫）的设想，本移民区仅仅是在占领整个加利福尼亚道路上迈出的第一步，那就必须承认，这一选择具有进可攻，退可守的许多优越性。"[③] 实际上，在巴拉诺夫等公司商人的最初

---

① 美国学者肯尼斯·N.欧文斯在论及"尼古拉"号探险失利的影响时指出："巴拉诺夫的资金短缺，海军薄弱，人员缺乏决定其及后继者难以实现在较长时段维持俄国在北美的扩张。但如果1808年'圣尼古拉'号和'科迪亚克'号的探险达到列扎诺夫的预期效果，俄国人一定可以在同美国人和英国人的竞争中占据战略优势。布雷金船只的毁坏与船员被放逐，无疑对未来俄国在北美太平洋沿岸的影响力具有不小的打击。"参见 Kenneth N. Owens edit, *The Wreck of the Sv. Nikolai*, trans. Alton S. Donnelly, Lincoln：University of Nebraska Press, 2001.

② P. A. Tikhmenev, *A History of the Russian-American Company*, trans. By Richard A. Pierce and Alton S. Donnelly, p. 134.

③ ［苏］谢·宾·奥孔：《俄美公司》，俞启骧等译，郝建恒校，第114页；"Fleet Captain Vasily Golovnin. Excepts from a journal of a visit to Alta California and New Albion during the round-the world voyage of the Sloop Kamchatka, 1817–10. 1–27 September 1818", in James R. Gibson and Alexei A. Istomin compile and edite, with the assistance of Valery A. Tishhov, trans. James R. Gibson, Russian California, 1806–1860：A History in Documents, Volume I, p. 369. P. A. Tikhmenev, *A History of the Russian-American Company*, trans. Richard A. Pierce and Alton S. Donnelly, Seattle：The University of Washington Press 1978, p. 136.

构想中，罗斯移民区仅仅是作为夺取整个加利福尼亚的前哨。这一构想不仅反映出商业群体对领土扩张的热望，从某一角度，也体现出俄美公司经营中利润追逐与领土扩张之间联系的内在理路。

1812 年 8 月 30 日，罗斯移民区举行了隆重的升旗仪式，标志新移民区的正式建立。根据加利福尼亚长官阿盖洛委派侦察员的报告：他们（俄美公司员工）正在已经竣工的移民区围墙之内修建堡垒和住房，这些建筑同四周高高的围墙一样，都是用厚实坚固的红木建造，堡垒面积大约有 150 瓦拉，围墙的高度为 3.5—4 瓦拉，堡垒内部建有两座炮塔，其中一个面向海洋，另一个朝向田野。堡垒内的建筑都建造精良。[①] 此后，罗斯移民区继续建设，到 1814 年已建成的有制革厂、磨坊、手工作坊、仓库、牲口棚、住房等，[②] 至此移民区已经渐成规模。移民区被命名为"罗斯"，以显示其与俄罗斯帝国的紧密联系。截至 1828 年，罗斯移民区一共生活有 60 名俄国人，80 名科迪亚克人和大约 80 名印第安人。[③]

从上所述，临近圣弗朗西斯科海湾的罗斯移民区的修建，是俄美公司为开发和利用加利福尼亚的海獭资源和粮食补给的重要举措，也是俄国"北太平洋毛皮帝国"的关键支点。而伴随沙俄政府和俄美公司在美洲太平洋区域整体战略的变化，罗斯移民区的运营与地位亦将发生巨大的转变。

## 第二节　罗斯移民区经营活动的转变

按照巴拉诺夫和俄美公司的构想，罗斯移民区的经营活动主要围绕狩猎、贸易和农业种植三个方面展开。其中，毛皮狩猎在罗斯移民区的早期经营中占据重要的位置。早在组织南部探险过程中，俄美公司即将海獭狩猎视为与地理观测同等重要的地位。如在 1808 年公司的南下探险中，探

① "Document 10, 1812 September 7 San Francisco", in W. Michael Mathes, *The Russian-Mexican Frontier: Mexican Documents Regarding the Russian Establishments in California*, 1808–1842, General Printing 2008, p. 61.
② ［苏］谢·宾·奥孔：《俄美公司》，俞启骧等译，郝建恒校，第 119 页。
③ https://www.fortross.org/russian-american-company.htm 2018-12-04.

险船只"科迪亚克"号不仅成功地完成了探测任务，还在博迪加湾等地一共捕获 2350 张海獭毛皮，有力地挽回了公司因为此次探险所造成的物质损失。[①] 新移民区建立后，公司更是在此常备阿留申猎人，将其用作派遣狩猎队的基地，并初见成效，仅在罗斯移民区成立的当年即收获 700 张海獭毛皮。[②] 事实上，移民区更为重要的任务，是作为法拉隆群岛上的公司狩猎据点的物资和人员补给基地，其实质是俄美公司毛皮贸易与美—俄联合狩猎的自然发展。根据记录，每年至少有一名俄国人和四名阿留申猎人生活在岛上。由于这里密布岩石，没有食物和淡水，所需一切补给都要由罗斯移民区供给。仅在 1812 年，法拉隆群岛上即有 2600 只毛皮海豹被猎杀。[③] 除直接狩猎外，罗斯移民区还发展出俄国人与加利福尼亚的印第安人、传教士团、地方官员的毛皮交换活动。然而，19 世纪 20 年代开始，伴随加利福尼亚海獭数量和法拉隆群岛海豹数量的减少，移民区的狩猎活动走向终结，公司甚至将原本配置在移民区的阿留申猎人运回阿拉斯加狩猎区。

　　罗斯移民区的另一项重要活动是发展对加利福尼亚的贸易，其实质是解决俄国移民区存在的严重的粮食补给困境。[④] 俄美公司成立伊始，尤其是列扎诺夫探险以后，即将加利福尼亚作为解决公司粮食补给问题的最佳方案。期间，列扎诺夫、巴拉诺夫、俄美公司总管理处多次请求加利福尼

①　P. A. Tikhmenev, *A History of the Russian-American Company*, trans. Richard A. Pierce and Alton S. Donnelly, p. 133.

②　"Anonymous. 'A Historical note about the organization of the Russian-American Company Settlement subsequently called Ross. [no number]. [no place]. No earlier than 1831'", in James R. Gibson and Alexei A. Istomin compile and edite, with the assistance of Valery A. Tishhov, trans. James R. Gibson, *Russian California*, 1806 - 1860: *A History in Documents*, Volume I, p. 294.

③　"Fleet Captain Vasily Golovnin. Excepts from a journal of a visit to Alta California and New Albion during the round-the world voyage of the Sloop Kamchatka, 1817 - 10.1 - 27 September 1818", in James R. Gibson and Alexei A. Istomin compile and edite, with the assistance of Valery A. Tishhov, trans. James R. Gibson, *Russian California*, 1806 - 1860: *A History in Documents*, Volume I, p. 351.

④　参见 "A submission of the Special Council for the RAC to Tsar Alexander I about trade between the RAC and Alta California and the founding of a Russian settlement to the North of San Francisco. [no number]. [St. Petersburg]. 31 January 1816", in James R. Gibson and Alexei A. Istomin compile and edite, with the assistance of Valery A. Tishhov, trans. James R. Gibson, *Russian California*, 1806 - 1860: *A History in Documents*, Volume I, p. 308.

亚当局开放贸易，甚至不惜上奏沙皇，通过外交途径解决贸易问题。沙皇则顾及欧洲国际形势的变化，希望俄美公司用自己的方式推进这项贸易。[①] 其实，加利福尼亚地方社会因难以从西班牙本土和墨西哥获得足够的商品，同样对列扎诺夫等人的贸易请求抱以认可态度。以加利福尼亚长官阿盖洛，圣弗朗西斯科长官阿里拉加为代表的地方官员纷纷上报墨西哥和西班牙当局，渴望从国家层面打开加利福尼亚的对外贸易局面。[②] 然而，西班牙政府仍固守贸易统制政策，严禁开放加利福尼亚市场。尽管如此，俄美公司与加利福尼亚地方的"私下"交易，却一直在秘密进行。正是在这样的历史背景下，俄美公司迫切需要一处临近加利福尼亚市场的贸易基地，以便于"私下"交易的展开。显然，加利福尼亚落后的手工制造业与本地区民众日常需要之间的矛盾，正是俄美公司打开"私下"贸易大门的关键因素。正如 19 世纪初曾到达圣弗朗西斯科的列扎诺夫所说，加利福尼亚人连车轮、玻璃、石磨这些日常生活必需品都不能制造，以致上到地方官员、传教士，下到普通民众，印第安人都急切渴望着与俄国的贸易。[③] 事实上，早在 1812 年罗斯移民区创建初期，库什克夫即向来访的西班牙官员，说明发展俄美公司与加利福尼亚贸易的优越性。而俄方的这种诉求很快获得回应，1813 年再次造访罗斯的西班牙官员表示，行政长官阿里拉加肯定了俄方的贸易请求，但要求在尚未获得官方批准以前，俄方舰船不得进入港湾，只能依靠小型船只向岸边输送货物。西班牙人还携带来大约 20 头牛和 2 匹马作为给移民区的礼物。库什克夫当然不会错过这一贸易机

---

① P. A. Tikhmenev, *A History of the Russian-American Company*, trans. Richard A. Pierce and Alton S. Donnelly, p. 131.

② "A Report from Imperial Chamberlain Rezanov to Minister of Commerce Rumyantsev about a voyage to Alta California in the Ship Yunona and the situation in the Russian Colonies. [no number]. New Archangel. 17 June 1806", in James R. Gibson and Alexei A. Istomin compile and edite, with the assistance of Valery A. Tishhov, trans. James R. Gibson, *Russian California*, 1806 – 1860: *A History in Documents*, Volume I, pp. 218 – 219.

③ "A Report from Imperial Chamberlain Rezanov to Minister of Commerce Rumyantsev about a voyage to Alta California in the Ship Yunona and the situation in the Russian Colonies. [no number]. New Archangel. 17 June 1806", in James R. Gibson and Alexei A. Istomin compile and edite, with the assistance of Valery A. Tishhov, trans. James R. Gibson, *Russian California*, 1806 – 1860: *A History in Documents*, Volume I, pp. 194, 218.

会，当即派遣商务代表思洛波契科夫（Slobodchikov）运载货物前往圣弗朗西斯科。思洛波契科夫与西班牙官员交涉后，最终以 1400 比索的价格出售并从加利福尼亚获取等价的谷物。至此，罗斯移民区与加利福尼亚的"私下"贸易之门被开启。① 俄美公司还在罗斯移民区专门发展起玻璃、烧砖、车轮、独木舟、石磨等手工业，这些商品被用来与加利福尼亚的西班牙人交换谷类、肉类、蔬菜等食物补给品，以满足罗斯移民区和俄国美洲移民区的需求。这种"私下"的贸易形式一直持续到 1821 年加利福尼亚外贸大门的开放。另外，这种"私下"交易经常因俄美公司与加利福尼亚地方关系的变化而时断时续。如在亲俄领导人阿里拉加时期，这种贸易尚能维持，但在随后接任的阿盖洛、索拉等人执政之下，贸易之门再次封闭，甚至出现扣押俄美公司人员与货物，虐待公司俘虏致死的事件。

还有一点需要说明，19 世纪的加利福尼亚虽然存有大量牲畜和谷物，但当地的商品需求却十分稀少，仅仅限于部分传教士对铁质工具等的需求，导致贸易规模一直很小，仅仅维持在每年 2500 比索。② 显然，仅凭罗斯移民区的贸易数额难以满足俄国美洲移民区的物资需求。因此，公司从未放弃寻求开放加利福尼亚贸易的努力，甚至不惜以撤销罗斯移民区为条件，换取公司在加利福尼亚的贸易特许权。正如俄美公司总管理处在 1820 年 1 月 29 日写给鲁缅采夫的信中所一再强调的，"鉴于当前的事态与俄美公司和平、温和的处事风格，我们非常愿意撤销这块令西班牙人恐惧的移民区，并永不在新阿尔比恩海岸的其他地区建立殖民地"，只要西班牙人以"在新加利福尼亚的永久贸易作为公司这些移民区的补偿"。③ 俄美公司的这项动议无疑反映出加利福尼亚贸易的重要价值，但也显示出罗斯殖民地作为公司发展加利福尼亚贸易的特殊定位。

---

① P. A. Tikhmenev, *A History of the Russian-American Company*, trans. Richard A. Pierce and Alton S. Donnelly, pp. 136 – 137.

② P. A. Tikhmenev, *A History of the Russian-American Company*, trans. Richard A. Pierce and Alton S. Donnelly, p. 141.

③ "A Report from the board of Directors of RAC to Minister of Foreign Affairs Nesselrode about the Legitimacy of the Colony of Ross. No. 99. ［St Petersburg］. 29 January 1820", in James R. Gibson and Alexei A. Istomin compile and edite, with the assistance of Valery A. Tishhov, trans. James R. Gibson, *Russian California, 1806 – 1860: A History in Documents*, Volume I, p. 410.

皮毛与帝国：俄美公司在北太平洋地区殖民活动研究（1799—1825）

伴随 1821 年墨西哥革命的爆发，以及全面开放加利福尼亚贸易政策的执行，罗斯移民区的经营遭受巨大的冲击。一方面，伴随加利福尼亚贸易的开放和英美商船的大量涌入，俄美公司逐渐失去了近水楼台的贸易优势。面临英美商人的激烈竞争，公司必须依靠西班牙比索等硬通货换购粮食，进而增加了物资补给的成本。另一方面，在阿拉斯加至加利福尼亚大规模贸易发展的背景下，罗斯移民区这种"小打小闹"般的走私贸易显然已经过时，导致移民区在贸易方面的价值大打折扣，但作为俄国船只中途补给或货物存放的中转站的价值仍然存在。值得思考的是，罗斯移民区在俄美公司与美国商人之间贸易中的特殊贡献。如前文所述，美国商人可谓俄美公司在北部阿拉斯加海域狩猎贸易的天敌，不仅利用商品货物优势掠夺那里的毛皮资源，而且通过散布谣言，出售枪炮而鼓动原住民特林吉特人对公司移民区进行攻击。然而，在移民区面临粮食和商品补给困境之时，俄国美洲移民区只能依靠从美国商船上获取物资补给。事实上，早在舍利霍夫时代，俄国商人就开始尝试从美国商船购买粮食或其他必需品。巴拉诺夫继续维持这种"违法"的贸易关系。19 世纪初列扎诺夫访问移民区期间，即注意到这种有些自相矛盾的情况：美国商船既是俄国人极力排斥的对象，又似乎是不可或缺的事物。而不甚了解美洲移民区状况的公司总管理处，则仅仅将美国商人视为公司商业利益的破坏者，而严令移民区当局加以禁止。在这样的历史条件下，罗斯移民区周边，以及法拉隆群岛的海獭、海豹资源则成为移民区换取外国货物的重要支付手段。如 1823 年，英国麦卡洛克—哈特内尔公司的威廉·哈特内特即在博迪加湾获得 3276 张海豹毛皮。而美国商船"指导者"号，"华盛顿"号和"阿拉伯"号都曾在 1823 年和 1824 年来到罗斯移民区收购海豹毛皮。①

农业生产是罗斯移民区的另一项重要活动。② 粮食补给难题伴随 18 世纪 80 年代俄国第一批海外固定移民区的修建而产生。阿留申群岛密布的火山岩与阿拉斯加海岸寒冷的气候、瘠薄的土地，使得早期俄国人自行开

① Adele Ogden, "Russian Sea-Otter and Seal Hunting on the Californi Coast, 1803 – 1841," *California Historical Society Quarterly*, p. 228.

② Kathryn E. Mitchell, *Fort Ross, Russian Colony in California*, 1811 –1841, 1984, p. 1.

垦土地种植粮食的计划难以实现。粮食补给问题成为关系俄国人在美洲太平洋立足与发展问题的关键环节。加拿大学者詹姆斯·R. 吉布森从俄美公司解决粮食补给问题的几种途径入手，认为俄国人在美洲太平洋区域建立移民区、开发自然资源、开拓周边贸易等活动，都是围绕这一核心问题而展开的。[①] 其中，农业种植占有十分重要的地位。事实上，正因为"俄美公司在美洲西北海岸虽然拥有广阔的岛屿与陆地，但这些地区却在寒冷的气候，瘠薄的土地等状态下难以发展农业种植"，"从鄂霍次克向美洲移民区运输补给品同样十分困难，经常性地造成移民区的饥馑和人员损失"，[②] 俄美公司才最终决定在加利福尼亚北部建立新的农业殖民地。1812年罗斯移民区成立不久，圣弗朗西斯科附近的西班牙人即向其赠送数只牛、马和其他果树、蔬菜种子，[③] 成为罗斯移民区农牧业发展之始。罗斯移民区的农牧业发展具有鲜明的阶段性。移民区建立之初，首任长官库什科夫将狩猎作为首要活动，担心发展农牧业势必影响公司的狩猎事业。因此，库什科夫执政期间（1812—1821 年），移民区从加利福尼亚海岸和法拉隆群岛捕获大量毛皮，成为移民区获取经费和补给的主要来源。库什科夫个人虽热爱园艺，并在移民区开辟出自己的种植园，内部种植各类果树和蔬菜，但这些成果多被用作过往公司船只或加利福尼亚友人的礼物。总的来看，罗斯移民区早期的农业种植成果并不明显，以 1813—1817 年为例[④]：

①　James R. Gibson, *Imperial Russia in Frontier America: The Changing Geography of Supply of Russian America*, 1784 – 1867, Oxford : Oxford University Press, 1976, Ix.

②　"Anonymous. 'A Historical note about the organization of the Russian-American Company Settlement subsequently called Ross. [no number]. [no place]. No earlier than 1831'", in James R. Gibson and Alexei A. Istomin compile and edite, with the assistance of Valery A. Tishhov, trans. James R. Gibson, *Russian California*, 1806 – 1860: *A History in Documents*, Volume I, p. 292.

③　"Fleet Captain Vasily Golovnin. Excerpts from a Journal of a visit to Alta California and New Albion during the Round-the-World Voyage of the Sloop Kamchatka, 1817 – 19. 1 – 27 September 1818", in James R. Gibson and Alexei A. Istomin compile and edite, with the assistance of Valery A. Tishhov, trans. James R. Gibson, *Russian California*, 1806 – 1860: *A History in Documents*, Volume I, p. 354.

④　P. A. Tikhmenev, *A History of the Russian-American Company*, trans. Richard A. Pierce and Alton S. Donnelly, p. 135.

表 5 - 1　　　　　1813—1817 年间罗斯移民区农业种植与收获数值比对

| 年份 | 播种 | 收获 |
|------|------|------|
| 1813 | 1 普德 25 磅种子 | 4 普德 5 磅收获 |
| 1814 | 5 普德种子 | 22 普德 2 磅收获 |
| 1815 | 5 普德种子 | 8 普德收获 |
| 1816 | 14 普德 14 磅种子 | 43 普德 23 磅收获 |
| 1817 | | 无收获 |

从上面的数据可以发现，在罗斯移民区的早期农业种植中，农作物种子与收获的比例一般维持在 1:4 左右，收获比例远低于加利福尼亚的其他地区。这其中的缘由，一是罗斯移民区临近海岸，农作物受到海洋湿气、土地瘠薄等问题的影响，还有一个原因就是，以库什科夫为代表的早期殖民者的注意力与相关投入的不足。伴随后任人员对农业种植的逐渐重视，尤其是附近区域海獭资源的枯竭与加利福尼亚贸易的全面开放，罗斯移民区的农业经营状况日渐好转。同时期，海军军官逐渐取代唯利是图的商人阶层，而成为俄国美洲移民区和罗斯移民区的长官。从 1821 年就任的施密特开始（Karl Ivanovich Schmidt，1821 - 1824），移民区逐渐将农业种植作为重要事务来处理，移民区农业种植面积日益扩大，先后新建了几个新的农场，家畜饲养也同样获得发展。据统计，从 19 世纪 20 年代早期开始，每年大约有 1800 磅的羊毛被运往阿拉斯加，在 19 世纪 40 年代的最后时段，移民区一共有 1700 头牛，940 匹马，900 只羊。[①]

从上所述，19 世纪前半期罗斯移民区的经营活动历经毛皮狩猎—粮食贸易—农牧拓殖的阶段性转变，这种变化趋势不仅显现出沙俄政府与俄美公司的美洲整体战略的嬗变，而且展现出美洲太平洋区域国际关系的演进。在某种程度上，罗斯移民区既可说是俄美公司觊觎加利福尼亚的毛皮资源、粮食物产、肥沃土地的直接表现，又是 18 世纪 80 年代努特卡海角危机以来，欧美列强不断挑战与蚕食西班牙美洲帝国的关键环节。而面临罗斯这把直接插入帝国要害的利刃，西班牙政府的强烈抗议自然也在情理之中了。

---

① https：//www. fortross. org/russian-american-company. htm 2018 - 12 - 04.

## 第三节　围绕罗斯移民区合法性问题的国际交涉

苏联学者奥孔在谈及罗斯移民区的研究价值时指出："这是一个为俄国在美洲大陆进行进一步的全面扩张奠定基础的问题。"[①] 俄美公司在北加利福尼亚修建罗斯移民的事件，是 18 世纪 40 年代俄国商人掀起的海獭搜寻活动的自然延续。[②] 同时，罗斯移民区的合法性问题则成为国际交涉的重要议题，并对美洲太平洋国际关系产生深远的影响。加拿大学者詹姆斯·R. 吉布森在谈及罗斯移民区得以持续存在的原因时强调，正是俄国人的防御措施、西班牙人的软弱、库什科夫在外交中的坚决，使罗斯移民区度过了建立后最危险的阶段。[③] 奥孔甚至直言，"西班牙当局的软弱无力"是罗斯移民区存在的主要原因。[④] 根据这些观点，在 1588 年以来帝国不断衰弱的状态之下，西班牙对加利福尼亚这块边缘之地更是顾及不暇。这似乎在某种程度上解释了罗斯事件出现后，西班牙王室长期保持沉默的根本原因。然而，通过梳理加利福尼亚和墨西哥当局的档案文献可以发现，加利福尼亚地方当局和西班牙政府一直密切关注罗斯移民区的状况，并曾多次呼吁俄国人拆除该移民区。反观 19 世纪 20 年代俄美公司主动申请放弃罗斯移民区的举动，显然，罗斯移民区问题对于俄、西双方而言，具有超越领土问题的重要意义。因此有必要深入探讨围绕罗斯合法性问题的国际交涉，以揭示相关事件背后的隐秘逻辑。

1812 年罗斯移民区建立后，俄美公司与加利福尼亚地方层面的交涉随之展开。俄美公司美洲事务官巴拉诺夫是这一计划的主要推动者。沙皇政府虽然批准了俄美公司有关殖民新阿尔比恩的计划，但受制于国际形势而

---

① ［苏］谢·宾·奥孔：《俄美公司》，俞启骧等译，郝建恒校，第 121—122 页。

② Kenneth N. Owens, with Alexander Yu. Petrov, *Aleksandr Baranov and Russian Colonial Expansion into Alaska and Northern California*, Seattle and London：University of Washington Press, 2015, p. 218.

③ James R. Gibson and Alexei A. Istomin compile and edite, with the assistance of Valery A. Tishhov, trans. James R. Gibson, *Russian California*, 1806 – 1860：*A History in Documents*, Volume I, p. 291.

④ ［苏］谢·宾·奥孔：《俄美公司》，俞启骧等译，郝建恒校，第 127 页。

希望公司自行处理殖民事务。<sup>①</sup> 沙皇政府的这一态度，在某种程度上昭示出加利福尼亚拓殖计划的复杂国际背景。事实上，早在库什科夫对新阿尔比恩和加利福尼亚北部，进行探险和筹备移民阶段，西班牙人就已经获得关于俄国人相关活动的情报。1811 年 10 月 25 日，根据印第安人关于博迪加湾停泊有一艘船只的报告，西班牙人中尉唐·加布里埃尔·莫拉加带领四个士兵前往博迪加湾实地调查，发现一艘小型船只由库什科夫指挥，运载大约 80 个俄国船员和相关装备。通过交谈，西班牙人了解到俄国人正准备在博迪加湾建立移民区。这应该是西班牙人对俄美公司修建罗斯移民区的最早讯息。<sup>②</sup> 西班牙人自此开始关注俄国人在博迪加湾附近的活动。1812 年 12 月 5 日，西班牙人从俄美公司逃亡工人的口中再次获知，库什科夫正在博迪加湾附近修建堡垒的情况，但是对于俄国人行动的目的仍然不得而知。<sup>③</sup> 事后，西班牙人还曾向过往的美国船只"水星"号的船长乔治·W. 埃尔斯打听有关俄美公司，以及罗斯移民区建立目的等方面的消息。<sup>④</sup> 1812 年 10 月中旬，一名西班牙军官和七名士兵从圣弗朗西斯科来到罗斯移民区，由此打开西班牙人与俄国人围绕罗斯问题的谈判。西班牙人先是要求进入移民区观察，接着询问俄国人到达此处的目的。库什科夫直言拓殖新移民区的目的在于获取殖民地的食物补给，强调发展加利福尼亚与俄国殖民地之间贸易的有利条件。西班牙人则表示愿意就俄国移民区与

---

① "A report from Minister of Foreign Affairs Rumyantsev to the board of directors of the RAC about Emperor Alexander I's answers to its questions. Np. 2, 111. ［St. Petersburg］. 1 December 1809", in James R. Gibson and Alexei A. Istomin compile and edite, with the assistance of Valery A. Tishhov, trans. James R. Gibson, *Russian California*, 1806 – 1860: *A History in Documents*, Volume I, p. 276.

② "Document 10, 1812 September 7 San Francisco, Luis Arguello to Arrillaga. Regarding a Russian ship that had sun aground and then sailed away. Commandant Coscoff ［Kuskov］. Russian fortifications and houses. Appreciation by the Russians to the Spanish", in W. Michael Mathes, *The Russian-Mexican Frontier*: *Mexican Documents Regarding the Russian Establishments in California*, 1808 – 1842, General Printing, 2008, p. 61.

③ "Document 12, 1812 December 16 San Francisco, Luis Arguello, Commander to Governor Arrillaga-Russian establishment", in W. Michael Mathes, *The Russian-Mexican Frontier*: *Mexican Documents Regarding the Russian Establishments in California*, 1808 – 1842, p. 64.

④ "Document 15, 1813, Declaration from Captain George W. Ayres of the Mercury from Boston regarding his trade with the Russians", in W. Michael Mathes, *The Russian-Mexican Frontier*: *Mexican Documents Regarding the Russian Establishments in California*, 1808 – 1842, p. 67.

加利福尼亚的贸易问题做出努力。1813 年西班牙官员再次到达罗斯，表明加利福尼亚长官唐·阿里拉加同意与俄国人展开贸易，但在正式的官方文件下达以前，俄国船只不能驶入加利福尼亚港口，只能利用小型船只运送货物，同时，西班牙人还向移民区送来二十头牛和三匹马作为礼物。① 1814 年 4 月 22 日，库什科夫致信阿里拉加，在信中，库什科夫以自己不懂西班牙语，且身边没有西文翻译为由，表示难以完全掌握西班牙官员所要表达的意思，但立即派遣斯洛博科夫携带货物前往圣弗朗西斯科进行贸易，并请求西班牙当局能够返还被俘的俄美公司猎人。② 期间，库什科夫再次收到西班牙官方的信件，就俄方为何在博迪加湾定居，以及移民区开拓的指令等方面提出质疑，而库什科夫则一方面寻求巴拉诺夫的指示，同时以不懂西班牙文难以理解信件内容为由延迟回复。③ 应该说，19 世纪初期的加利福尼亚长官阿里拉加对待俄国人的亲和态度，对罗斯移民区早期贸易的开展具有十分重要的意义。1806 年列扎诺夫到访期间关于俄美公司与加利福尼亚贸易合作前景的美好展望，以及与阿里拉加等加利福尼亚上层友好关系的确立，最终赢得阿里拉加对俄国人贸易请求的支持。从 1812 年罗斯移民区建立至 1813 年阿里拉加调任，罗斯移民区与加利福尼亚的贸易基本维持稳定的状态。④

此后，加利福尼亚当局的态度虽几经变化，但仍然与俄国人维持一种和平的交往。约瑟·阿盖洛在接替阿里拉加职位后，依照墨西哥总督的指令，要求库什科夫摧毁罗斯移民区，并就俄美公司直接与加利福尼亚居民进行交涉而产生怀疑。1815 年继任的韦森特·索拉上台伊始即严厉执行墨西哥总督关于驱逐加利福尼亚的俄国人的命令。而同时期加利福尼亚的英美商人广泛散布俄国人企图"占领圣弗朗西斯科"，"库什科夫早已多次前

---

① P. A. Tikhmenev, *A History of the Russian-American Company*, trans. Richard A. Pierce and Alton S. Donnelly, p. 136.

② "Document 16", "Document 17", in W. Michael Mathes, *The Russian-Mexican Frontier: Mexican Documents Regarding the Russian Establishments in California*, 1808 – 1842, pp. 68 – 69.

③ P. A. Tikhmenev, *A History of the Russian-American Company*, trans. Richard A. Pierce and Alton S. Donnelly, p. 137.

④ "Document 28", in W. Michael Mathes, *The Russian-Mexican Frontier: Mexican Documents Regarding the Russian Establishments in California*, 1808 – 1842, p. 83.

往该据点以找寻方便进攻的地点"等谣言，① 无疑助长了加利福尼亚的反俄情绪。阿盖洛就曾向俄美公司下达通牒，不但禁止俄美公司的贸易和狩猎，而且要求抓捕那些尚未离开的公司职员，甚至对其进行虐待。然而，加利福尼亚的现实状况迫使索拉政府最终放弃对俄国人的贸易禁令。由于加利福尼亚地处墨西哥西北部的边缘地带，地理偏远，交通不便，以及缺乏金银矿藏的事实，都使西班牙政府较少关注这一地区，以致那里的军队和居民经常处于物资极度匮乏的状态之中，最终迫使索拉放宽对贸易的管制。期间还发生了一件值得深思的事件，1817 年正在环球航行的俄国海军军官科策布（Kotzebue）到达加利福尼亚。科策布在获取补给时与西班牙当局签订协议，承认西班牙在美洲太平洋沿岸的北部边界为胡安·德·富卡海峡，并就库什科夫在未能获得政府授权的情况下，在外国的领土建立殖民地进行追责，同时拒绝搭载俄美公司的被俘职员返航。科策布事件可能源于其不了解俄美公司与沙俄政府之间的交涉，但从一定意义上也反映出俄美公司与俄国海军在殖民地经营理念等方面的巨大差异，即较之受到商业利益而敢于开拓冒险的商人阶层，兼具专业技能、人文学识与政治野心的海军军官更为注重帝国海军实力的增强与国家关系的稳定。

直到 1817 年，西班牙官方才正式向俄国政府提出罗斯问题。西班牙驻圣彼得堡大使伯姆德（Bermudez）正式传达了西班牙政府的抗议，宣布既然俄国人在加利福尼亚建立移民区纯属个人所为，而非俄国政府授权，那么一旦这些俄国人展示出俄国国旗，他们立即将被武力驱逐。② 库什科夫面对西班牙人的指责，则一再表示自己只是奉命行事，如果西班牙人武力进攻，俄国人将自卫反击，一切交涉问题都要由俄美公司上层机关处理。③ 同时，

---

① P. A. Tikhmenev, *A History of the Russian-American Company*, trans. Richard A. Pierce and Alton S. Donnelly, p. 138.

② "15/27 April 1817 De Zea Bermudez [Spanish Ambassador at St. Peterburg], to Count [Karl Vasilevich] Nesselrode [Minister of Foreign Affairs]. (Translation form the French)", in Raymond H. Fisher, *Records of the Russian-American Company*, 1802, 1817－1867, Washington：The National Archives, 1971, p. 30.

③ "A Protocol of the talks between Governor De Sola of Alta Califronia and Manager Kuskov and Lieutrnant Kotzebue about the Demand of the Spanish Authorities to Abandon the Russian Settlement in California. [no number]. [San Francisco]. 28 October 1816", in James R. Gibson and Alexei A. Istomin compile and edite, with the assistance of Valery A. Tishhov, trans. James R. Gibson, *Russian California*, 1806－1860：*A History in Documents*, Volume I, p. 313.

俄美公司则试图否定殖民地的存在，强调罗斯移民区并非"一座堡垒，仅仅是防御印第安人的一座栅栏"。① 但这种说法显然难以让人信服。公司转而宣称自印第安人手中获得罗斯土地的所有权，并且否认西班牙对该区域的政治权利，强调俄国对罗斯的占领完全符合万国公法的规定。② 戈洛夫宁也认为按照国际社会有关发现权和重新发现权的定义，发现而非实际占领将不能获得对某一地区的所有权。根据拉比鲁兹和温哥华的航行日记，圣弗朗西斯科海湾的南岸才是西班牙美洲太平洋沿岸的北部边界。同时，他还援引英国与西班牙在美洲西北海岸努特卡争端中所提出的"实际占领"，"领土重新发现"等权利，且得到西班牙政府同意的案例，论述俄国对罗斯移民区所有权的合理性。③ 事实上，早在1811年库什科夫即通过赠送礼物的方式，象征性地从博迪加湾附近的印第安人手中获得罗斯土地的所有权。④ 1817年，加格麦斯特拟定了一个文件，印第安酋长丘古安、阿马特京、格姆列列等都在这个文件上签了字。他们承认："对俄国人占领此地极为满意，如今他们安居乐业，无须担心其他印第安人的进犯，以前后者常常袭击他们，移民区的建立才给他们带来了安定。" 这个文件仿佛又一次无意中证明了这块土地过去属于上述印第安人，他们自愿将其让给了俄国人。文件写道："海军大尉加格麦斯特代表俄美公司向他们致以谢忱，感谢他们将土地让给公司去修筑堡垒，并把属于丘古安地方上的建筑物和各种机构让给

---

① "14 August 1817 Main Office to Governor General Baranov ( or in his absence, to Captain Hage-meister)", in Raymond H. Fisher, *Records of the Russian-American Company*, 1802, 1817 – 1867, Washington: The National Archives, 1971, p. 27.

② "August 1817 Main Office to Spanish Ambassador de Zea Bermudez", in Raymond H. Fisher, *Records of the Russian-American Company*, 1802, 1817 – 1867, Washington: The National Archives, 1971, p. 31.

③ "Fleet Captain Vasily Golovnin. Excerpts from a Journal of a visit to Alta California and New Albion during the Round-the-World Voyage of the Sloop Kamchayka, 1817 – 19. 1 – 27 September 1818"; "V. M. Golovnin, 'A note about the present condition of the Russian-American Company'", in Gibson and Alexei A. Istomin compile and edite, with the assistance of Valery A. Tishhov, trans. James R. Gibson, *Russian California*, 1806 – 1860: *A History in Documents*, Volume I, pp. 354 – 356.

④ P. A. Tikhmenev, *A History of the Russian-American Company*, trans. Richard A. Pierce and Alton S. Donnelly, p. 133.

公司。"① 然而，这份文件的合法性却广受质疑。正如俄国驻美国公使波列季卡所说，俄美公司对罗斯领地的独占权"远非没有疑问"，"只要看一下地图，就会看到，这个移民区是楔入加利福尼亚的西班牙领地和相邻地区的。西班牙的一块相当早的殖民地就在罗斯以南三十英里处。新加利福尼亚的首府蒙特雷城距罗斯仅一个纬度"。②

正如波列季卡所言，在近代殖民扩张方兴未艾，国际法系尚未完善的背景下，俄美公司仅仅凭借从印第安人手中购买的"权利"，显然不足以证明其有效性。那么西班牙人为何没有在罗斯移民区立足未稳之时通过武力将其消灭？显然只能从当时西班牙与整个美洲太平洋区域的国际形势中找到答案。18世纪末19世纪初席卷欧洲的法国大革命与拿破仑战争，不但为人类社会传播了近代人权、博爱等资产阶级思想，而且对欧洲国际政治体系造成了无法估量的冲击。西班牙国内政权即遭到推翻，受其牵连，西属美洲殖民帝国的统治也日趋松动。拿破仑失败后，西班牙王室复辟，但仍面临严重的国内外危机，而迫切需要"欧洲宪兵"——沙皇俄国的支持。两国于1812年签订友好条约。事实上，早在罗斯移民区选址之初，加利福尼亚当局即已将这一情况上报给西班牙政府，但西政府限于对沙俄的依赖而没有立即反抗。西班牙没有采取极端措施摧毁俄国移民区的另一个原因在于，西班牙一直认为是美国而非俄国，才是西班牙美洲帝国的真正敌人。如在1813年约瑟·曼纽尔·鲁兹写给阿里拉加的信中即表达了此种担忧，"我并不非常不信任俄国人，但是十分不信任美国人，我一点都不喜欢他们"③。无论如何，俄国与西班牙围绕罗斯移民区合法性的谈判陷入停滞。这里有一点需要说明，伴随邻近区域海獭资源的枯竭，罗斯移民区日益转变为俄美公司获取加利福尼亚粮食的前哨。1820年，俄美公司

① "A document about a visit to Ross of native leaders to attest their friendship with Russians. [number]. Ross. 22 September 1917", in Gibson and Alexei A. Istomin compile and edite, with the assistance of Valery A. Tishhov, James R. Gibson translate, *Russian California*, 1806–1860: *A History in Documents*, Volume I, p. 322; ［苏］谢·宾·奥孔：《俄美公司》，俞启骧等译，郝建恒校，第120—121页。

② ［苏］谢·宾·奥孔：《俄美公司》，俞启骧等译，郝建恒校，第121页。

③ "Document 14, 1813 March 16 San Vicente", in W. Michael Mathes, *The Russian-Mexican Frontier: Mexican Documents Regarding the Russian Establishments in California*, 1808–1842, p. 66.

第五章　俄美公司与加利福尼亚

甚至上奏沙俄政府，愿意撤销罗斯移民区，以换取西班牙人同意开放加利福尼亚贸易的补偿。1821 年 3 月 8 日，俄美公司总管理处在写给俄国财政大臣的信中指出，罗斯移民区缺乏足够的农业劳动力，而难以承担供给鄂霍次克和堪察加半岛粮食的任务。同时，西班牙人阻止了加利福尼亚和菲律宾的贸易，使得这一任务几乎无法完成。公司希望政府出面获取与新西班牙贸易的权利，则美洲移民区、鄂霍次克和堪察加半岛的粮食问题都将得到解决。①

值得注意的是，19 世纪 20 年代的墨西哥革命使俄美公司获得了一次将罗斯移民区合法化的天赐良机。西班牙王朝复辟之后，俄美公司的部分管理者已不再满足于罗斯移民区的合法化，而希望占据整个加利福尼亚地区。如俄国著名航海家克鲁申施特恩曾在其呈送给外交部的条陈中断言，"鉴于目前形势"，西班牙不仅能将罗斯领地，而且能将旧金山港让给俄国，"将罗斯港归属俄美公司不会遇到很大的障碍或异议。但是，还有另一个地方，占领该地将对俄国大有裨益，这就是旧金山港，此港至今仍然无可争议地属于西班牙。迄今为止情况尚无变化，因此西班牙政府有权将此港让给俄国"。② 克鲁申施特恩的建议立即遭到部分官员的反对。如同为海军将领的戈洛夫宁认为，"西班牙国王让出领地，可以肯定共和派是不会承认的。即使我们得到这块领地，但是要投资来改善罗斯的状况仍然是危险的，因为共和派得知此事后，一定会存心维护自己的权利，而与我们断绝一切来往，并会要求我们撤除我们的机构，甚至可能诉诸武力"③。其实，连亚历山大一世本人也明白，斐迪南将加利福尼亚的殖民地转让给俄

① "8 March 1821 Main Offcie to Minister of Finance Dmitrii Aleksandrovich ［Guriev］", in Raymond H. Fisher, *Records of the Russian-American Company*, 1802, 1817 - 1867, Washington: The National Archives, 1971, p. 56.

② "Commander Adam Krusentern. 'A note about the ports of Ross and ［San］ Francisco.'［no number］. St. Petersburg. 4 ［or 7］ October 1825", in Gibson and Alexei A. Istomin compile and edite, with the assistance of Valery A. Tishhov, trans. James R. Gibson, *Russian California*, 1806 - 1860: *A History in Documents*, Volume II, pp. 48 - 49.

③ "Captain Commander Vasily Golovin. 'A note about the settlement of Ross'. ［no number］. St. Petersburg. 23 October 1825", in Gibson and Alexei A. Istomin compile and edite, with the assistance of Valery A. Tishhov, trans. James R. Gibson, *Russian California*, 1806 - 1860: *A History in Documents*, Volume II, p. 50.

国，就如同把一块不属于他的土地让给其他人一样。1824 年 10 月，俄国
外交大臣涅谢尔罗捷坦言，"陛下认为目前重新与西班牙政府讨论此问题
徒劳无益，因为在其美洲领地目前混乱的情况下，西班牙政府无力顾及此
事"。① 同时期，英美等国商人为了商业利益，而广泛散布俄国吞并加利福
尼亚的谣言，竭力煽动俄国与西班牙两国的矛盾。② 英美商人的这些行动，
在某种程度上，体现出美洲太平洋区域国际关系的复杂性，可以说，国际
竞争刺激了帝国的扩张，而这种扩张又反作用于国际关系。墨西哥独立
后，加利福尼亚于 1821 年全面开放贸易。英美商船的蜂拥而至，不但冲
击了俄美公司与加利福尼亚的传统贸易，而且大大降低了罗斯移民区的贸
易价值。③ 另外，墨西哥的独立还使加利福尼亚的政治和经济地位更为边
缘化。西班牙海军的撤离，以及马尼拉航线的废除，使加利福尼亚成为一
块名副其实的"边缘之地"。1822 年，墨西哥皇帝伊图尔比德派遣唐·阿
古斯丁·费尔南德斯·德·文森特前往罗斯移民区，宣布这片土地为墨西
哥所有，俄国人必须在六个月内撤离罗斯。④ 此时的国际环境对俄国的加
利福尼亚殖民计划已经极为不利，伴随 1819 年美—西纵贯大陆条约的签
订，美国人更加肆无忌惮地侵入加利福尼亚，大量购买土地，建造农场。
而墨西哥政府也希望利用美国人的势力限制罗斯移民区，于是自 1822 年
开始，先后在俄国人定居点附近修建了诸如"索拉诺""索诺马"等大
牧场。

同时期，俄美公司继续致力于解决罗斯移民区的合法性问题。其中以
扎瓦利申的"复兴会"计划与瓦良格的墨西哥割让计划最为重要。扎瓦利

① ［苏］谢·宾·奥孔：《俄美公司》，俞启骧等译，郝建恒校，第 125 页。

② P. A. Tikhmenev, *A History of the Russian-American Company*, trans. Richard A. Pierce and Alton S. Donnelly, p. 138.

③ "［Agent Khlenikov］. 'A Report Submitted to the Governor about my Assignment in［Alta］California and at Fort Ross.'［no number］.［Monterey］. 17 – 20 January 1823", in James R. Gibson and Alexei A. Istomin compile and edite, with the assistance of Valery A. Tishhov, James R. Gibson translate, *Russian California*, 1806 – 1860: *A History in Documents*, Volume I, p. 499.

④ "［Agent Khlenikov］. 'A Report Submitted to the Governor about my Assignment in［Alta］California and at Fort Ross.'［no number］.［Monterey］. 17 – 20 January 1823", in James R. Gibson and Alexei A. Istomin compile and edite, with the assistance of Valery A. Tishhov, trans. James R. Gibson, *Russian California*, 1806 – 1860: *A History in Documents*, Volume I, p. 495.

申构想出一套鼓动加利福尼亚独立，而后并入俄国的庞大计划。根据这一
计划，扎瓦利申在获得圣方济各教士阿利季米拉等人的拥护下，筹备"复
兴社"以复辟西班牙统治的名义，策动加利福尼亚的独立运动，并在宣布
脱离墨西哥后并入到俄国。① 然而，沙皇并不支持扎瓦利申的这一计划，
诏令其立即回国，"复兴会"的构想也随之搁浅。苏联史学家奥孔在分析
促使沙皇否定扎瓦利申上述计划的原因时指出，当时的情况十分清楚，
"如果西班牙派（当时的加利福尼亚主要存在两种政治力量，墨西哥派，
主要由原本驻扎在加利福尼亚的军人组成，他们掌握了加利福尼亚十分薄
弱的军事力量；西班牙派，主要由圣方济各传教士和印第安人信徒组成，
他们控制了加利福尼亚最重要的经济组织——传教士团和农场，笔者注）
执行俄国的方针，那么不仅需要同墨西哥派斗争，而且还需同英美两国对
抗。当然，不论英国，还是美国，都不可能允许俄国在这一地区巩固自己
的势力，因为谁占有该地区谁就能拥有整个太平洋北部地区的领有权"②。
不可否认，扎瓦利申的十二月党人身份固然降低了沙皇对其的信任，但
1820 年代以来英美等国势力的涌入，显然是沙皇放弃该计划的最主要原
因。而伴随 1824 年俄美协议与 1825 年俄英协议中关于俄属美洲以 54°40′
N 为边界的规定，地处 38°N 的罗斯移民区逐渐成为一块"身份不明"的
飞地，逐渐被人们遗忘，这种局面一直持续到移民区于 1841 年被出售为
止。19 世纪 30 年代，俄国美洲移民区长官瓦良格再次提出趁墨西哥新革
命之际，公开承认和支持墨西哥新政权，以换取加利福尼亚的酬劳。显
然，较之扎瓦利申的加利福尼亚独立计划，瓦良格更为关注加利福尼亚的
稳定与墨西哥政府的合法转让，其实质正是 19 世纪 20、30 年代美国在加
利福尼亚势力日益扩大的影响。然而，沙俄政府的美洲收缩战略与美洲太
平洋区域的国际形势，最终迫使沙皇彻底放弃俄美公司解决罗斯问题的
计划。

---

① "Dmitry Zavalishin. 'The Case of the colony of Ross'", in James R. Gibson and Alexei A. Istomin compile and edite, with the assistance of Valery A. Tishhov, trans. James R. Gibson, *Russian California*, 1806 – 1860: *A History in Documents*, Volume II, pp. 19 – 37.

② ［苏］谢·宾·奥孔:《俄美公司》，俞启骧等译，郝建恒校，第 132 页。

# 第四节　结论

19 世纪俄美公司在加利福尼亚罗斯河流域的拓殖是近代帝俄在美洲太平洋区域扩张的高潮，也是私人商业与国家权力扩张模式的集中体现。罗斯移民区具有重要的经济和政治价值。一方面，以罗斯为中转基地，俄美公司的捕猎船只频繁活跃于博迪加湾、圣弗朗西斯科海岸和法拉隆群岛，捕获了大量的海獭和海豹毛皮，创造出巨额的商业利润。同时，移民区还充当起俄美公司与加利福尼亚"私下"贸易的前沿阵地。而"私下"贸易的发展则进一步影响到俄—西/俄—墨之间的谈判，"友好邻居"的称号似乎更能说明加利福尼亚人对罗斯和俄国人的真切感受。在历经独立垦殖、环球运输、开拓远东—夏威夷市场相继失利的背景下，加利福尼亚日益成为俄美公司最重要的粮食物资渠道。从这个意义上，罗斯移民区在俄美公司的全局网络中，承担起连接加利福尼亚毛皮资源与粮食市场的关键角色。另外，罗斯移民区还具有一定的战略威慑作用，无论是英美，抑或西班牙都能够感受到"北极熊"所带来的巨大压力，有力地提升了俄国的国际地位。[①]

此外，罗斯移民区还是窥探俄美公司与沙俄政府，以及美洲太平洋区域国际关系的重要参照物。18 世纪 40 年代白令 - 奇里科夫探险开启的北太平洋毛皮贸易热潮，与沙俄政府的大规模对外扩张相契合，反映出私人商业与国家权力合作模式的巨大效力。俄美公司逐渐成为沙俄在远东和北太平洋扩张的重要工具，恰克图、广州、千岛群岛、库页岛、北海道、长崎、阿拉斯加、哥伦比亚河流域、加利福尼亚、夏威夷群岛都先后成为俄国人努力获取的目标。正是在这一过程中，俄国取得了在北太平洋区域的优势地位。[②] 然而，伴随北部海域毛皮资源的枯竭与国际竞争的激化，俄美公司越来越将南部水域作为自己活动的主要舞台，并与早已盘踞在此的西班牙、英国和美国的殖民势力发生直接对抗，美洲太平洋的国际关系一

---

① 有关俄国扩张对英属北美殖民地的压力，参见 Glynn Barratt, *Russian Shadows on the British Northwest Coast of North America*, 1810 - 1890, Vancouver: University of British Columbia Press, 1983.

② Glynn Barratt, *Russia in Pacific Waters*, 1715 - 1825: *A Survey of the Origins of Russia's Naval Presence in the North and South Pacific*, i, p. 339.

度陷入危机之中。面临愈演愈烈的国际竞争，传统的商业利益与政治扩张相结合的模式越发失灵，沙俄政府逐渐抛弃商业团体。诚如苏联学者奥孔所说："太平洋问题也同近东问题一样，是属于从属地位的问题。但从属有两层意思。一方面，这一问题从属于反对革命的斗争任务；另一方面，——从属于争夺近东的斗争任务。"① 从 19 世纪初的国际政治形势与俄国外交政策出发，我们似乎能够探寻出俄国政府处理罗斯移民区问题的矛盾立场：一方面，选择支持俄美公司的对外扩张；另一方面，则受制于国际形势而不愿直接出面干涉。更为甚者，在帝国政策可能受到威胁的情况下，沙俄政府不惜以俄美公司的商业利益为代价。如 1824 年扎瓦利申利用"复兴会"获取加利福尼亚的计划②，19 世纪 30 年代瓦良格与墨西哥政府的谈判，③ 这些极有可能最终解决罗斯移民区合法性的有利时机，无不因为可能触及沙俄整体的外交战略而被迫搁浅。这其中体现出的商业利益与帝国战略间的裂痕，演变为近代沙俄在美洲太平洋地区殖民扩张走向终结的决定性因素，同时预示了 19 世纪 20 年代俄美公司由商业公司向殖民地机构过渡的历史命运。

　　从历史发展的长时段出发，近代太平洋毛皮贸易的发展对加利福尼亚的经济、政治和社会具有十分重要的影响，逐渐将这块"边缘之地"融入现代早期世界经济和政治体系之中。历史上，加利福尼亚确实是一块"边缘之地"。一方面，加利福尼亚曾作为西班牙美洲帝国的边缘而流传于欧洲知识界，成为欧美国家殖民探险的"边缘之地"。如俄国毛皮商人舍利霍夫即将加利福尼亚作为自己"毛皮帝国"的终极范围。另一方面，西班牙人对加利福尼亚的开拓溯源于欧美各国在美洲太平洋的频繁活动，却因地理环境与自然资源的限制，而沦为西班牙美洲帝国的"边缘之地"，社

---

① ［苏］谢·宾·奥孔：《俄美公司》，俞启骧等译，郝建恒校，第 46 页。

② "Dmitry Zavalishin. 'The Case of the Colony of Ross'", in James R. Gibson and Alexei A. Istomin Compile and Edite, with the Assistance of Valery A. Tishhov, trans. James R. Gibson, *Russian California*, 1806 – 1860: *A History in Documents*, Volume II, pp. 19 – 37.

③ "A Submission from the Board of Directiors of the RAC to the ［Special］ Council for the RAC about Governor Wrangell's journey through Mexico. No. 454. ［St Petersburg］. 13 April 1834", in James R. Gibson and Alexei A. Istomin Compile and Edite, with the Assistance of Valery A. Tishhov, trans. James R. Gibson, *Russian California*, 1806 – 1860: *A History in Documents*, Volume II, pp. 297 – 299.

会各阶层无不饱受物资匮乏之苦。实际上，正是近代太平洋毛皮贸易的发展为加利福尼亚的历史带来了新的曙光。经济方面，伴随西北海岸毛皮资源的枯竭，加利福尼亚开始成为重要的毛皮补充基地，逐渐与美俄等国商人，乃至太平洋彼岸的中国，建立起经济联系。同时，俄美公司与加利福尼亚双边贸易的发展，尤其是 1821 年以后贸易的全面开放，加利福尼亚日益融入正在形成的太平洋经济体系之中。政治方面，外国商船的走私狩猎、俄美公司的殖民入侵、领土问题的国际交涉，都将这块被人遗忘的"边缘之地"，重新拉回到国际视野之内。社会方面，极端的物资匮乏与持续的"私下"贸易不断冲击加利福尼亚人的思想意识，使其以更为开放的心态迎接全球化经济时代的各种挑战。而这种思想上的离心力，在某种程度上预示出加利福尼亚所有权更迭的历史命运。

综上所述，19 世纪前半期，俄美公司在加利福尼亚进行了一系列的殖民扩张活动，广泛涉及毛皮狩猎、物资贸易与移民拓殖。罗斯移民区的兴衰正是俄美公司拓殖加利福尼亚跌宕起伏历程的重要体现。期间，罗斯移民区的经营活动历经狩猎—贸易—农牧的阶段性转变，其实质是俄美公司整体战略与美洲太平洋国际关系交织作用下的产物。同时，罗斯移民区的存在对西班牙美洲西海岸的所有权构成巨大的挑战，由此引发出围绕移民区合法性问题的国际交涉，包括加利福尼亚地方当局、西班牙/墨西哥政府、俄美公司、俄国政府都在这一过程中发挥了重要影响。从历史发展的长时段出发，罗斯拓殖与俄美公司在其他地区的扩张相连贯，共同构成沙俄政府与俄美公司在北太平洋扩张的全局网络，不但对帝俄战略与公司运营的历史命运，而且对加利福尼亚地区，乃至整个美洲太平洋区域的国际格局都有十分重要的影响。罗斯移民区对西班牙美洲帝国构成直接的挑战，而俄西两国围绕罗斯问题的谈判僵局，不仅体现出西班牙帝国的日薄西山，而且反映了俄国美洲移民区与加利福尼亚等殖民地层面因素的影响力。沙俄政府和俄美公司最终放弃了罗斯这块"边缘之地"。从历史发展的长时段出发，罗斯拓殖是俄美公司商业扩张的自然延伸，也是近代欧美国家持续冲击西班牙美洲帝国的重要事件，展示出商业扩张与政治角逐在近代美洲太平洋殖民历史中的辩证关系。

# 结　语

　　近代俄罗斯国家兴起的历史几乎就是一部领土扩张史。19世纪中叶的俄国已发展成横跨欧亚美三大洲的殖民帝国，而其中俄国在美洲的殖民扩张却较少为人关注。1799—1867年间俄国统治着包括阿拉斯加和阿留申群岛在内的大片美洲太平洋领土。俄国在美洲扩张的实质是16世纪末开始的征服西伯利亚运动的延伸。1581年顿河哥萨克首领叶尔马克在富商斯特罗冈诺夫家族的支持下，翻越乌拉尔山开启了俄国征服西伯利亚的历程，并在百余年间将领土推进到太平洋沿岸和堪察加半岛。应该说，俄国征服西伯利亚具有许多天然优势，从地缘领土的接近、蒙古帝国的崩溃，再到西西伯利亚平坦的地貌、奥斯曼帝国的衰落等因素都促进了这一历史过程。而最为引人注目的是，这一过程中所体现出来的商业力量与国家权力的联合。这种商业力量主要源于俄国毛皮产业的发展。莫斯科公国时期，毛皮贸易在社会经济中就占有十分重要的位置，而近代西欧的消费革命再次扩大了俄国毛皮的市场需求。沙俄政府和毛皮商人寻求新的毛皮资源的历程，推动了近代俄国向西伯利亚的扩张，并形成一种由大商人和哥萨克开头阵、毛皮商人紧随其后，沙俄政府最后确认统治等步骤组成的扩张流程。而蒙古帝国在莫斯科和西伯利亚实行的共同统治，无疑方便了俄国在西伯利亚的征服与治理。其中，西伯利亚的毛皮实物税与商品税构成俄国国库的主要来源，但也显露出沙皇统治者对西伯利亚原住民和商人的剥削与压榨。17世纪中叶俄国将领土扩张至外贝加尔和黑龙江流域，由此引发出17世纪后半期清代中国与沙皇俄国的武装冲突。1689年清廷与沙俄签订的《尼布楚条约》在遏制哥萨克向黑龙江流域扩张的同时，开启了中俄贸易的大门。随后，清廷又多次在西北或东北边疆危机之时扩大与俄国的商贸活动，中国开始成为俄国毛皮的重要市场并进一步刺激后者找寻新的毛皮资源。

实际上，俄国对美洲的发现正缘于沙俄政府对北冰洋商路与毛皮实物税的不断追求的过程。17世纪40年代的杰日尼奥夫科累马河探险、18世纪20年代和40年代的白令两次堪察加探险等俄国在北太平洋的主要活动，几乎全部缘起于政府和商人对毛皮财富的追逐。然而，这些探险却并未带来俄国政府希望获得的贵重金属矿藏、人口和土地。事实上，18世纪海外探险的高投入与高风险和沙俄外交政策的欧洲转向，共同决定了18世纪后半期沙皇政府层面海外探险热情的减弱。同时，俄国远东毛皮商人开始成为太平洋探险活动的推动者。1743年堪察加半岛哥萨克首领巴索夫在富商支持下前往阿留申群岛狩猎并满载而归，由此开启俄国向太平洋扩张的历程。1784年，伊尔库茨克商人舍利霍夫在科迪亚克岛建立俄国第一块美洲移民区。但是俄国在美洲必须面临与西伯利亚和阿留申群岛截然相反的国际环境。就在俄国商人忙于征服和劫掠阿留申群岛的时候，英国探险家库克在第三次太平洋航行中完成了对美洲太平洋沿岸、白令海峡和东西伯利亚海岸的探测。而这次航行中有关美洲西北海岸至中国广州毛皮贸易巨大经济价值的论述吸引来英美商人的蜂拥而至。毛皮贸易还带来了各种商业探险及欧美殖民势力的介入。简言之，俄国人在美洲太平洋沿岸遭遇到英美等国的激烈角逐。不同于温顺的阿留申人，美洲原住民早已在先前的贸易中获得有关毛皮价值的认识，并拥有装备火枪的武装力量，进而构成俄国人殖民美洲的另一个主要障碍。

正是在这样的历史条件下，俄国毛皮商人积极寻求商业力量与国家权力的联合。需要说明的是，俄国封建专制下本国商业资本的发展缓慢，沙俄政府和贵族几乎垄断了所有有利可图的贸易活动。如《尼布楚条约》开创出的中俄贸易几乎为俄国国家商队所垄断。沙俄在西伯利亚对毛皮商人进行极度盘剥，不但无偿掠夺上等皮毛，而且对剩余皮货也要征收重税。但东西伯利亚的偏远与太平洋毛皮贸易的高风险，在客观上避免了政府和贵族势力向美洲太平洋毛皮贸易中的渗透。俄国远东毛皮商人得以积累大量的财富，但受制于愈演愈烈的国际竞争，俄国毛皮商人迫切需要沙俄政府的政策和财政支持。而商人极力鼓吹外国势力对俄国远东太平洋安全威胁的宣传，无疑是俄国政府关心的焦点问题。其实，自16世纪末俄国征

# 结　语

服西伯利亚开始，沙俄政府即将远东太平洋地区视为自己的"后院"，任何外国政府或商业势力企图染指的行为都会引起俄国政府的警觉。在某种程度上，两次白令探险和数次俄国使华活动，正是在拒绝外国使团经由俄国领土前往中国的要求后随之展开的。外国商人在美洲太平洋区域的活跃势必威胁到俄国的商业利益与政治安全，正是在这一关键点上，俄国政府选择支持毛皮商人在美洲太平洋区域的商业和殖民活动。

自18世纪40年代白令－奇里科夫第二次堪察加探险掀起俄国美洲太平洋毛皮贸易热潮开始，沙俄政府和毛皮商人都意识到彼此力量的有限性，如俄国政府缺乏足够的舰队、兵力和资金以进行海外扩张。而俄国毛皮商人尽管具有惊人的胆识和较多的资金却苦于美洲太平洋毛皮贸易的国际竞争，同样需要沙皇政府的官方支持。同时，俄国商人内部的无序竞争与激烈冲突，也要求沙俄政府能够进行有效的调节。尽管双方都意识到彼此合作的必要，但受制于各自的理念，尤其是叶卡捷琳娜对自由贸易的喜好，商业资本与政治力量走向联合的道路可以说是曲折而漫长，在经过包括舍利霍夫、舍利霍娃、列扎诺夫等人的不断努力下，最终于1799年获得沙皇保罗一世的庇护，商业资本与政治力量的结合才得以实现。俄美公司的成立具有重要的历史意义，一方面，自西伯利亚征服时期形成的商业力量与国家权力相结合的模式获得进一步的巩固和发展。沙皇政府不仅向公司提供政治庇护，而且通过划拨贷款、购买股票等方式直接参与到公司的经营之中。另一方面，俄国政府第一次运用西欧式的商业专营公司的方式治理唯一一块海外殖民地。俄美公司拥有较大的政治权力和军事武装，还可独立发展对外贸易与涉外交涉。但沙俄政府特别要求俄美公司不能进入欧洲或美国的殖民范围，还要尽量避免与外国政府或商人的冲突对抗。这一指令源于沙俄政府的整体外交策略与国际政治形势，成为解读其后数十年间俄国的美洲太平洋政策的重要线索。

1799—1825年间是俄美公司和沙皇俄国在美洲太平洋殖民扩张的黄金时代。俄美公司先后对阿拉斯加、夏威夷群岛、广州、日本和加利福尼亚等地区进行殖民，这些活动使沙俄在19世纪头20年里获得了北太平洋区域的优势地位，而商业力量和国家权力的结合无疑是其实现上述成果的重要手段。

期间，俄美公司参与的主要活动包括：1799 年俄美公司获得沙皇特许的专营权。1802 年巴拉诺夫在俄美公司总管理处的指令下制定南下扩张路线并占领锡特卡岛。1803 年俄美公司策划并资助了俄国首次环球航行。巴拉诺夫与美国商人奥凯恩签订加利福尼亚联合狩猎计划。1804 年列扎诺夫寻求打开日本长崎市场。1805 年戈洛夫金使华与俄美公司船只私闯广州，1806 年列扎诺夫首次寻求开拓加利福尼亚贸易。1808 年俄—美两国首次就美洲西北海岸的贸易摩擦进行官方谈判。1809 年库什科夫组织第一次新阿尔比恩和加利福尼亚探险。1812 年，俄美公司在圣弗朗西斯科海湾北岸的罗斯河边创建罗斯移民区。俄美公司与阿斯特毛皮公司签订双边贸易协定，但随后发生的英美第二次战争中断了协议的实施。1815 年舍费尔医生尝试打开夏威夷市场并建立俄国移民区。1821 年沙俄政府颁布限制外国商船活动的法令。1822 年俄美公司首次向沙皇政府提议取消禁止外商贸易的法令。1824 年俄—美两国签订协议。1825 年俄—英两国签订协议。俄国在美洲的势力范围得到国际承认的同时被局限于 54°40′N 以北地区。

可以说，毛皮资源—物资补给—商品市场—外商竞争构成俄美公司这一阶段活动的主要内容。而伴随英美等国的商业发展与政治渗透，美洲西北海岸的经济问题逐渐转变为包含殖民领土、政治霸权在内的国际政治问题。俄国在美洲太平洋区域的优势地位的得失，成为贯穿 19 世纪开头 20 年俄美公司活动与美洲西北海岸国际政治关系的一条主线。这一过程始于 1741 年白令－奇里科夫探险后俄国商人向阿留申群岛和美洲大陆的扩张，终于 1824 年俄美协议、1825 年俄英协议中关于俄属美洲贸易与边界的相关规定。

俄美公司作为沙俄第一家官方授权成立的贸易专营公司，在近代俄国扩张史上占据独特的地位。这一机构的建立源于彼得大帝开启的向西欧学习的历程，是沙俄在借鉴英国、荷兰等国家东印度公司经营模式的基础之上的创建。但俄美公司又绝非是西欧贸易专营公司的简单模仿，而是适应俄国对外扩张和外交战略的产物。俄美公司的经营始终贯穿着商业力量和政治势力的矛盾与争夺，其中尤以 1799—1825 年间俄美公司对外殖民活动的高峰阶段表现得最为明显。这一阶段，俄美公司主要是在追求商业利润的指引下进行对外扩张，并在这一过程中与沙俄政府的外交战略相冲

# 结　语

突，而在这种情况下，后者经常抛弃前者的商业利益以获得其他列强在外交方面的某种妥协。而伴随太平洋区域俄国海军实力的增强，海军军官们越来越将俄属美洲视为俄国的海外殖民地而非商业冒险之地，不断对商人的经营活动进行攻击，成为沙俄政府在1821年俄美公司第二份特许状后逐渐将公司转变为殖民地治理机构的重要因素。

实际上，俄国政府/海军与商业力量的冲突贯穿于俄美公司第一份特许状时期。1799年，俄国东西伯利亚地方当局不断就俄美公司虐待原住民、压榨员工、排斥东正教教士的恶行向沙皇提起控诉。1804—1805年间列扎诺夫赴日时期与海军军官克鲁申施特恩的激烈矛盾及谈判失败后俄美公司擅自对萨哈林岛、南千岛群岛、北海道等地的劫掠活动激化了俄国与日本两国的矛盾，使下一步的谈判难以继续进行。1805年戈洛夫金使华期间，俄美公司私自向中国广州派遣商船的行为成为此次使团失败的主要原因。1815—1817年间，沙俄政府为避免与英国的冲突而拒绝承认舍费尔在夏威夷群岛所取得的成果，反对俄美公司继续在夏威夷群岛的活动，显然破坏了俄美公司找寻新的粮食补给渠道的计划。在罗斯移民区问题上，沙俄政府顾及英美等国的商业因素及神圣同盟的责任，拒绝支持俄美公司进一步巩固移民区的要求，并在西属美洲革命、墨西哥革命等多个关键环节放弃对罗斯移民区的要求，直至1824年俄美协议与1825年俄英协议涉及俄属美洲边界的划分中将罗斯移民区排除在外。在阿拉斯加，巴拉诺夫与海军军官之间矛盾不断，后者经常不顾俄美公司的规划而肆意离开移民区，并多次就移民区的社会混乱与外商横行向沙皇政府提起诉讼，严重削弱了俄属美洲的防御能力。而俄美公司与沙俄政府最激烈的碰撞是1821年沙俄敕令的颁布及实施。美国商人的商业竞争与非法出售武器一直是俄美公司面临的主要挑战。俄美公司曾尝试通过私人或政府途径解决这一难题。在某种程度上，1821年沙皇关于限制外商活动的法令正是俄美公司不断诉求的结果。然而，由于俄美公司总管理处对移民区经营状况的误判，导致法令颁布后不久即转向申请外商贸易，这样一种前后矛盾的主张显然不能为沙俄政府所忍受，成为1824年俄美协议与1825年俄英协议中俄国政府忽视俄美公司商业利益的重要因素。上述活动中体现出的商业力量与国家权力的冲突，成为制约俄国向美洲太平洋地区扩张的主要原因。

其实，俄美公司作为近代沙俄对外扩张中商业资本与国家权力相互结合的产物，其在 19 世纪以后的逐渐衰落乃至最终解体，似乎早已隐含于私人利益与公共权力的矛盾之内。诚如苏联学者奥孔所说，俄美公司是近代沙俄在北太平洋地区自己不愿出面的条件下推行扩张的隐秘工具。商业专营公司是近代西欧海外扩张的重要形式，能够最大限度地调动民间资本、人员和技术以从事海外冒险与扩张，成为商业资本时代最有力的扩张利器。正是在商业专营公司的协助下，英国征服了印度和加拿大、荷兰获取了巴达维亚。然而，18 世纪 70 年代英国工业革命的展开与自由贸易呼声的高涨，加之商业公司经营过程中舞弊、腐败等问题的凸显，商业专营公司逐渐退出历史的舞台。而俄美公司既是对西欧商业专营公司的借鉴，又因为俄国特殊的国情而具有独特性。19 世纪初的俄国尚属农业国家，封建贵族专制势力强大，商业资本的发展十分缓慢。俄美公司的发展在劳动力补给、社会经营氛围、国际竞争等方面都要区别于西欧贸易专营公司。俄美公司兴起的时代正值全球殖民风起云涌之际，殖民国家必须综合考量全球战略，难以全力支持商业专营公司在某一特定区域的行动。而俄国国内贵族、海军军官对商人阶层的排斥无疑进一步削弱了商业专营公司的运行效率。

最后，俄美公司的建立既是近代沙俄对外扩张的产物。同时，俄美公司中的商业力量也对公司自身，乃至整个近代沙俄殖民扩张史都有重要的影响。显然只有认清贯穿于沙俄殖民扩张中的私人利益与公共权力间合作与冲突的复杂联系，才能够更为清晰地理解近代俄国在美洲太平洋区域扩张的历史。当然，俄美公司作为近代帝俄在美洲太平洋区域扩张活动的主要承担者，还曾广泛参与东西伯利亚的社会和经济活动，以及与美洲原住民的经济—文化互动，显然只有将俄美公司的对外活动与国内影响相结合才能够更为立体地呈现出 19 世纪头 20 年俄国在北太平洋活动的整体面貌，然而受制于笔者的学术资质和研究条件，本书只是将视野集中于俄美公司对外殖民活动中涉及商业利益与政治权益合作与冲突方面的问题。此外，毛皮公司作为近代商业专营公司的主要类别，在欧洲国家对外殖民扩张过程中发挥出十分重要的作用。如英国的哈德逊湾公司和西北毛皮公司打开了加拿大的版图，美国毛皮公司开拓出美国西进运动的大道，俄美公

# 结　语

司则确立起俄国对阿拉斯加的统治等。这些毛皮专营公司的扩张不仅使欧美殖民国家收获新的土地和人口，而且彼此间的竞争与冲突又深刻影响到该区域国际关系的变化。显然，对近代毛皮专营公司的考察与比较仍具有相当的学术前景，商业力量和国家权力两者间合作与冲突的辩证关系更是影响人类历史发展的关键问题，成为笔者今后继续追寻的主要方向。

# 参考文献

**俄文文献**

Петров Александр Юрьевич. *Российско-американская компания：деятельность на отечественном и зарубежном рынках.*（1799 – 1867）. М.：ИВИ РАН. 2006.

Н. Н. Болховитинов.（ред.）. *Российско-американская компания и изучение Тихоокеанского Севера*，1815 – 1841. М.：Наука，2005.

Ермолаев Алексей Николаевич. *Российско-американская Компания в Сибири и на Дальнем Востоке*（1799 – 1871 *гг.*）. Кемерово. 2013.

**中文著作**

蔡鸿生：《俄罗斯馆纪事》，中华书局 2006 年版。

陈开科：《嘉庆十年：失败的俄国使团与失败的中国外交》，社会科学文献出版社 2014 年版。

陈维新：《清代对俄外交礼仪体制及藩属归属交涉（1644—1861）》，黑龙江教育出版社 2012 年版。

丁则良：《丁则良文集》，清华大学出版社 2009 年版。

董小川：《美俄关系史》，东北师范大学出版社 1999 年版。

杜小军：《幕末日本海军史》，中国文史出版社 2015 年版。

故宫博物院辑：《清代外交史料·嘉庆朝》，（台湾）成文出版社 1968 年版。

关贵海、栾景河：《中俄关系的历史与现实》（第二辑），社会科学文献出版社 2009 年版。

郭蕴深：《中俄茶叶贸易史》，黑龙江教育出版社 1995 年版。

李星沅：《李文恭公遗集》，清同治四年，芋香山馆刻本。

刘德斌主编：《国际关系史》，高等教育出版社 2018 年版。

卢明辉：《中俄边境贸易的起源与沿革》，中国经济出版社 1991 年版。

孟宪章：《中苏经贸史资料》，中国对外经济贸易出版社 1991 年版。

米镇波：《清代中俄恰克图边界贸易》，南开大学出版社 2003 年版。

宋念申：《发现东亚》，新星出版社 2018 年版。

王华：《夏威夷近代社会转型研究（1778—1854）》，人民日报出版社 2016 年版。

王晓德：《美国外交的奠基时代（1776—1860）》，中国社会科学出版社 2013 年版。

王晓德：《美国文化与外交》，天津教育出版社 2008 年版。

伍宇星编译：《19 世纪俄国人笔下的广州》，大象出版社 2011 年版。

徐景学：《俄国征服西伯利亚纪略》，黑龙江人民出版社 1984 年版。

殷剑平：《早期的西伯利亚对外经济联系》，黑龙江人民出版社 1998 年版。

中外关系史学会编：《中外关系史论丛》（第二辑），世界知识出版社 1987 年版。

周启乾：《日俄关系简史》，天津人民出版社 1985 年版。

## 中文论文

戴铁敏：《近代捕鲸业的发展与美俄两国在俄美地区的领土争端》，《西伯利亚研究》2005 年第 4 期。

董铁军：《俄美公司：19 世纪 40—60 年代俄国在远东殖民活动的"外套"》，《绥化学院学报》2009 年第 6 期。

樊树志：《从恰克图贸易到广州"通商"》，《社会科学战线》1982 年第 2 期。

耿喜波：《俄美公司与英国东印度公司差异之探讨》，硕士学位论文，东北师范大学，1999 年。

耿喜波：《谈英国东印度公司与俄美公司职员的状况》，《黎明职业大学学报》2000 年第 3 期。

侯育成：《俄美公司在北太平洋的活动及特点》，《学习与探索》1989 年第 8 期。

李丹：《俄美公司在北太平洋地区的活动研究》，硕士论文，黑龙江省社会
　　科学院，2014 年。

李凡：《1855 年前的日俄两国关系》，《南开日本研究》2015 年。

李若愚：《试论日本"锁国"政策对 19 世纪以前日俄关系的影响》，载
　　《西南大学学报》（社会科学版）2014 年第 1 期。

李义芳：《论沙俄在北美殖民的失败及影响》，《长江大学学报》2008 年第
　　1 期。

梁立佳：《1821 年沙俄敕令与近代帝俄美洲殖民政策的嬗变》，《历史教
　　学》2017 年第 10 期。

柳若梅：《历史上俄罗斯通过广州开展对华贸易问题探究》，《俄罗斯学
　　刊》2011 年第 3 期。

宿丰林：《清代恰克图边关互市早期市场的历史考察》，《求是学刊》1989
　　年第 1 期。

王春良、李蓉：《简论俄国向西伯利亚、千岛和阿拉斯加的扩张》，《聊城
　　大学学报》2006 年第 1 期。

王钺：《俄美公司与日本》，《学习与探索》1988 年第 8 期。

肖婷婷：《试析俄美公司的经营》，硕士论文，吉林大学，2015 年。

杨卫东：《试论美国国务卿昆西·亚当斯的外交思想》，《历史教学》2006
　　年第 4 期。

殷剑平：《西伯利亚的毛皮贸易（上）》，《西伯利亚研究》1998 年第 5 期。

张广翔、周嘉滢：《百年以来的中国俄国史研究》，《史学月刊》2015 年第
　　11 期。

张玉良：《俄美公司与俄国在北美的殖民扩张（1799—1867）》，《阜阳师
　　院学报》1996 年第 2 期。

邹继伟：《试论 Г. И. 涅维尔斯科伊与沙俄在远东的殖民活动》，《北方文
　　物》2012 年第 1 期。


**中文译著**

［澳］亚当·克卢洛：《公司与将军：荷兰人与德川时代日本的相遇》，朱
　　新屋、董丽琼译，中信出版社 2019 年版。

参考文献

［德］G. F. 米勒、彼得·西蒙·帕拉斯：《西伯利亚的征服和早期俄中交往、战争和商业史》，李雨时译，赵礼校，商务印书馆 1979 年版。

［俄］A. H. 叶尔莫拉耶夫、A. Ю. 彼得罗夫：《俄美公司与中国的贸易往来》，张广翔、高笑译，《北方论丛》2018 年第 4 期。

［俄］B. C. 米亚斯尼科夫：《19 世纪俄中关系：资料与文献 第 1 卷 1803—1807》（上），徐昌瀚等译，广东人民出版社 2012 年版。

［俄］根·伊·涅维尔斯科伊：《俄国海军军官在俄国远东的功勋》，郝建恒、高文风译，商务印书馆 1978 年版。

［俄］克柳切夫斯基：《俄国史》，张蓉初译，商务印书馆 2013 年版。

［俄］里相斯基：《"涅瓦"号环球航行记》，徐景学译，黑龙江人民出版社 1983 年版。

［俄］娜·瓦·科兹洛娃：《俄国专制制度与商人——18 世纪 20 年代至 60 年代初》，万东梅、崔志宏译，社会科学文献出版社 2017 年版。

［俄］尼古拉·班蒂什－卡缅斯基编著：《俄中两国外交文献汇编（1619—1792 年）：根据外务委员会莫斯科档案馆所藏文献于 1792—1803 年辑成》，中国人民大学俄语教研室译，商务印书馆 1982 年版。

［俄］M. И. 齐保鲁哈：《征服西伯利亚》，杨海明译，中国社会科学出版社 2017 年版。

［俄］特鲁谢维奇：《十九世纪前的俄中外交及贸易关系》，徐东辉、谭萍译，陈开科审校，岳麓书社 2010 年版。

［法］加斯东·加恩：《彼得大帝时期的俄中关系史（1689—1730）》，江载华、郑永泰译，商务印书馆 1980 年版。

［美］埃里克·杰·多林：《皮毛、财富和帝国：美国皮毛交易的史诗》，冯璇译，社会科学文献出版社 2018 年版。

［美］范代克：《广州贸易：中国沿海的生活与事业 1700—1845》，江滢河、黄超译，社会科学文献出版社 2018 年版。

［美］费正清编：《中国的世界秩序》，杜继东译，中国社会科学出版社 2010 年版。

［美］费正清、刘广京编：《剑桥中国晚清史 1800—1911 年 上卷》，中国社会科学出版社 1985 年版。

［美］弗·阿·戈尔德：《俄国在太平洋的扩张，1641—1850：记述俄国人早期和后期在亚洲和北美洲太平洋沿岸的远征，包括至北极地区的某些有关远征》，陈铭康、严四光译，商务印书馆1981年版。

［美］贡德·弗兰克：《白银资本：重视经济全球化中的东方》，刘北成译，中央编译出版社2013年版。

［美］康灿雄：《西方之前的东亚：朝贡贸易五百年》，陈昌煦译，社会科学文献出版社2016年版。

［美］马里乌斯·B.詹森主编：《剑桥日本史：（第5卷）19世纪》，王翔译，浙江大学出版社2014年版。

［美］斯蒂芬·安布罗斯：《美国边疆的开拓：刘易斯和克拉克探险》，郑强译，译林出版社2017年版。

［美］唐纳德·B.弗里曼：《太平洋史》，王成至译，东方出版中心2015年版。

［美］沃尔特·麦克杜格尔：《激荡太平洋：大国四百年争霸史》，李惠珍等译，北京联合出版公司2014年版。

［美］谢健：《帝国之裘：清朝的山珍、禁地以及自然边疆》，关康译，北京大学出版社2018年版。

［日］信夫清三郎：《日本政治史：第一卷 西欧的冲击与开国》，周启乾译，上海译文出版社1982年版。

［日］羽田正：《东印度公司与亚洲的海洋：跨国公司如何创造二百年欧亚整体史》，林咏纯译，八旗文化2018年版。

［苏］B. П. 波将金编：《外交史》，史源译，刘丕坤校，生活·读书·新知三联书店1979年版。

［苏］米·约·斯拉德科夫斯基：《俄国各民族与中国贸易经济关系史（1917年以前）》，宿丰林译，徐昌瀚审校，社会科学文献出版社2008年版。

［苏］谢·宾·奥孔：《俄美公司》，俞启骧译，商务印书馆1982年版。

［英］亚当·斯密：《国富论》（修订本）下册，谢祖钧译，焦雅君校，中华书局2018年版。

［英］詹姆斯·库克：《库克船长三下太平洋》，陶萍、李汐译，重庆出版

社 2018 年版。

## 外文著作

Adele Ogden, *The California Sea Otter Trade 1784 – 1848*, Berkeley：University of California Press，1941.

Alaska Boundary Tribunal, *The Case of the United States before the Tribunal Convened at London*, Washington：Government Printing Office，1903.

Alexey V. Postnikov, *The First Russian Voyage Around the World and Its Influence on the Exploration and Development of Russian America*, trans. Victoria Joan Moessner，Fairbanks：University of Alaska Press，2003.

Andrei A. Znamenski, *Shamanism and Christianity：Native Encounters with Russian Orthodox Missions in Siberia and Alaska*, *1820 – 1917*, Santa Barbara：Greenwood Press，1999.

Andrei V. Grinev, *The Tlingit Indians in Russian America 1741 – 1867*, trans. Richard L. Bland & Katerina G. Solovjova，Lincoln：University of Nebraska Press，2005.

Andrei Va. Grinëv, *Russian Colonization of Alaska：Preconditions，Discovery，and Initial Development*, *1741 – 1799*, trans. Richard L. Bland，Lincoln：University of Nebraska Press，2018.

Andrei A. Znamenski, *Shamanism and Christianity：Native Encounters with Russian Orthodox Missions in Siberia and Alaska*, *1820 – 1917*, Greenwood Press，1999.

Antatole G. Mazour, *The first Russian Revolution 1825：The Decembrist Movement，Its Origins，Development，and Significance*, Redwood City：Stanford University Press，1937.

Archibald Campbell, *A Voyage Round the World，from 1806 to 1812*, Printed by Duke & Brown，1822.

Archimandrite Anatolii Kamenskii, *Tlingit Indians of Alaska*, trans. Sergei Kan，Fairbanks：The University of Alaska Press，1985.

Aron L. Crowell, *Archaeology and the Capitalist World System：A Study from*

*Russian America*, Baltimore: Plenum Press, 1997.

A. J. Von Krusenstern, *Voyage Round the World, in the Years* 1803, 1804, 1805, & 1806, *by Order of His Imperial Majesty Alexander The First on board the ships Nadeshda and Neva, Vol. I*, trans. Richard Belgrave Hoppner, Printer by Roworth, Bellyard, 1813.

Axel Madsen, *John Jacob Astor, America's First Multimillionaire*, Wiley, 2001.

Barry M. Gough, *The Northwest Coast: British Navigation, Trade, and Discoveries to 1812*, Vancouver: Britian Columbia University Press, 1992.

Bering Sea Tribunal of Arbitration, *Proceedings of the Tribunal of Arbitration*, Volume VIII, Government Printing Office, 1895.

Captain Golownin, *Memoirs of a Captivity in Japan, During the Years* 1811, 1812, *and* 1813; *with Observations on the Country and the People*, London: Printed for Henry Colburn and Co., 1824.

C. L. Andrews, *The Story of Sitka: The Historic Outpost of the Northwest Coast, The Chief Factory of the Russian American Company*, Press of Lowman Hanford, 1922.

David J. Weber, *The Spanish Frontier in North America*, New Haven: Yale University Press, 1992.

David N. Wells, *Russian Views of Japan, 1792 – 1913: An Anthology of Travel Writing*, New York: Routledge, 2004.

Dawn Lea Black and Alexander Yu. Petrov, *Natalia Shelikhova, Russian Oligarch of Alaska Commerce*, Fairbanks: University of Alaska Press, 2010.

Dominic Lieven, edite. *The Cambridge History of Russia, Volume 2: Imperial Russia, 1689 – 1917*, Cambridge: Cambridge University Press, 2006.

Emiko Ohnuki-Tierney, *Culture Through Time: Anthropological Approaches*, Redwood City: Stanford University Press, 1990.

George Alexander Lensen, *The Russian Push Toward Japan: Russo-Japanese Relations, 1697 – 1875*, London: Octagon Books, 1971.

George E. Pond, *Russian America*, New York: Church, 1867.

Gerard Fridrikh Miller, *Bering's Voyages: The Reports from Russia Rasmuson Library*, trans. Carol Louise Urness Fairbanks: University of Alaska Press, 1986.

Glynn Barratt, *A Study of Rejection of Defense Responsibilities: Russian Shadows on the British Northwest Coast of North America*, 1810 – 1890, Vancouver: British Columbia University Press, 1983.

Glynn Barratt, *Russia in Pacific Waters*, 1715 – 1825: *A Survey of the Origins of Russia's Naval Presence in the North and South Pacific*, Vancouver: University of British Columbia Press, 1981.

Golownin, *Memoirs of a Captivity in Japan, during the Years* 1811, 1812, *and* 1813; *with Observations on the Country and the People by Captain Golownin, of The Russian Navy*, London: Printed for Henry Colburn And Co. 1924.

G. A. Golder, *Bering's Voyages: An Account of the Efforts of the Russians to Determine the Relation of Asia and America, Volume I: The Log Books and Official Reports of the First and Second Expeditions, 1725 – 1730 and 1733 – 1742*, New York: American Geographical Society, 1922.

G. F. Muller, *Conquest of Siberia*, trans. Chevalier Dillon, London: Printed by Geo, Nichols, Earl's Court, Leicester Square, 1843.

Howard I. Kushner, *Conflict on the Northwest Coast: American-Russian Rivalry in the Pacific Northwest, 1790 – 1867*, Westport: Greenwood Press, 1975.

Hubert Howe Bancroft, *History of Alaska*, A. L. Bancroft & Company, Publishers, 1886.

H. H. Von Langsdorff, *Voyages and Travels in Various Parts of the World During the Years* 1803, 1804, 1805, 1806, *and* 1807, Printed by Ceorge Phipils, 1817.

Ilya Vinkovetsky, *Russian America: An Overseas Colony of a Continental Empire, 1804 – 1867*, Oxford: Oxford university press, 2011.

James Bland Burges, *A Narrative of the Negotiations Occasioned by the Dispute Between England and Spain, in the Year* 1790, London : s. n. 1791.

James Cook and James King, *A Voyage to the Pacific Ocean*, London, 1784.

James R. Gibson and Alexei A. Istomin compile and edit, *Russian California*,

*1806 – 1860*: *A History in Documents Volume I*, London: Published by Ashgate for the Hakluty Society, 2014.

James R. Gibson, *Feeding the Russian Fur Trade*: *Provisionment of the Okhotsk Seaboard and the Kamchatka Peninsula* 1639 – 1856, Madison: The University of Wisconsin Press, 1969.

James R. Gibson, *Otter Skins*, *Boston Ships*, *and China Goods*: *The Maritime Fur Trade of the Northwest Coastm* 1785 – 1841, Madison: University of Washington Press, 1992.

James R. Gibson, *Imperial Russia in Frontier America*: *The Changing Geography of Supply of Russian America*, 1784 – 1867, Oxford: Oxford university press, 1976.

Jared Sparks, Travels and Adventures of John Ledyard, London : Published for Henry Colburn by R. Bently, 1834.

Jared Spark, *The Life of John Ledyard*, Flat Hammock Press, 2005.

John Ledyard, *A Journal of Captain Cook's Last Voyage to the Pacific Ocean*, *and in Quest of a North-west Passage*, *between Asia & America*: *Performed in the Years* 1776, 1777, 1778, *and* 1779, Hartford : Printed and sold by Nathaniel Patten, 1983.

John L. Evans, *Russian Expansion on the Amur* 1848 – 1860: *The Push to the Pacific*, Lewiston: The Edwin Mellen Press, 1999.

Jurgen Osterhammel, *Colonialism*: *A Theoretical Overview*, Princeton: Markus Wiener Publishers, 1997.

Katherine L. Arndt and Richard A. Pierce, *A Construction History of Sitka*, *Alaska*, *as Documented in the Records of the Russian-American Company*, Sitka: Sitka National Historical Park, 2003.

Kenneth N. Owens edit, *The Wreck of the Sv. Nikolai*, trans. Alton S. Donnelly, Lincoln: University of Nebraska Press, 2001.

Kenneth N. Owens, *Aleksandr Baranov and Russian Colonial Expansion into Alaska and Northern California*, Seattle and London: University of Washington Press, 2015.

参考文献

Lydia T. Black, *Russians in Alaska*, 1732 – 1867, Fairbanks: University of Alaska Press, 2004.

Marks Dauenhauer, Richard Dauenhauer, Lydia T. Black edited, *Anooshi Lingit Aani Ka Russians in Tlingit America: The Battles of Sitka*, 1802 *and* 1804, Seattle: University of Washington Press, 2008.

Nikolai N. Bolkhovitinov, *The Beginnings of Russian-American Relations*, 1775 – 1815, Cambridge: Havard University Press, 1975.

Otto Von Kotzebue, *A Voyage of Discovery, into the South Sea and Beering's Straits, for the Purpose of Exploring a North-East Passage, Undertaken in the Years* 1815 – 1818, Printed for Longman, Hurst, Rees, Orme, and Brown, 1821.

Paul D'arcy, *Transforming Hawaii: Balancing Coercion and Consent in Eighteenth-Century Kanaka Maoli Statecraft*, ANU Press, 2018.

Paul Edward Barkey, *The Russian Orthodox Church in Its Mission to the Aleuts*, *Fuller Theological Seminary*, School of World Mission, 1988.

Peter Corney, *Voyages in the Northern Pacific, Narrative of Several Trading Voyages from* 1813 *to* 1818, *between the Northwest Coast of America, the Hawaiian Islands and China, with a Description of the Russian Establishments on the Northwest Coast*, THOS. G. Thrum, Publisher, 1896.

Peter R. Mills, *Hawaii's Russian Adventure: A New Look at Old History*, Honolulu: University of Hawaii Press, 2002.

Peter Stark, *Astoria, John Jacob Astor and Thomas Jefferson's Lost Pacific Empire: A story of Wealth, Ambition, and Survival*, Ecco, 2014.

P. A. Tikhmenev, *A History of the Russian-American Company*, edit and trans. Richard A. Pierce and Alton S. Donnelly, Seattle: University of Washington Press, 1978.

Raymond H. Fisher, *The Russian Fur Trade*, 1550 – 1700, Berkeley: University of California Press, 1943.

Raymond H. Fisher, *Records of the Russian-American Company*, 1802, 1817 – 1867, Washington: The National Archives, 1971.

Richard Ravalli, *Sea Otters*: *A History*, Lincoln: University of Nebraska Press, 2018.

Robert Galois, *A Voyage to the North West Side of America*: *The Journals of James Colnett*, 1786 – 89, Vancouver: UBC Press, 2004.

Roza G. Liapunova, *Essays on the Ethnography of the Aleuts*, trans. Jerry Shelest, Fairbanks: University of Alaska Press, 1996.

Ryan Tucker Jones, *Empire of Extinction*: *Russians and the North Pacific's Strange Beasts of the Sea*, 1741 – 1867, Oxford: Oxford University Press, 2014.

Samuel Eliot Morison, *The Maritime History of Massachusetts*, 1783 – 1860, Boston: Houghton Mifflin Company, 1921.

Semen Dezhnev, *The Voyage of Semen Dezhnev in* 1648: *Bering's Precursor*, *with Selected Documents*, London: The Hakluty Society, 1981.

Stephen E. Ambrose, *Undaunted Courage*: *Meriwether Lewis*, *Thomas Jefferson*, *and the Opening of the American West*, Simon & Schuster, 1997.

Stuart Ramsay Tompkin, *Alaska*: *Promyshlennik and Sourdough*, Norman, 1945.

Walter R. Borneman, *Alaska*: *Saga of a Bold Land*, Harper Collins e-books, 2004.

William Ray Manning, *The Nootka Sound Controversy*, Washington: Government Printing Office, 1905.

Worthington Chauncey Ford edit, *Writings of John Quincy Adams*, Vol. III, 1801 – 1810, New York: The Macmillan Company, 1914.

Michael Mathes and Glenn Farris, *The Russian-Mexican Frontier*: *Mexican Documents Regarding the Russian Establishments in California*, 1808 – 1842, Fort Ross Interpretive Association, 2008.

## 外文论文

Adele Ogden, "Russian Sea-otter and Seal Hunting on the California Coast, 1803 – 1841," *California Historical Society Quarterly*, Vol. 12, No. 3, 1933.

Alix O'Grady Raeder, "The Baltic Connection in Russian America," *Jahrbücher Für Geschichte Osteuropas*, Bd. 42, H. 3, 1994.

参考文献

Anatole G. Mazour, "The Russian-American Company: Private or Government Enterprise," *Pacific Historical Review*, Vol. 13, No. 2, 1944.

Andrei V. Grinev, "The Plans for Russian Expansion in the New World and the North Pacific in the Eighteenth and Nineteenth Centuries," *European Journal of American Studies*, Vol. 5, No. 2, 2010.

Andrei V. Grinev and Richard L. Bland, "Russian Maritime Catastrophes during the Colonization of Alaska, 1741 – 1867," *The Pacific Northwest Quarterly*, Vol. 102, No. 4, 2011.

Andrei V. Grinev, "The First Russian Settlers in Alaska," *The Historian*, 2013.

Andrei V. Grinëv, "A Brief Survey of the Russian Historiography of Russian America of Recent Years," *Pacific Historical Review*, trans. Richard L. Bland, Vol. 79, No. 2, 2010.

A. E. Sokol, "Russian Expansion and Exploration in the Pacific", *The American Slavic and East European Review*, Vol. 11, No. 2, 1952.

Clarence Hines, "Adams, Russia and the Northwest Trade, 1824", *Oregon Historical Quarterly*, No. 4, 1935.

C. L. Andrew, "Alaska under the Russians—Industry, Trade, and Social Life," *The Washington Historical Quarterly*, Vol. 7, No. 4, 1916.

David Igler, "Diseased Goods: Global exchanges in the Eastern Pacific Basin, 1770 – 1850," *The American Historical Review*, Vol. 109, No. 3, 2004.

David Nordlander, "Innokentii Veniaminov and the Expansion of Orthodoxy in Russian America," *Pacific Historical Review*, Vol. 64, No. 1, 1995.

Dick A. Wilson, King George's Men: British Ships and Sailors in the Pacific Northwest-China trade, 1785 – 1821, Ph. D. dissertation, University of Idaho, 2004.

Erik T. Hirschmann, Empires in the Land of the Trickster: Russians, Tlingit, Pomo, and Americans on the Pacific rim, eighteenth century to 1910s, Ph. D. dissertation, The University of New Mexico, 1999.

Eric Odell Oakley, Columbia at sea: America Enters the Pacific, 1787 – 1793, Ph. D. dissertation, The University of North Carolina at Greensboro, 2017.

F. W. Howay, "John Kendrick and His Sons," *The Quarterly of the Oregon Historical Society*, Vol. 23, No. 4, 1922.

"The Loss of the Tonquin," *The Washington Historical Quarterly*, Vol. 13, No. 2, 1922

"The Voyage of the Hope: 1790 – 1792," *The Washington Historical Quarterly*, Vol. 11, No. 1, 1920.

George P. Taylor, "Spanish-Russian Rivalry in the Pacific, 1769 – 1820," *The Americas*, Vol. 15, No. 2, 1958.

Gwenn A. Miller, She was Handsome but Tattooed: Communities of Empire in Early Russian Alaska, 1784 – 1820, Ph. D. dissertation, Duke University, 2004.

Harold Whitman Bradley, "The Hawaiian Islands and the Pacific Fur Trade, 1785 – 1813," *The Pacific Northwest Quarterly*, Vol. 30, No. 3, 1939.

Harry Emerson Wildes, "Russia's Attempts to Open Japan," *The Russian Review*, Vol. 5, No. 1, 1945.

Hiroo Nakajima, "The Monroe Doctrine and Russia: American Views of Czar Alexander I and Their Influence Upon Early Russian-American Relations", *Diplomatic History*, Vol. 31, No. 3, 2007.

Howard I. Kushner, "Hellships: Yankee Whaling along the Coasts of Russian-America, 1835 – 1852," *The New England Quarterly*, Vol. 45, No. 1, 1972.

Irby C. Nichols, Jr., and Richard A. Ward, "Anglo-American Relations and the Russian Ukase: A Reassessment," *Pacific Historical Review*, No. 4, 1971.

James McGhie Allan, Forge and Falseworks: An Archarological Investigation of Russian American Company's Industrial Complex at Colony Ross, Ph. D. dissertation, University of California, Berkeley, 2001.

James R. Gibson, "Sitka Versus Kodiak: Countering the Tlingit Threat and Situating the Colonial Capital in Russian America," *Pacific Historical Review*, No. 1, 1998.

James V. Walker, "Henry S. Tanner and Cartographic Expression of American Expansionism in the 1820s," *Oregon Historical Quarterly*, No. 4, 2010.

James R. Gibson, "European Dependence Upon American Natives: The Case of

Russian America," *Ethnohistory*, Vol. 25, No. 4, 1978.

James R. Gibson, "Russian Expansion in Siberia and America," *The Geographical Review*, Vol. 70, No. 2, 1980.

John Duncan, The Russian American Company and its Trading Relations with Foreigners in Alaska until 1839, Mater Degree Thesis, The University of British Columbia, 1969.

John D. Carlson, "The Otter Man Empire: The Pacific Fur Trade, Incorporation and the Zone of Ignorance," *Journal of World-system Research*, No. 3, 2002.

John D. Haeger, "Business Strategy and Practice in the Early Republic: John Jacob Astor and the American Fur Trade," *Western Historical Quarterly*, Vol. 19, No. 2, 1988.

John F. G. Stokes, "Hawaii's Discovery by Spaniards: Theories Traced and Refuted," *Papers of the Hawaiian Historical Society*, No. 20, 1939.

Joseph J. Brenckle, "Russian Influence on Native Alaskan Culture", *The Slavic and East European Journal*, Vol. 19, No. 4, 1975.

Katherine L. Arndt, "The Russian-American Company and the Northwest Fur Trade: North American Scholarship, 1990 – 2000," Meeting of Frontiers Conference, May 2001.

Kenneth N. Owens, "Frontiersman for the Tsar: Timofei Tarakanov and the expansion of Russian America," *The Magazine of Western History*, Vol. 56, No. 3, 2006.

Kent G. Lightfoot, "Russian Colonization: The Implications of Merchantile Colonial Practices in the North Pacific," *Storical Archaeology*, Vol. 37, No. 4, 2003.

Mark Ravina, "Tokugawa, Romanov, and Khmer: The Political of Trade and Diplomacy in Eighteenth-Century East Asia," *Journal of World History*, Vol. 26, No. 2, 2015.

Mary Elizabeth Wheeler, The Origins and Formation of the Russian-American Company, Ph. D. dissertation, University of North Carolina, 1965.

Mary Elizabeth Wheeler, "Empires in Conflict and Cooperation: The Bostonians and the Russian-American Company," *Pacific Historical Review*, Vol. 40,

No. 4, 1971.

Nikolai N. Bolkhovitinov, "Russia and the Declaration of the Non-Colonization Principle: New Archival Evidence," *Oregon Historical Quarterly*, Vol. 72, No. 2, 1971.

Richard Allen Ward, Great Britain and the Russian Ukase of September 16, 1821, Master of Arts Thesis, North Texas State University, 1970.

Richard A. Pierce, "Georg Anton Schäffer, Russia's Man in Hawaii, 1815 – 1817," *Pacific Historical Review*, Vol. 32, No. 4, 1963.

Richard John Ravalli, Soft Gold and the Pacific Frontier: Geopolitics and Environment in the Sea Otter Trade, Ph. D. dissertation, University of California, 2009.

Ryan Tucker Jones, "A 'Havock Made among Them': Animals, Empire, and Extinction in the Russian North Pacific, 1741—1810," *Environmental History*, Vol. 16, No. 4, 2011.

Stephen Haycox, "Russian America: Studies in the English Language," *Pacific Historical Review*, Vol. 59, No. 2, 1990.

Susan Smith-Peter, "Creating a Creole Estate in Early Nineteenth-century Russian America," *Cahiers du Monde Russe*, Vol. 51, No. 2/3, 2010.

Winston Lee Sarafian, Russian-American Company Employee Policies and Practices, 1799 – 1867, Ph. D. dissertation, University of California, Los Angeles, 1970.

# 后　记

　　现在呈现给大家的这部著作是由我主持的 2015 年教育部人文社科青年项目的最终成果。毛皮贸易古已有之，然而真正意义上成为一种世界商品却是近代以来资本主义商业发展的产物。正如美洲的金银为西欧资本主义的发展提供了最初的物质资源一样，西伯利亚、北美大陆和太平洋蕴藏的丰富毛皮动物资源，同样为近代世界贸易的发展注入新的活力。其中，以大西洋为纽带，北美大陆和欧洲形成了大西洋毛皮贸易网络，而以太平洋为通道，东西伯利亚和北太平洋海岸、岛屿与中国构建起太平洋毛皮贸易网络。尽管二者在形成背景、贸易商品、经营手段等方面都存在较大差异，然而它们又都是近代世界贸易发展的直接产物，其经营亦存在诸多相通相连之处。如 19 世纪 30 年代以后，伴随太平洋海洋哺乳动物数量的减少，北美大陆的动物毛皮开始充斥于中国市场，而以俄美公司为代表的毛皮贸易公司越来越关注于北美内陆的毛皮经营。值得注意的是，欧美商业对海外毛皮贸易的经营往往与欧美国家的殖民扩张相关联，无论北美大陆的新法兰西殖民地的建立、哈德逊湾公司与英国对北美北部的开拓，还是俄美公司经营与俄国在美洲太平洋地区的殖民，无不体现出毛皮贸易与帝国扩张的内在联系。这部著作的选题即由此而来。

　　如果说西欧国家的毛皮贸易是近代资本主义商业发展的产物，那么俄国的毛皮贸易却具有悠久的历史传统。珍贵毛皮一直是俄国对外贸易的主要商品。而伴随近代西欧市场毛皮需求的扩大，俄国迫切需要更多的毛皮资源，由此开启了 16 世纪后期的西伯利亚扩张。正是在这一过程中，毛皮商人、毛皮猎人、哥萨克人和沙皇政府开始结成一种私人商业与公共权力相结合的扩张模式，成为俄国西伯利亚扩张的有力武器。18 世纪中后期，俄国对外扩张的触角开始伸向美洲太平洋地区，然而，同时期俄国商人的内部冲突、英美等国商业的外在竞争，以及原住民的激烈反抗，要求沙皇政府形成全新的殖民政策，于是，贸易垄断公司的形式呼之欲出。1799 年，俄美公司成立，沙俄在美洲太平洋的扩张进入到一个全新的阶段。1799—1825 年间，沙俄政府以俄美公司的毛皮经营为主线，迅速在阿拉斯加、美洲西北海岸、加利福尼亚、夏威夷群岛、中国广州和日本等地进行扩张。同时，面临美洲太平洋地区国际形势的变化，沙俄政府与毛皮公司在战略和手段等方面的矛盾加剧，并最终导致两者合作关系的终结。在这里，俄美公司与沙俄政府在殖民扩张中的辩证关系既具有近代欧洲国家与商业公司关系的普遍性，又由于沙俄独特的国情所带来的特殊性，有助于读者解读近代毛皮贸易与欧洲海外扩张的历史关联。

由于受笔者的语言条件限制，这部著作主要依靠英文文献展开研究，对俄文史料的运用有限。同时，伴随笔者研究的深入，发现了越来越多值得深思的问题，也真切感悟到学海无涯。

在本书的写作过程中，笔者多次就相关问题向福建师范大学的王晓德教授请教，先生都能够耐心细致地指导，可以说没有先生的鼓励和指导，就不会有现在的这部著作。另外，中国社会科学出版社的编辑安芳女士同样为本书的出版给予很大的帮助，特此表达谢意。最后，感谢我的父母和妻子杜芳玉对我的支持。本书还获得北华大学博士项目"全球史维度下的近代毛皮贸易研究"（202115009）、河北省社会科学基金项目"全球视野下的张库商道毛皮贸易研究"（HB20SL001）的资助。